헐버트,
존스,
게일이 본 한국

헐버트, 존스, 게일이 본 한국

초판 1쇄 발행 2025년 4월 3일

지은이 호머 베절릴 헐버트 · 조지 히버 존스 · 제임스 스카스 게일
옮긴이 김선열
펴낸이 장현수
펴낸곳 메이킹북스
출판등록 제 2019-000010호

디자인 최선화
편집 최선화
교정 안지은
마케팅 김소형

주소 서울특별시 구로구 경인로 661, 핀포인트타워 912-914호
전화 02-2135-5086
팩스 02-2135-5087
이메일 making_books@naver.com
홈페이지 www.makingbooks.co.kr

ISBN 979-11-6791-690-7(93910)
값 18,000원

ⓒ 김선열 2025 Printed in Korea

잘못된 책은 구입하신 곳에서 바꾸어 드립니다.
이 책의 전부 또는 일부 내용을 재사용하려면 사전에 저작권자와 펴낸곳의 동의를 받아야 합니다.

홈페이지 바로가기

메이킹북스는 저자님의 소중한 투고 원고를 기다립니다.
출간에 대한 관심이 있으신 분은 making_books@naver.com으로 보내 주세요.

헐버트,
존스,
게일이 본 한국

호머 베절릴 헐버트 · 조지 히버 존스 · 제임스 스카스 게일 지음 | 김선열 옮김

메이킹북스

옮긴이의 말

이 책은 근대 한국을 연구한 미국과 캐나다 출신의 선교사이자 학자였던 호머 베절릴 헐버트, 조지 히버 존스, 제임스 스카스 게일의 연구를 통해 한국 문화와 기독교의 접점을 탐구하는 중요한 기록이다. 이들은 단순한 선교 활동을 넘어 한국의 역사, 문학, 철학을 깊이 연구하며, 그 가치를 세계에 알리고자 했다.

헐버트는 한국인의 기원과 설화, 문화적 유산을 조명하며 한국 문화의 독창성을 강조하였다. 존스는 토론을 통해서 한국 문화의 양상을 밝히고, 설총과 최치원을 중심으로 한국 지성의 흐름을 분석했다. 게일은 한국 문학과 기독교적 가치관을 연결하며, 한국적 신앙과 정체성을 탐구하였다. 이들의 연구는 한국의 전통과 기독교 사상이 어떻게 만나고 융합되었는지를 이해하는 데 중요한 시사점을 제공한다.

번역 과정에서 원문의 의미를 충실히 전달하는 데 주력하였으며, 독자들이 근대 한국과 기독교의 관계를 더욱 깊이 이해하는 데 도움이 되기를 바란다. 이 책이 한국 문화의 정체성과 세계성과의 관계를 성찰하는 데 작은 디딤돌이 되기를 바라며, 함께 그 의미를 깊이 새길 수 있기를 기대한다.

김선열

목 차

옮긴이의 말　　　　　　　　　4

제1장 호머 베절릴 헐버트(1863-1949)

1. 한국의 설화　　　　　　　10
2. 한국인의 기원　　　　　　16
 1) 한국인의 기원 1　　　　16
 2) 한국인의 기원 2　　　　24
3. 한국의 유산　　　　　　　28
4. 한국의 소설　　　　　　　52
5. 조지 C. 포크　　　　　　 58

제2장 조지 히버 존스(1867-1919)

1. 토론　　　　　　　　　　66
2. 설총　　　　　　　　　　72
3. 최치원: 그의 삶과 시대　　86

제3장 제임스 스카스 게일(1863-1937)

1. 한국인의 기독교관　　　　　108
2. 한국 문학 1　　　　　　　　118
1) 어떻게 접근할 것인가　　　　118
2) 왜 한국 문학을 읽어야 하는가　122
3. 단군　　　　　　　　　　　　126
4. 한국 문학 2　　　　　　　　142
5. 한국의 기독교　　　　　　　154

제1장

호머 베절릴 헐버트

(1863-1949)

제1장 호머 베절릴 헐버트
(1863-1949)

1. 한국의 설화

한국의 민속 설화를 제대로 이해하기 위해서 먼저 한국 민족의 기원에 대한 가장 유력한 이론을 간략히 살펴보려 한다. 이를 바탕으로 한국 민속 설화의 주요 특징들을 체계적으로 정리할 수 있을 것이다. 이는 한국 학문의 중요한 사실들을 더 명확히 이해하는 데 도움을 줄 것이다.

중국 민족의 조상이 언제, 어떻게 이란 고원에서 이동해 거대한 산맥을 넘어 중국으로 들어왔는지는 정확히 알 수 없다. 다만, 이 이동이 매우 오랜 고대, 즉 문자 체계가 등장하기 이전에 이루어졌다는 점은 확실하다. 이후 또 다른 민족이 동쪽으로 이동해 히말라야와 알타이 산맥에 이르렀다. 이들은 거대한 우랄알타이 어족의 조상이다.

이 민족은 산맥을 넘지 않고 두 갈래로 나뉘었다. 한 갈래는 남쪽으로 이동해 인도 반도에 정착했고, 다른 갈래는 북쪽으로 향해 시베리아에 도달했다. 이후 다시 분화되어 한 무리는 서쪽으로 이동해 우랄 산맥을 넘어갔고, 다른 무리는 동쪽으로 이동해 몽골과 만주를 거쳐 태평양 연안까지 도달했다. 이들 중 일부가 한반도 북부에 정착하며 한국 민족의 형성에 영향을 미친 것으로 보인다.

한편 우랄알타이 어족의 또 다른 갈래가 인도 반도로 향했다. 시간이 지나면서 인도 북쪽과 동쪽 어딘가에서 산스크리트어를 사용하는 사람들이 등장했고, 이들이 동쪽으로 이동하면서 먼저 인도 반도에 정착했던 우랄알타이 어족의 생존이 점점 어려워졌다. 결국, 산스크리트어를 사용하는 민족의 우월한 문명이 우랄알타이 어족을 빠르게 몰아내고 지배하게 되었다.

그 결과, 우랄알타이 어족의 대규모 이동이 시작되었다. 일부는 브라마푸트라강과 이라와디강을 건너 동쪽의 미얀마로 들어가거나, 남쪽의 데칸고원으로 이동했다. 이들 중 일부는 험준한 지형을 피난처로 삼아 정착하였으며, 그들의 후손은 오늘날까지 그곳에서 살아가고 있다. 다른 이들은 스리랑카로 이동한 후, 말레이반도를 거쳐 주변 섬들로 퍼져 나갔다. 하지만 그들의 이동은 거기서 끝나지 않았다. 태국과 베트남 해안을 따라 이동하며 필리핀, 대만, 제주도를 거쳐 마침내 한반도 남부 해안에 도달했다.

이 글의 목적은 이 이론의 진위를 논하는 것이 아니다. 나는 운 좋게도 한국의 희귀한 고대 사서들을 수집하고 번역할 기회를 가졌다. 그리고 그 기록들은 한국이 남쪽에서 이주한 사람들에 의해 개척되었음을 분명하게 보여준다. 이후 만주에서 내려온 북방 이주민들과 남쪽에서 올라온 남방 이주민들이 한강에서 만나면서 한국의 문화적 토대가 형성되었다.

이러한 배경은 한국의 전설과 신화를 북방과 남방의 두 흐름으로 나누는 중요한 요소다. 그러나 오랜 세월이 흐르면서 두 전통은 서로 융합되었고, 오늘날에는 그 경계를 명확히 구분하기 어렵다. 비교 민속학을 통해 전설 속 요소들이 남방 기원인지, 북방 기원인지 분석할 필요가 있다.

한국의 민속 설화는 크게 열세 가지 유형으로 나뉘며, 각 유형을 대표하는 이야기를 소개하고자 한다. 이를 통해 한국 민속의 전반적인 특징을 한눈에 살펴볼 수 있을 것이다.

한국 민속 설화의 열세 가지 유형.
1. 고대 영웅의 기이한 탄생.
2. 육지 사람과 인어의 소통.
3. 지상을 걷는 신적 존재들.
4. 인간과 동물의 변신.
5. 단순한 신화.
6. 불길한 징조.
7. 죽은 자가 살아 있는 자에게 주는 도움.
8. 전설 속 신비한 동물들.
9. 선행의 보상
10. 동물이 인간에게 주는 도움.
11. 예언의 성취.
12. 지혜와 책략.
13. 기타.

한국 전통에서는 고대 영웅들의 기원에 대해 세 가지 유형을 이야기한다. 첫 번째는 신의 화신에 의한 것으로, 단군 신화가 그 대표적인 예다.

아득한 태고, 한국이 광활한 황무지였을 때 기이한 일이 일어났다. 백두산 자락에서 한 마리의 곰과 한 마리의 호랑이가 만나 서로 말했다.

"우리가 사람이 될 수 있다면 얼마나 좋을까?"

그때 하늘을 다스리는 최고 통치자, 환인의 음성이 들려왔다.

"여기 마늘 스무 쪽이 있다. 이것을 먹고 스무 날 동안 햇빛을 보지 않으면 사람이 될 것이다."

곰과 호랑이는 환인의 말대로 마늘을 먹고 동굴 깊숙이 들어가 어둠 속에서 시간을 보냈다. 그러나 호랑이는 사나운 본성을 이기지 못하고 참지 못한 채 동굴을 빠져나왔다. 그 결과, 그의 성질은 더욱 거칠어졌다. 반면, 곰은 인내하며 끝까지 견뎠고, 마침내 햇빛 아래로 나왔을 때 아름다운 여인이 되어 있었다.

그 무렵, 하늘에서도 또 하나의 신비로운 일이 일어났다. 환인의 아들이 하늘의 즐거움에 싫증을 느끼고 아버지에게 말했다.

"제가 땅으로 내려가 인간 세계의 왕이 되고 싶습니다."

아버지는 허락하였고, 그는 인간의 형상을 찾기 위해 지상으로 내려왔다.

여자가 큰 나무 아래 개울가에 앉아 있을 때, 그녀의 마음속에는 오직 하나의 바람이 있었다.

"아들이 있었으면 좋겠다."

바로 그 순간, 인간의 형상을 찾던 환인 아들의 영(spirit)이 바람을 타고 그녀 곁을 지나갔다. 영은 홀로 개울가에 앉아 있는 그녀를 발견하고, 그녀 주위를 맴돌며 숨결을 불어넣었다. 그리고 마침내 그녀의 간절한 바람을 이루어 주었다.

고대 영웅의 두 번째 기원 형태는 알에서 비롯된다. 이는 가장 일반적이며 특징적인 방식으로, 한국 설화의 북방과 남방 전승 모두에서 공통적으로 나타난다. 그 대표적인 예가 B. C. 200년경 등장한 남방 왕국 신라의 첫 번째 왕에 관한 전설이다.

남부 지역에 흩어져 있던 다섯 부족의 지도자들은 중앙 정부를 세워 부족 간의 결속을 강화하기로 결정했다. 그러나 가장 큰 문제는 왕위에 오를 인물을 정하지 못한 것이었다. 모두가 자신을 내세우기를 꺼렸기 때문이다. 그들이 이 문제를 논의하던 중, 인근 산의 나무가 우거진 비탈에서 별처럼 빛나는 물체가 보였다. 이에 모두가 산으로 향했고, 그곳에서 둥글고 빛나는 물체 위에 앉아 있는 흰말을 발견했다. 그들이 다가가자, 말은 큰 울음소리를 내며 하늘로 날아가 사라졌다.

그 자리에는 빛나는 알이 남아 있었다. 부족의 우두머리들은 경건한 마음으로 알을 주워 마을로 가져왔다. 알이 저절로 열리지 않자 망치로 깨려 했지만, 아무리 두드려도 깨지지 않았다. 그들이 시도를 멈추자, 갑자기 알이 스스로 갈라지며 한 잘생긴 아이가 나타났다. 부족들은 아이가 성장할 때까지 섭정을 하였고, 성인이 된 후 그는 신라의 첫 번째 왕으로 즉위하였다.

영웅 기원의 세 번째 형태는 비교적 드물지만, 한국인들에게 가장 소중한 전승 중 하나이다. 탐라국(현대의 제주도)이 아직 울창한 숲으로 덮여 있던 때, 땅이 갑자기 갈라지며 땅속 깊숙이 이어지는 거대한 구멍이 생겨났다. 그 깊은 심연에서 천천히 세 명의 위엄 있는 현인이 나왔다.

그들은 아무 말 없이 숲을 지나 한라산 기슭까지 걸어갔다. 그곳에서 한 동굴을 발견했고, 그 안에는 세 개의 돌 상자가 놓여 있었다. 각자가 상자 앞에 다가가 무거운 뚜껑을 열자, 그 안에는 망아지, 송아지, 새끼 염소, 개, 그리고 한 여자가 있었다. 상자에는 다양한 곡식의 씨앗도 함께 들어 있었다. 세 현인은 각자 동물과 여자를 데리고 나와 새로운 터전을 일구며 삶을 시작했다.

이 전설은 탐라국 사람들의 기원을 설명할 뿐만 아니라, 초기 한국 사회에서 여성의 역할과 지위를 보여주는 이야기이기도 하다.

(1893년 7월 시카고에서 개최된 세계 컬럼비아 박람회의 국제 설화 학술대회에서 「한국의 설화」에 관한 발표)

2. 한국인의 기원

1) 한국인의 기원 1

어떤 인종이나 민족의 기원을 연구하는 데 사용되는 자료는 대부분 직접적인 증거가 아니라 추론에 기반한다. 우리가 참고할 수 있는 것은 단순한 역사적 기록이 아니라, 그 속에서 숨겨진 의미를 읽어낼 수 있을 때만 유의미한 자료가 된다. 따라서 민족의 기원을 연구하려면 문헌 자료뿐만 아니라 고고학, 언어학, 두개골 인류학, 화폐학 등 다양한 학문적 접근이 필요하다. 특히, 민속 전승은 문헌 기록보다 더 신뢰할 만한 자료를 제공하는 경우가 많다. 역사 기록은 특정 개인이나 집단의 시각에서 쓰였기 때문에 필연적으로 편견이 개입될 수밖에 없지만, 민속 전승은 오랜 세월 동안 형성된 공동체의 집단적 기억이기 때문에 의도적인 왜곡 가능성이 낮다.

이러한 이유로 나는 인위적인 기록보다 자연스럽게 형성된 정보를 더 중요하게 생각한다. 인위적인 정보란 문헌 기록, 비문, 포고문, 서신 등 인간이 의도를 가지고 남긴 자료를 의미한다. 반면, 자연적인 정보에는 신화, 전설, 전통, 비문이 없는 기념물, 고고학적 유물, 언어, 의복, 음악, 신체적 특징, 음식, 놀이 문화 등이 포함되며, 이러한 요소들은 비교 연구를 통해 역사적 정황을 추론하는 데 도움을 준다. 즉, 자연적 정보는 단순한 역사 기록보다 더 깊이 있는 통찰을 제공할 수 있다.

이러한 원칙을 받아들인다면, 역사 기록, 민속 전승, 기념물, 언어 등 다양한 자료를 종합적으로 분석하지 않고는 특정 민족의 기원에 대한 확실한 결론을 내릴 수 없다는 점이 분명해진다. 또한, 이 연구는 한두 명의 학자가 단독으로 해결할 수 있는 문제가 아니라, 여러 분야의 전문가들이 협력해야만 실질적인 결과를 얻을 수 있다는 점도 중요하다. 예를 들어, 지역을 연구하는 학자들은 기념물과 그 비문을 기록해야 하고, 지방에 거주하는 연구자들은 방언의 변화를 분석해야 한다. 의학자들은 특정 민족의 신체적 특징과 두개골 구조를 연구해야 하며, 언어학자들은 방언과 언어 변화의 패턴을 연구해야 한다. 이러한 다양한 연구가 지속적으로 이루어진다면, 축적된 방대한 데이터를 바탕으로 보다 신뢰할 수 있는 결론을 도출할 수 있을 것이다.

결국, 여기서 논의하는 내용은 특정 민족의 기원에 대한 완전한 해답을 제시하려는 것이 아니다. 지금 우리가 할 수 있는 것은 단지 표면적인 탐색일 뿐이며, 마치 공중에 화살을 쏘아 올리는 것과 같다. 하지만 이러한 시도가 중요한 이유는, 이를 통해 논의를 촉진하고 연구에 대한 관심을 높여 우리가 주변의 역사적 사실들을 더욱 깊이 연구하도록 유도할 수 있기 때문이다. 지속적인 연구가 이루어진다면, 우리는 민족의 기원에 대한 더욱 정교하고 명확한 이해에 도달할 수 있을 것이다.

한국 고대사의 시작을 밝히는 첫 전설은 단군 신화다. 곰 한 마리가 신성한 존재에 의해 임신하여 아이를 낳았다. 몇 년 후, 한반도 북쪽에 살던 아홉 집단의 야생 부족이 태백산 나무 아래 앉아 있는 아이를 발견했다. 이 아홉 부족은 견이, 우이, 방이, 현이, 박이, 홍이, 적이, 풍이, 양이였다.

이 야생 부족들이 다른 북방 부족들과 본질적으로 다르다는 것을 보여줄 만한 증거는 없다. 그들은 아마도 우랄알타이 어족에 속한 한 갈래였을 것이다. 이들은 북아시아 전역에 퍼져 있었으며, 동쪽으로는 태평양, 서쪽으로는 유럽 최북단 라플란드까지 영향을 미쳤다.

B. C. 1122년, 기자(箕子)가 한국 북쪽에 도착했을 때, 그는 이 부족들을 발견했다. 기자가 일으킨 큰 변화로 인해 당시 사회에 존재하던 많은 특징들이 사라졌다. 만약 그렇지 않았다면, 우리는 이들의 기원에 대한 단서를 더 많이 얻었을지도 모른다.

당시 그들은 주로 사냥을 통해 생활했으며, 절반 이상이 아직 정착하지 않은 상태였다. 여름에는 거의 집을 짓지 않았고, 겨울에는 동굴이나 움집에서 살았다. 보다 확실한 사실이 밝혀질 때까지, 우리는 이들이 북쪽 출신이라는 결론을 내릴 수밖에 없다. 이는 나중에 백두산을 넘어와 고구려의 변방을 황폐화시킨 다른 부족들의 생활 방식과 밀접하게 일치하기 때문에, 이러한 가설이 더 타당할 것이다.

B. C. 1122년부터 약 B. C. 100년까지의 기간에 대한 기록은 단 한 문장으로 간략히 언급되는데, 그동안 고조선의 왕위에 41명의 군주가 올랐다는 내용뿐이다. 이 기록은 기자의 연대를 추정하는 단서

가 된다. 고조선 왕조가 B. C. 100년경에 멸망한 것으로 알려져 있으므로, 40세대가 약, 1022년의 시간을 이어온 것으로 볼 수 있다.

이 시점에서 역사의 흐름은 한반도의 남쪽으로 이동한다. 이는 고조선의 마지막 왕 기준(箕準)이 위만(衛滿)의 배신을 피해 남쪽으로 도망친 사건과 관련이 있다.

이 사건의 배경은 다음과 같다. B. C. 2세기경, 한(漢)나라가 중국을 통일한 후 연(燕)나라를 다스리도록 파견한 장군이 반란을 일으키자, 한나라는 이를 진압하기 위해 군대를 보냈다. 결국 그 장군은 북쪽으로 도망쳐 흉노족 사이에서 피난처를 찾았다. 한편, 연나라 왕족 출신인 위만은 동쪽으로 도망쳐 고조선의 국경인 압록강에 도착했다.

기준은 위만을 받아들여 북쪽 변방 수비를 맡겼지만, 위만은 이를 배신하고 평양으로 진군했다. 그는 표면적으로는 중국군으로부터 왕을 보호한다는 명분을 내세웠으나, 실제로는 왕위를 차지하려는 속셈이었다. 기준은 이를 가까스로 알아채고, 평양을 떠나 대동강을 따라 몇몇 신하들과 함께 배를 타고 탈출했다.

그는 남쪽으로 내려가 새로운 나라를 세웠고, 현재의 전라북도 지역에 도착해 금마골(金馬谷)에 정착했다. 이곳은 오늘날 익산으로 알려져 있다.

이 이야기에서 주목할 점은 기준이 남쪽에서 만난 사람들이다. 하지만 기준이 그들의 존재를 알고 있었는지는 확실하지 않다. 한국의 초기 역사 기록에는 이들에 대한 언급이 없으며, 전승이나 전설, 신화에서도 찾아볼 수 없다.

북부 고조선은 한강 이남까지 확장되지 않았으며, 어쩌면 한강까지도 미치지 못했을 가능성이 크다. 또한, 이 지역 사람들과 북부 고조선 사이에 교류가 없었다는 증거가 존재한다.

역사 기록에서 이들에 대한 내용은 극히 적지만, 그 의미는 매우 중요하다. 기록에 따르면,

(1) 그들은 농사를 지을 줄 알았고, 면화와 아마를 사용했다.

(2) 성벽이 있는 마을이 없었다.

(3) 76개의 독립적인 공동체에서 생활했다.

(4) 가부장적인 형태의 통치가 이루어졌다.

(5) 각 공동체의 규모는 500가구에서 1만 가구까지 다양했으며, 전체적으로 약 10만 가구에 달했다.

(6) 집은 잔디와 흙을 이용해 지었으며, 출입구는 지붕에 있었다.

(7) 남성들은 비단 옷을 입었지만, 비단이나 금, 은을 특별히 귀하게 여기지는 않았다.

(8) 구슬을 장신구로 선호해 머리카락에 붙이거나 얼굴과 귀에 장식했다.

(9) 남성들은 용맹하고 전투적이었으며, 큰 소리로 외치는 습관이 있었다.

(10) 창과 활을 능숙하게 다루었으며, 짚신을 신었다.

(11) 각각의 공동체 이름이 기록되어 있다.

이것이 한국의 역사서에서 전하는 전부이며, 모든 기록이 이 내용에 대해 일치하고 있다. 『동국통감』은 이러한 내용을 전하며, 『동사

강요』 또한 이를 포함하고 있다. 『동사강요』는 『동사찬요』, 『의례참록』, 『동사회강』, 『동국통감』, 『동사보유』 등 주요 역사서를 요약한 책으로, 역사서들이 전하는 거의 모든 내용을 담고 있다.

이제 이러한 기록이 알려주는 바를 살펴보면, 첫째, 이 사람들이 매우 상세하게 묘사되었다는 사실 자체가 그들이 기준과 그의 무리에게 완전히 낯선 존재였음을 의미한다. 기준 일행이 이들의 주거 형태, 복식, 통치 방식, 생활 습관 등을 기존과 근본적으로 다르다고 여겼기 때문에, 이를 기록으로 남겼을 가능성이 크다.

이들이 북방의 미개한 부족과 비슷했다면, 기준이 어느 정도 알고 있었을 그 부족들과 마찬가지로 큰 관심을 끌지 못했을 것이며, 역사 기록에도 이렇게 자세히 남지 않았을 것이다.

둘째, 북부 고조선인들과 남쪽 지역 사이에 교류가 있었다면, 이들이 금의 가치를 몰랐을 리 없다. 금 자체의 가치뿐만 아니라, 최소한 교환 수단으로서의 중요성은 충분히 인식했을 가능성이 크다.

셋째, 이들이 구슬을 사용했다는 점은 북방 민족과 뚜렷한 차이를 보여준다. 구슬과 문신 문화는 주로 열대 지방에서 나타나며, 의복을 대신하는 역할을 한다. 일본인의 남방 기원설을 뒷받침하는 강력한 근거 중 하나가 바로 문신 문화인데, 북방에서는 문신이 장식용으로도, 의복 대용으로도 실용적이지 않기 때문에 그 기원이 북쪽일 가능성은 낮다. 남부 고조선인들 또한 과거에는 문신을 했을 것으로 보이나, 혹독한 기후로 인해 그 습관이 사라졌을 것이다. 하지만 오늘날까지도 그 흔적이 남아 있는데, 손목 피부 아래에 염색한 실을 새기는 풍습이 그것이다. 내 고용인 중 한 명인 남부 지방 사람이 이 표시를 가지고 있다. 이를 두고 하멜과 그의 동료 표착인들이 전파한 것이라는 의견도 있을 수 있지만, 혹독한 기후로 인해 실용성이 떨어지는 지역에서 외국인이 가져온 풍습이 정착했을 가능성은 극히 낮다.

넷째, 남부의 정치 체제는 고조선에서 온 도망자들에게 매우 인상적이었다. 중앙집권적인 체제가 없었고, 강력한 지도자도 존재하지 않았다. 대신, 각 공동체가 독립적인 정치 단위로 운영되었으며, 무엇보다 성곽 도시가 전혀 존재하지 않았다는 점이 가장 눈에 띄었다. 이러한 특징들은 기준과 그의 동료들에게 충분히 주목할 만한 요소였다.

이들 76개 공동체는 삼한이라 불리는 세 개의 큰 집단으로 나뉘었으며, 각각 마한, 진한, 변한이라 했다. 마한은 아마도 가장 큰 집단으로, 현재의 전라북도 북부와 충청도 전역을 포함하고 있었을 것으로 추정된다. 변한은 전라도와 경상도 남부 지역을 차지했으며, 진한은 경상도 북부와 강원도의 일부까지 포함했을 가능성이 있다. 일부 학자들은 '진한'이라는 이름이 중국 진(秦)나라의 지배를 피해 동쪽으로 이주한 난민들과 관련이 있다고 추측하지만, 사용된 한자를 비교하면 그렇지 않다는 것을 알 수 있다. 서로 다른 한자가 쓰였기 때문이다.

이 세 개의 명칭이 존재한다고 해서 반드시 여러 공동체가 하나로 통합되었다는 의미는 아니다. 실제로 그런 통합이 있었다는 기록은 없으며, 오히려 각 공동체가 독립적으로 존재했다는 점이 전해진다.

따라서 이 세 가지 구분은 한반도에 정착하기 이전부터 존재했던 기원적 차이에서 비롯된 것으로 보인다.

이 공동체들의 명칭이 지금까지 전해진 것은 매우 의미 있는 일이다. 이는 민족학 연구에 중요한 자료가 될 수 있기 때문이다.

(『코리안 리포지터리』, 제2권 6월호(1895), 219-224쪽)

2) 한국인의 기원 2

　오늘날 우리가 사용하는 한국어는 남한의 언어에서 비롯되었다. 이는 한국사의 여러 사실을 통해 논리적으로 도출할 수 있다. 기원후 초반, 한반도에는 세 개의 주요 세력이 존재했다. 북쪽의 고구려, 남서쪽의 백제, 그리고 남동쪽의 신라다. 백제는 마한과 변한의 일부로, 신라는 진한과 변한의 나머지 지역으로 구성되었다. 이들은 대체로 남방계 문화를 기반으로 했으며, 대부분의 주민 역시 남방에서 정착한 이들이었다.

　반면, 북방의 고구려는 끊임없이 중국 또는 북쪽과 동쪽의 이민족들과 전쟁을 치렀다. 결국 고구려는 중국과 신라의 연합군에 의해 멸망했고, 이 과정에서 3만 8천 3백 가구가 강제로 중국 남부의 강회(江淮) 지역으로 이주되었다. 동시에 1만여 명이 넘는 사람들이 패망한 왕과 함께 중국으로 떠났다. 이후 고구려의 영토는 백제와 마찬가지로 신라에 편입되었고, 역사상 처음으로 한반도가 단일 국가의 통치 아래 놓이게 되었다.

　신라가 한반도 전체를 통치하면서 신라의 언어가 자연스럽게 공통 언어가 되었다. 이후 몇 세기가 지나 고려 왕조가 등장했을 때도, 그 기반은 신라에서 비롯되었기에 오늘날의 한국어가 신라어를 바탕으로 형성되었다는 주장은 역사적으로 충분한 근거가 있다.

　그렇다면 신라의 언어, 즉 남한의 언어는 어디에서 유래했을까? 언어는 자연스럽게 성장하고 변화하는 것이지, 인위적으로 만들어지는 것이 아니다. 언어에는 역사 속 민족 간의 교류와 갈등이 흔적으로 남아 있으며, 이는 마치 지층이 시간의 흐름을 보여주는 것과 같다. 그렇다면 한국어는 중국에서 유래했을까?

이 질문에 답하기 위해, 먼저 우랄알타이어의 특징을 살펴볼 필요가 있다.

   (a) 한국어는 굴절어가 아닌 교착어이며, 현재의 중국어 방언들은 어느 쪽에도 속하지 않는다.

   (b) 한국어는 접두사보다 접미사를 자유롭게 사용하는 특징이 있지만, 중국어는 그렇지 않다.

   (c) 우랄알타이 어족의 언어들은 문장 구조가 항상 '주어-목적어-서술어' 순서로 이루어진다. 그러나 중국어는 일반적으로 그렇지 않다.

이러한 모든 특징을 고려할 때, 현대 한국어는 명확히 우랄알타이 어족에 속한다. 반면, 중국어 방언들은 막스 뮐러 교수가 '음운적 소멸(phonetic decay)'이라고 부른 언어적 변화의 단계를 아직 거치지 않은, 여전히 원시적인 형태를 유지하고 있다. 만약 중국어가 한때 고도로 발달한 언어였다면, 지금과 같은 단순한 형태로 퇴보했다는 것은 쉽게 납득하기 어렵다. 마찬가지로, 한국어가 중국어에서 갈라져 나온 언어라면, 어떻게 조상 언어인 중국어보다 더 발전할 수 있었는지 설명하기 어렵다.

중국인의 조상들은 인류의 기원으로 알려진 지역에서 중국으로 이동하는 과정에서, 알파벳이 발명되기 전, 본격적인 목축 시대가 시작되기 전에 거대한 산맥을 넘어왔을 가능성이 크다. 이후 목축 시대가 도래하면서 험준한 산악 지형이 장벽이 되어 서방과의 교류가 단절되었다.

그 후, 이란 고원에서 또 다른 대규모 민족 이동이 발생했다. 우리가 우랄알타이 어족이라 부르는 이들은 곤륜산과 히말라야산맥을 지나면서 북쪽과 남쪽으로 갈라졌고, 일부는 타타르 평원과 시베리아로 이동했으며, 일부는 인도의 밀림으로 향했다. 이후, 산스크리트어를 사용하는 민족이 인도로 진출하면서, 우랄알타이 어족을 남쪽으로 몰아냈고, 이들은 데칸고원, 스리랑카, 말레이반도와 그 주변 섬들로 이동했다.

이제 중요한 의문이 남는다. 남부 한국은 북쪽에서 이동한 민족이 정착한 것일까, 아니면 남부 우랄알타이 어족의 마지막 이주 물결이 한반도 남부 해안까지 도달한 것일까?

거리를 생각하면 후자가 불가능해 보일 수도 있다. 그러나 중국 해안의 섬들을 지도로 살펴보면, 중국 본토를 거치지 않고도 육지가 보이는 가까운 거리의 섬들을 따라 말레이반도에서 한반도로 이동하는 것이 가능했을 수도 있다. 고대 안남의 술탄들이 남인도의 텔루구족 후손임을 주장했다는 사실은 잘 알려져 있다. 또한, 대만 원주민이 말레이족과 깊은 연관이 있으며, 제주도가 오래전부터 중요한 조랑말의 사육지 역할을 해왔다는 것도 알고 있다.

대만 원주민이 말레이인과 밀접한 관련이 있다는 것은 잘 알려진 사실이다. 또한, 한국 남쪽의 제주도가 오랜 세월 동안 체구가 작은 조랑말의 사육지였으며, 이와 비슷한 조랑말이 싱가포르와 그 주변 섬에서만 발견된다는 점도 흥미롭다. 제주도와 대만 원주민 사회의 또 다른 공통점은 여성의 체격이 남성보다 더 우월하다는 점이다.

전설에 따르면, 제주도의 세 현인이 동남쪽에서 떠내려온 세 개의 상자를 발견했고, 각각의 상자 안에는 개, 송아지, 망아지, 그리고 한 명의 여성이 들어 있었다고 한다. 이러한 이야기는 단순한 전설일 수 있지만, 앞선 연구에서 제시된 사실들과 함께 고려하면 한국인이 남쪽에서 기원했을 가능성을 시사한다.

이제 언어적 관점에서 이 문제를 살펴볼 필요가 있다. 이번 연구에서 주로 참고한 문헌은 아담의 『만주어 문법』, 르뮈자의 『타타르어 연구』, 콜드웰의 『드라비다어 비교 문법』, 클라프로트의 언어 연구 자료집 『크레스토마시』 그리고 여러 한국 역사서들이다. 비교 대상으로 남쪽 지역의 언어 중 인도의 드라비다어를 선택한 이유는, 말레이어 방언과 대만 원주민 언어에 대한 체계적인 연구가 거의 없고, 관련 자료에 접근하기 어려운 현실 때문이다.

(『코리안 리포지터리』, 제 2권, 7월호(1895), 255-257쪽)

3. 한국의 유산

얼마 전 우리는 "중국이 한국에 미친 영향"이라는 주제로 제임스 스카스 게일의 깊이 있는 발표를 들을 기회가 있었다. 한국이 중국의 영향을 받아왔다는 사실을 입증하는 방대한 자료를 이보다 더 철저하게 정리하기는 어려울 것이다. 하지만 발표가 남긴 인상은 한국 사회 전반이 중국 사상의 지배를 받아왔으며, 중국의 영향을 받지 않은 것이 거의 없다는 점이었다.

만약 이것이 사실이라면, 한국은 매우 독특한 상황에 놓여 있다고 볼 수 있다. 한국은 1,200만 명이 넘는 인구를 가진 나라로, 2,000년 이상 독자적인 민족 정체성을 유지해 왔다. 그런 한국에서 고유한 요소가 전혀 남아 있지 않다는 것은 쉽게 납득하기 어려운 일이다. 만약 한국이 당나라 시대부터 철저히 중국 사상에 종속되었고 그 상태가 지금까지 이어져 왔다면, 오늘날 한국에서 어떤 요소를 가리켜 순수한 토착적 기원을 가졌으며 1,500년 동안 살아남았다고 주장할 사람은 없을 것이다.

그럼에도 불구하고, 회장님의 제안으로 나는 이 문제의 다른 측면을 살펴보고자 한다. 즉, 한국만의 고유한 요소와 중국과 구별되는 점이 무엇인지 조명하려 한다. 따라서 이번 발표는 앞서 들은 내용에 대한 보완적인 논의가 될 것이다. 내가 다룰 내용은 크게 두 부분으로 나뉜다. 첫째, 간략한 역사적 개요를 살펴보고, 둘째, 이를 바탕으로 몇 가지 중요한 결론을 도출하고자 한다.

한국의 전승에 따르면, 한국 최초의 문명화된 지도자는 단군(檀君)으로, 그는 순수한 토착 인물이며 태백산 기슭에서 태어났다고 전해진다. 당시 여러 부족이 그를 왕으로 추대하며 하나로 통합되었다고 한다.

그는 백성들에게 군신관계를 가르치고, 혼인의 예법을 제정했으며, 요리법과 집 짓는 기술을 전수했다. 또한 머리를 묶는 방법으로 천을 이용해 머리를 감싸는 것을 가르쳤다. 이 전설은 한국인들 사이에서 널리 사실로 받아들여지며, 그의 통치가 기자(箕子)가 오기 천 년 전부터 시작되었다고 믿고 있다.

우리는 이 전설의 역사적 가치를 신뢰하지 않지만, 한국인들은 그렇지 않다. 특히 단군이 정치와 가정에 관한 두 가지 중요한 유교적 가르침을 전수했다고 믿는데, 이는 유교의 모든 원리가 여기에서 비롯될 수 있다는 점에서 의미가 있다. 또한 이 전설은 한국에서 오랫동안 존중받아 온 상투의 전통이 최소한 그 본질적인 형태로는 기자가 오기 이전부터 존재했음을 시사한다.

만약 단군의 이야기가 신화적 요소 때문에 배제되어야 한다면, 기자의 한국 도래 또한 같은 기준에서 의심받아야 한다. 당나라 시대의 중국 사서(史書)에는 기자의 왕국이 요동(遼東)에 있었다고 기록되어 있으며, 금나라와 원나라 시대의 역사서에도 그의 수도가 요동의 광녕(廣寧)이었다고 전해진다. 오늘날에도 그 지역에는 기자의 우물이 남아 있으며, 기자를 기리는 사당이 존재한다. 한때 이곳에는 기자의 초상화가 걸려 있었으나, 명나라 세종 황제 시기에 불타 소실되었다.

심지어 한국의 『속문헌통고(續文獻通考)』에도 기자의 수도가 요동의 함평로(咸平路)였다고 기록되어 있다. 또한 명나라의 사서 『일통지(一統志)』에 따르면, 요동의 학자들이 편찬한 『성경지(盛京志)』에서 고조선의 영토가 심양(瀋陽), 봉천부(奉天府), 광녕, 의주(義州)까지 포함된다고 했다. 이는 고조선의 대부분이 압록강 너머에 있었음을 의미하며, 기자의 수도가 평양이었다는 주장에 의문을 제기한다.

나는 기자의 수도가 평양이었다고 믿지만, 앞서 제시한 증거들은 이 문제에 여전히 논쟁의 여지가 있음을 보여준다. 만약 단군의 이야기가 신화적 요소 때문에 배제되어야 한다면, 기자의 이야기도 같은 기준으로 다뤄져야 한다. 단군 왕조의 유적과 기자 왕조의 유적은 그 수가 비슷하다. 강화도의 단군 제단과 전등산의 삼랑성(三郞城) 등이 그 예이다.

문화(文華)에 있는 단군사(檀君祠)와 강동(江東)에 있는 단군릉(檀君陵)은 한국인들이 단군을 자신들의 위대한 시조로 믿고 있음을 증명한다.

기자가 B. C. 1122년에 왔을 때, 많은 중국 문물을 함께 가져왔다. 그러나 중요한 것은 그 도입 방식이었다. 그는 처음부터 자신과 추종자들이 현지인의 언어에 적응해야 한다는 점을 인식하고, 중국어를 강요하지 않았다. 대신, 현지 주민들 가운데에서 관리를 선발해 통치를 맡겼으며, 각 지역의 유능한 인재를 뽑아 정치 운영 방법을 가르쳤다.

그러나 이 시기에 중국 문자가 한국에 정착된 것은 아니었다. 당시 정자는 아직 발명되지 않았으며, 고대 전서 또한 상류층조차 제대로 알지 못할 정도로 희귀했다. 이는 마치 유럽 중세 시대에 글을 아는 귀족이 드물었던 것과도 같다. 문학적 기록은 물론 비문조차 남아 있지 않은 점은, 중국 문자가 고조선 사회에서 실질적인 영향을 미치지 않았음을 보여준다.

기자 왕조는 B. C. 193년 위만(衛滿)에 의해 무너졌으나, 위만과 그의 추종자들은 중국인이 아니었다. 그는 연(燕) 출신으로, 만주의 반야만 부족에 속했던 인물이었다. 따라서 그의 등장은 한국에 대한 중국의 문화적 영향을 증대시키지 않았다. 그러나 불과 86년 후, 위만의 나라는 강력한 한(漢)나라 무제(武帝)에 의해 정복되었고, 그 영토는 네 개의 군(郡)으로 분할되었다.

그렇다면 기자 조선의 문명은 어떻게 되었을까? 정복자인 한나라 황제는 고조선인을 "미개한 사람"이라 불렀다. 맹자(孟子) 또한 대맥(大貊)과 소맥(小貊)을 언급하며, 대맥을 고조선에 비유했다. 이는 기자 조선을 미개한 부족과 동일시하는 표현으로, 당시 한반도 동쪽에 거주하던 맥(貊)족이 완전한 미개 부족이었음을 고려하면 고조선 또한 그들과 다르지 않았다는 의미를 내포한다.

이 시기의 한국에 대한 기록을 남긴 거의 유일한 문헌인 중국의 『문헌통고(文獻通考)』에 따르면, 당시 북부 한반도의 대부분은 예(穢), 맥(貊), 낙랑(樂浪), 옥저(沃沮) 등의 부족들이 거주하고 있었다.

위만의 왕국은 평안도의 일부 지역만 포함하고 있었다. 이를 뒷받침하는 더 강한 증거는, 한 무제가 한반도 서북부 전체, 즉 압록강까지 이어지는 지역에 '낙랑(樂浪)'이라는 이름을 붙였다는 사실이다. 이는 무제가 압록강 너머의 위만 왕국 지역을 가장 중요한 부분으로 여겼음을 보여준다.

하지만 중국이 오랫동안 한반도 일부를 지배하는 것은 어려운 일이었다. 중국 본토에서 너무 멀리 떨어져 있었을 뿐만 아니라, 토착적인 부족들의 거센 저항으로 통치가 더욱 힘들어졌다. 결국 한 세기가 채 지나기도 전에 한반도 북부 전체가 북쪽 부여(夫餘)에서 내려온 난민 주몽(朱蒙)의 손에 넘어갔다. 전설에 따르면 주몽은 초자연적인 존재에서 태어났다고 하지만, 그의 아버지는 단군의 장자의 후손이었다고 전해진다. 따라서 이 과정에서 중국의 영향력이 크게 작용했다고 볼 만한 흔적은 없다.

새롭게 세워진 고구려 왕국은 처음부터 중국과 대립하는 관계였으며, 짧은 평화의 시기가 있기는 했지만, 대체로 B. C. 37년부터 A. D. 668년까지 중국의 여러 왕조들과 끊임없이 전쟁을 벌였다. 『문헌통고』에는 고구려의 풍속과 관습이 자세히 기록되어 있다. 유교에 대한 언급은 없으며, 대신 토속 신앙과 샤머니즘을 묘사하며 고구려가 거의 반야만 상태로 돌아갔음을 보여준다. 물론, 애초에 완전히 문명화된 적이 있었는지도 불분명하다. 중국과의 오랜 전쟁은 마침내 668년, 신라의 지원을 받은 당나라가 고구려를 무너뜨리면서 끝이 났다.

이제 시선을 남쪽으로 돌려보면, 또 다른 중요한 사건들이 일어나고 있었다. B. C. 193년, 위만이 준왕(準王)을 평양에서 쫓아냈다. 준왕은 소수의 추종자들과 함께 배를 타고 남하하여 현재의 익산 지역에 도착했다. 당시 한반도 남부에는 여러 작은 부족들이 모여 세 집단의 연맹체를 이루고 있었다. 서쪽의 가장 강한 집단은 마한(馬韓), 남쪽은 변한(卞韓), 동쪽은 진한(辰韓)이라 불렸다. 이러한 명칭들은 준왕이나 중국 진나라에서 건너온 난민들이 도착하기 훨씬 전부터 사용되고 있었다. 준왕은 남부 지역의 세력보다 높은 수준의 문명을 갖추고 있었기 때문에, 비교적 쉽게 자신의 왕국을 세울 수 있었다.

이 왕국은 마한 전체를 포함하지 않았다. 처음에는 마한을 구성하는 54개 독립 공동체 중 일부만 포함했을 가능성이 크다. 그는 소수의 추종자만을 거느린 채 마한에 들어섰으며, 그곳에서 언어, 풍습, 법, 종교가 자신과 다른 사람들을 만났다. 이 왕국이 존속한 기간이 짧았던 만큼, 마한 전체 주민들에게 강한 영향을 미쳤다고 보기는 어렵다.

주몽이 고구려를 세운 지 불과 몇 년 만에 그의 두 아들은 남쪽으로 이동해 기준(箕準)의 작은 왕국 영역으로 들어갔고, 20년이 채 지나기도 전에 단 한 차례의 짧은 원정으로 마한을 멸망시키고 백제(百濟)를 세웠다. 따라서 백제는 중국과 아무런 연관이 없으며, 중국 전통의 영향을 받지 않은 사람들이 건국한 나라였다.

한편, 이보다 앞서 한반도 동남부에서는 신라가 건국되었다. 믿을 만한 기록에 따르면, 중국에서 만리장성이 축조되던 시기 많은 중국인이 난을 피해 남부 한반도로 이주했다. 그들은 마한 해안에 도착했지만 환영받지 못했고, 그들은 곧바로 반도의 동쪽으로 보내져 진한 사람들 사이에서 정착했을 뿐, 진한을 세운 것은 아니었다. 진한을 구성했던 모든 독립 정착지의 이름이 전해지는데, 그중 중국식 명칭은 하나도 없다. 진한은 중국에서 이주해 온 사람들이 도착하기 훨씬 이전에 이미 형성되었다.

이 중국에서 이주한 사람들이 신라 건국에 영향을 미쳤을 것으로 추정하는 주장을 뒷받침할 기록은 없다. 당시 다섯 부족의 토착 공동체 수장들은 하나의 지배 체제 아래 연합하기로 합의했으나, 그들이 붙인 국명은 "신라"가 아니라 순수한 토착어인 "서야벌(徐耶伐)"이었다. "신라"라는 명칭이 사용된 것은 그로부터 수 세기 후인 A. D. 504년, 지증왕(智證王) 재위 시기였다. 같은 해, 왕이 사망하면 다섯 명의 소년과 다섯 명의 소녀를 산 채로 순장하는 끔찍한 풍습도 폐지되었다. 당시 왕의 칭호는 "거서간(居西干)"이었으며, 이는 역시 순수한 토착어였다. "왕(王)"이라는 호칭은 "신라"라는 국호가 공식적으로 사용된 이후에야 도입되었다.

모든 정부 기관의 이름과 공식 직함은 순수한 고유어로 이루어져 있었다. 이러한 명칭들은 앞서 언급한 『문헌통고』에도 기록되어 있다. 지금 한반도를 삼등분했던 삼국의 기원을 살펴보았는데, 어느 나라에서도 중국의 영향이 두드러지게 나타나지 않았다. 실제로 살아 있는 사람을 무덤에 함께 묻는 잔혹하고 야만적인 풍습이 사라진 것도 그로부터 500년이 지난 후였다. 이는 한 왕이 임종을 앞두고 어린아이들을 자신과 함께 묻지 말라는 엄격한 명령을 내린 덕분이었다.

한편, 당시 한국 사회에는 어느 정도 중국인의 혈통이 섞여 있었다. 인간 사회에서도 식물 세계와 마찬가지로 적절한 유전적 혼합이 긍정적인 결과를 가져오는 경우가 많다. 예를 들어, 켈트족, 튜턴족, 스칸디나비아족, 노르만족의 피가 섞이며 강력한 영국 민족이 형성된 것처럼, 신라에 유입된 아주 적은 수의 중국 혈통 또한 신라가 백제나 고구려보다 앞선 문명을 이루는 데 일정한 영향을 미쳤다.

그러나 신라는 자체적인 문자 체계를 보유하고 있지 않았기 때문에 중국에서 전해진 문자를 받아들였다. 당시 중국에서 유입된 새로운 개념들은 한국인들에게 생소한 것이었고, 이를 기존 한국어 어휘만으로는 충분히 표현하기 어려웠다. 따라서 한국인들은 개념과 함께 중국어 단어를 수용했다. 하지만 단순히 중국어를 그대로 사용하는 것이 아니라, 한국식 어미를 붙이고 한국어 단어와 결합시키며, 점차 한국어의 특성에 맞게 변형해 나갔다. 이는 노르만족이 가져온 로망스어가 고대 영어에 흡수된 과정과도 유사하다.

한국어의 어원과 문법 구조는 중국어와 크게 달랐기 때문에, 학자들은 두 언어를 자연스럽게 융합하는 것이 어렵다고 판단했다. 이에 따라 중국어 문장을 이해하고 활용하기 위해 한국어 어미를 덧붙이는 방식이 필요해졌고, 이를 가능하게 한 것이 바로 '이두(吏讀)'였다. 『코리안 리포지터리』에서도 몇 년 전 이에 대해 소개한 바 있다. 결국, 한국인들은 문자 생활을 위해 중국 문자를 받아들이고 이를 한국어에 맞게 변형하며 활용하게 되었다.

  한국인은 글을 쓰는 매개체로 한자를 선택했고, 현재까지도 이를 사용하고 있다. 그러나 한국에서는 초서(Chaucer), 단테(Dante), 세르반테스(Cervantes)처럼 자국어로 고전을 집필하고, 학문의 혜택이 소수에게만 제한되는 외국의 체계에서 국민을 해방시키려 했던 인물이 등장한 적이 없다.

  그럼에도 불구하고, 변화를 필요로 한다고 인식한 이들이 없었던 것은 아니다. 그중 첫 번째 인물이 바로 설총(薛聰)이다. 그는 지난달 발표된 글에서 한국의 위대한 인물 중 한 명으로 언급된 바 있다. 그의 위대함의 핵심은, 내 생각에, 신라에서 대중 교육을 가능하게 하려는 시도에 있다. 그는 한자에 기반한 한국식 표기법인 이두를 고안했는데, 이는 완전한 해결책이 아니었고 결국 한계에 부딪힐 수밖에 없었다. 그러나 적어도 그것은 중국의 문법 체계에서 한국인을 독립시키려는 첫걸음이었으며, 나아가 중국의 전반적인 영향력에서 벗어나려는 시도였다.

  하지만 설총이 직면한 도전은 영어를 라틴어의 속박에서 해방시키려 했던 초기 개혁자들보다 훨씬 더 어려운 것이었다. 가장 큰 문제는 당시 신라에 표음 문자 체계가 존재하지 않았다는 점이었다. 한국어는 곡용과 활용이 복잡한 언어로, 고정된 형태의 한자로 표현하기에 적합하지 않았다. 반면 영어는 대륙의 표음 체계와 유사한 구조를 가지고 있었으며, 이미 동일한 알파벳을 사용하고 있었다. 이러한 상황에서 설총의 시도가 실패한 것은 어쩌면 당연한 일이었다.

또 다른 신라의 위대한 학자 최치원(崔致遠)은 어린 나이에 중국으로 건너가 과거에서 높은 성적을 거두었으며, 심지어 페르시아까지 여행했다는 전설도 전해진다. 이후 그는 조국으로 돌아와 자신의 지식과 경험을 나누고자 했으나, 조정 내 동료 관료들의 질투로 인해 뜻을 펼칠 기회를 얻지 못했다. 결국 궁궐을 떠나 산속에 은거하며 한 편의 전기(傳記) 작품을 남겼다. 중국에서는 그의 업적을 높이 평가했지만, 정작 한국에서는 그의 영향력이 미미했다. 오히려 그의 삶이 남긴 교훈은, 자국의 정체성을 잃은 한국인은 동포들에게 깊은 영향을 미치기 어렵다는 점이었다.

신라의 역사 속에서 우리는 점점 확장되는 문명과 더불어 중국의 복식, 법률, 종교, 사회적 관습을 지속적으로 받아들이는 모습을 발견할 수 있다. 이는 분명한 사실이지만, 그렇다고 해서 이러한 수용이 한국인의 정체성을 약화시켰다거나 한국인의 기질을 중국인과 비슷하게 변화시켰다고 볼 수는 없다. 마치 호랑이가 사슴을 잡아먹는다고 해서 호랑이가 사슴을 닮는 것이 아닌 것과 같다.

신라 초기에는 유교와 불교가 전래되었다. 기원전에는 한반도 북부와 서부에서 중국의 영향이 사라졌지만, 신라가 중국 학문의 연구를 장려하면서 비로소 불교가 한국에 깊이 뿌리내리게 되었다. 유교와 불교에 대해서는 이후 자세히 다루겠지만, 여기에서는 그 전래 시기를 강조하는 데 그치겠다.

　신라는 결국 중국의 지원을 받아 한반도의 대부분을 장악했지만, 북방 지역의 통치 방식을 둘러싸고 오랫동안 중국과 갈등을 겪었다. 신라가 한반도 전역을 지배하게 되면서 비로소 민족이 하나로 융합되기 시작했다.

　A. D. 10세기에 신라는 고려(高麗) 왕조에 의해 멸망했고, 불교의 전성기가 도래했다. 이후 500년 동안 중국의 영향은 거의 불교를 통해 이루어졌다. 이 시기에는 모든 가정의 셋째 아들은 승려가 되어야 한다는 법이 제정되었으며, 현재 이 도시에 세워진 탑도 이때 건립되었다. 그러나 이후 논의하겠지만, 불교를 단순히 중국의 영향으로만 해석하는 것은 적절하지 않다.

　A. D. 1392년 조선 왕조가 개창되면서 새로운 시대를 맞이했다. 대대적인 개혁이 이루어졌고, 왕실이 주도하여 금속 활자 인쇄 문화를 계승하고 발전시키게 되었다. 이는 구텐베르크가 이를 발명한 것보다 거의 반세기 앞선 일이었다. 당시 제작된 활자는 한자였지만, 세종이 백성들도 쉽게 익힐 수 있는 음운 문자 체계의 창제를 지시했다. 그 결과 탄생한 문자는 단순성과 음운적 우수성 면에서 세계적으로도 유례를 찾기 어려운 뛰어난 문자 체계로 평가받는다. 이는 한국인이 발전시킬 수 있는 모든 사상과 중국에서 차용할 수 있는 모든 개념을 전달할 수 있는 체계였다. 한국인이 문법 구조가 크게 다른 한자 문자를 반드시 사용해야 한다고 주장하는 것은, 마치 영어 사용자가 라틴어 문법 체계를 그대로 받아들여야 한다고 말하는 것과 마

찬가지로 비합리적인 주장이다. 그러나 한글은 상류층이나 교육을 받은 계층 사이에서 널리 사용되지 못했다. 그 이유는 두 가지다.

첫째, 상류층은 오랫동안 귀로 듣는 문자보다 눈으로 읽는 문자 체계에 익숙해 있었기 때문에, 이를 바꾸는 것은 지나치게 급진적인 변화였다. 이는 마치 화가에게 캔버스가 아니라 피아노로 자신의 생각을 표현하라고 요구하는 것과 같았다. 예술적 감각이 있다면 가능할 수도 있겠지만, 새로운 기법을 익히는 데 따르는 노력은 상당한 인내심을 요구했기에 쉽게 받아들이기 어려웠다.

둘째, 한자의 사용은 상류층과 하류층을 구분하는 효과적인 장벽 역할을 했다. 한국 사회에서 신분 의식은 항상 뚜렷했으며, 한자는 이를 더욱 공고히 했다. 오직 경제적 여유가 있는 계층만이 학문의 "열쇠"를 손에 쥘 수 있었기 때문이다. 상류층이 한자를 유지한 것은 중국 사상을 특별히 선호해서가 아니라, 한편으로는 오랜 학문적 전통에 따른 관성 때문이고, 다른 한편으로는 신분적 편견 때문이었다.

이 왕조가 시작된 이후, 중국으로부터의 중요한 문화적 차용은 거의 없었다. 이제 역사적 논의를 마무리하고, 이를 평가하며 비교를 통해 설명하고자 한다. 물론 이 비교가 모든 면에서 완벽히 들어맞는 것은 아니지만, 우리의 목적에는 충분히 적절하다. 나는 중국이 한국에 미친 영향이 대륙 유럽이 영국제도 주민들에게 미친 영향과 유사하다는 점을 밝히고자 한다. 이는 한국과 영국이 비슷하다는 의미도, 중국과 대륙 유럽이 동일하다는 의미도 아니다. 다만, 인과관계의 법칙이 두 경우에 동일하게 작용했다는 점을 강조하는 것이다.

첫째, 한국에는 일정 부분 중국 혈통이 섞였다는 점을 인정한다. 그러나 이러한 혼합은 천 년 이상 전에 끝났으며, 이후 만주족과 몽골족의 침략도 한국인의 혈통에 큰 영향을 미치지 않았다. 흥미롭게도, 비슷한 과정이 같은 시기 영국에서도 일어났다. 영국에서 노르만 혈통과의 혼합은 한국에서 중국 혈통과의 혼합보다 훨씬 더 광범위하게 이루어졌다.

둘째, 나는 한국어가 중국어의 영향을 받아 변화했다는 점을 인정하지만, 그 변화의 방식과 정도는 로망스어가 영어에 미친 영향과 유사하다. B. C. 200년에서 A.D. 100년 사이, 한국의 여러 부족들 사이에서 일어난 언어적 변화는 같은 시기 혹은 그보다 조금 후에 로마의 정복이 시작되면서 영국에서 일어난 변화와 비교할 수 있다. 노르만-프랑스어가 영어에 영향을 미치기 시작한 시점은 중국어가 한국어에 영향을 미치기 시작한 시점보다 다소 늦었지만, 그 영향의 본질은 유사했다. 따라서 중국어가 한국어에 미친 영향이 구체적으로 어떤 것이었는지를 살펴볼 필요가 있다.

(a) 중국어의 영향이 시작될 당시, 한국어는 이미 굴절이 강한 언어였으며 음운, 어원, 통사 구조면에서 중국어와 근본적으로 차이가 있었다. 이러한 차이는 오늘날까지도 유지되고 있다. 영국의 경우를 살펴보면, 노르만 정복이 이루어졌을 당시에도 굴절이 강한 언어가 존재했으며, 이는 정복자들의 언어와 크게 달랐다. 어휘상의 변화가 있었음에도 불구하고 이러한 구조적 차이는 유지되었다.

(b) 중국어가 한국어에 미친 영향은 노르만어가 영어에 미친 영향

과 유사하게, 새로운 개념을 표현하기 위한 단어를 차용하거나 문체의 우아함과 유연성을 더하기 위해 동의어를 도입하는 수준에 그쳤다. 두 경우 모두 법률, 종교, 과학, 문학 분야의 용어들이 차용되었지만, 일상적인 언어는 상대적으로 큰 변화를 겪지 않았다. 순수 한국어로만 글을 쓰는 것이 중국어 어휘 없이 글을 쓰는 것과 마찬가지로 어려운 것은, 라틴어계 어휘 없이 순수 영어로만 글을 쓰는 것과 마찬가지다. 물론 한국어에는 중국어에서 유래한 단어에 대응하는 표현이 없는 경우가 많듯이, 영어에서도 앵글로색슨어에서 온 단어로 대체할 수 없는 라틴어계 단어가 많다. 그러나 우리가 기억해야 할 점은, 한국어에는 중국어에 대응되는 표현이 없는 순수 한국어 단어가 수천 개에 달한다는 것이다. 특히 한국어는 의성어나 의태어가 풍부하지만, 이에 대한 체계적인 정리가 아직 이루어지지 않았다.

영어 어휘에는 단 28,000개의 앵글로색슨 어근만이 존재한다. 나는 한국어 단어들을 철저히 조사한다면, 이보다 더 높은 비율로 순수 토착 어근이 포함되어 있을 것이라 확신한다.

(C) 생각이 먼저 떠오르고, 단어는 그다음이다. 개념을 이해한 한국인은 단지 그 개념을 표현할 음성적 기호만 빌리면 된다. 어떤 문자도 필요하지 않다. 신약 성경 전체가 한국어로 번역되어 한글로 이해 가능하게 쓰였다는 사실은, 한자를 사용해야만 심오한 개념을 표현할 수 있다고 주장하는 이들에게 충분한 반박이 된다.

셋째, 나는 한국이 중국의 종교 체계에서 많은 것을 차용했다는 사실을 인정한다. 공자 숭배 사상이 기원후 얼마 지나지 않아 한국에 전해졌음을 밝혔다. 같은 시기, 기독교가 처음으로 영국에 전파되었다. 그러나 기독교는 영국에서 공자 사상이 한국에서 미친 영향보다 훨씬 더 근본적인 변화를 일으켰다.

선사 시대 영국의 고대 드루이드 의식은 한국의 토착 부족이 믿던 주술 신앙과 매우 유사했다. 그러나 기독교는 드루이드 체계를 완전히 종식시킨 반면, 공자 사상은 한국의 주술 신앙을 대체하지 못했다. 이는 오늘날에도 여전히 존재하며, 한국인의 종교적 신념의 근간을 이루고 있다. 한국 대중에게 미치는 영향도 공자 사상보다 훨씬 크다.

한국의 주술 신앙은 중국에서 온 것이 아니다. 고대 한국 부족을 기록한 문헌에서도 이 신앙이 묘사되며, 그 내용은 오늘날 우리가 알고 있는 한국의 미신과 상당히 유사하다. 보름달과 초승달에 대한 제사가 있었으며, 동물과 수많은 정령을 숭배하는 풍습도 존재했다. 중국이 도래하기 훨씬 이전부터 한국인들은 고대 갈데아인, 페르시아인, 로마인들과 마찬가지로 불길한 징조를 두려워했다. 예를 들면, 일식과 월식, 유성, 곡성(哭聲), 거리에서 마주치는 맹수, 그리고 하늘에서 갑자기 떨어지는 물건 등이 그런 징조로 여겨졌다.

유교에 대해 많은 강조가 이루어지지만, 유교란 무엇인가? 그것은 인류 전체에 공통된 단순한 행동 규범을 정리한 것이다. 부모에 대한 사랑은 인간 본능이며, 동물에게도 존재한다. 부부 간의 정절, 통치자에 대한 충성, 우정의 신성함 이것들은 유교의 영향을 받지 않아도 모든 인간이 공유하는 가치이며, 유교가 전해지기 전부터 한국에도 존재했다. 한국인은 유교의 문자화된 규범을 마치 새가 날개를 펴듯 자연스럽게 받아들였다. 이전까지 이를 체계적으로 정리한 적이 없었기 때문에 자연스럽게 중국의 규범을 받아들였던 것이다.

그러나 나는 유교가 실제로 한국에 어떤 영향을 미쳤는지 묻고 싶다. 유교는 의례적 형식을 규정하며 한국 사회의 외형을 다듬었지만, 그것이 깊이 있는 이성적 판단으로까지 이어졌다고 보기는 어렵다. 한국인들이 유교의 가르침을 철저히 실천한 적이 있는가? 단 하나도 없다. 한국에서의 유교는 문학적 표현에 불과하며, 실천 윤리와는 거리가 먼 논리의 체계일 뿐이다. 이는 마치 마키아벨리의 이론이 실제 외교술과 괴리를 보였던 것과도 같다. 한국에서 유교는 형식을 규정했을 뿐, 그 본질에는 영향을 미치지 못했다.

이를 증명하기 위해 한 가지 질문을 던지고 싶다. 한국인은 어려움에 처했을 때 누구에게, 혹은 무엇에 의지하는가? 한국의 풍습을 아는 사람이라면 같은 대답을 할 것이다. 그들은 원시적이고 본능적인 주술 신앙이나 변형된 불교적 무속 신앙에 기대어 왔다.

이제 불교에 대한 이야기로 넘어가 보자.

한국은 불교를 중국에서 직접 받은 것이 아니라, 단지 중국을 거쳐 전달받았다. 불교의 기원과 철학이 인도에서 비롯된 것처럼, 일본 불교 역시 한국 불교의 직접적인 영향이라고 단정할 수 없다. 그 기원을 추적하려면 더 거슬러 올라가야 한다. 중국은 단순히 인도의 사상이 한국을 거쳐 일본으로 전파되는 물리적 매개체 역할을 했을 뿐이다.

불교는 대략 A. D. 400년경부터 A. D. 1392년까지 한국에서 번성했다. 이후 불교는 사회의 중심에서 밀려났지만, 그렇다고 해서 불교의 기본 사상과 사유가 완전히 사라졌다고 보는 것은 큰 오해다. 그것들은 단지 겉으로 드러나지 않을 뿐, 변형된 형태로 여전히 한국인의 사고방식과 기질에 깊은 영향을 미치고 있다. 이에 대해서는 이후 더 자세히 설명하겠다.

넷째, 한국이 과학적 개념을 중국에서 받아들였다는 점은 인정한다.

그러나 이는 영국이 대륙에서 근본적인 과학 개념을 수용한 것과 같은 방식이다. 영국 과학이 코페르니쿠스의 천문학 체계, 갈렌과 히포크라테스의 의학 체계, 유클리드와 아르키메데스의 수학 체계, 그리고 플라톤, 스피노자, 데카르트, 칸트의 철학 체계 위에 형성된 것처럼, 한국 또한 중국으로부터 천문학, 점성술, 풍수, 주술 등을 받아들였다.

다섯째, 한국이 예술적 이상을 중국에서 받아들였다는 점은 인정한다. 그러나 이는 영국이 피디아스와 프락시텔레스, 코레조와 라파엘로, 멘델스존과 바흐를 각자의 분야에서 뛰어난 존재로 바라보는 것과 같은 맥락일 뿐이다.

여섯째, 한국이 문학적 이상을 중국에서 차용했다는 점은 인정한다. 그러나 서사시, 교훈시, 서정시, 송가, 소네트, 애가, 발라드 등 다양한 시 형식 중 영국에서 독자적으로 탄생한 것이 있는가? 이는 본질의 문제가 아니라 단순한 형식의 문제에 불과하다.

일곱째, 한국의 의복이 중국의 영향을 받았다는 점은 인정한다. 그러나 수 세기 동안 파리의 재단사와 디자이너들이 그리스도교 세계

전체의 의복을 주도해 온 것은 널리 알려진 사실 아닌가? 오늘날 한국은 의복에 있어서 중국보다 훨씬 더 독립적인데, 이는 영국이 유럽 대륙으로부터 독립적인 것보다 더욱 두드러진다.

여덟째, 한국이 2천 년 이상 중국의 주도적인 영향을 인정해 왔다는 점은 사실이다. 그러나 이를 영국이 한때 '피터의 펜스(Peter's Pence)'를 용납했던 것과 같은 맥락에서 보아야 한다. 이는 단순한 형식적 복종에 불과했다. 한국이 중국 문학의 위세 아래 있었던 것은 사실이지만, 이는 영국이 한때 교황권의 영향 아래 있었던 것과 마찬가지였다. 그러나 영국인들이 로마 교황의 개인적 권위가 아니라 그 추상적 권위를 존중했던 것처럼, 한국인들도 중국을 정치적 지배자로서가 아니라 지적 계몽의 은인으로 여겼기에 관계를 유지했던 것이다. 또한, 로마 교황이 영국 정치에 세속적 권위를 행사하려 할 때마다 영국인들이 반발했던 것처럼, 중국이 한국에 대한 주도적 영향력을 논리적 한계까지 밀어붙이려 할 때마다 한국인들은 이에 강하게 저항했다.

중국이 한국에 끼친 영향과 유럽 대륙이 영국에 끼친 영향 사이에는 몇 가지 유사점이 있다. 여기서 내가 주장하고 싶은 것은, 외국의 사상을 받아들이는 것만으로 한 나라가 완전히 원래의 나라와 동일해진다면, 영국이 유럽 대륙의 사상에 종속된 정도는 한국이 중국에 종속된 것과 다를 바 없다는 점이다. 그러나 아무도 영국이 유럽에 종속되었다고 생각하지 않는다. 영국은 외국의 사상을 받아들이면서도 고유한 국가적 정체성을 유지해 왔다. 마찬가지로 한국도 외래 문물을 수용했다고 해서 정체성을 잃거나 중국과 동일한 특성을 가지게 된 것은 아니다.

중국인은 실용적이고 냉정하며 계산적이고 절약하는 성향이 강하다. 또한 정책적으로 정직하며, 위험을 감수하기보다는 안정적인 적정 이익을 선호한다. 반면, 한국인은 낙천적인 기질을 지니고 있으며 즉흥적으로 살아가는 경향이 있다. 돈이 있을 때는 후하게 쓰고, 절약하는 데 익숙하지 않다. 또한 정직할 때는 정직하지만, 이는 정책적 이유보다는 부정직함을 경멸하는 성향에서 비롯된다. 이러한 한국인의 후한 성품 덕분에 한국에서는 구걸하는 사람이 중국보다 훨씬 적다.

또한 한국인은 자연을 열렬히 사랑하며, 고향의 산을 오르거나 강변을 거닐 때 큰 행복을 느낀다. 이들에게는 중국인들에게서 쉽게 찾아볼 수 없는 시적인 감성이 있다. 내가 직접 경험한 것이나 문헌을 통해 본 바에 따르면, 중국인들에게는 이러한 감성이 상대적으로 부족해 보인다.

중국 문학의 건조함이 한국인의 본성까지 스며들지는 않았다. 한국인의 기질은 마치 건강한 정신이 우울함을 떨쳐내듯, 이러한 건조함을 자연스럽게 밀어낸다. 이는 한국에서 고전 공부가 열정이나 사랑에서 비롯된 것이 아니라, 단순한 관습이나 습관 때문이기도 하다. 그들은 고전을 모르는 것을 부끄러워하기에 공부하는 것이다.

한국 학문의 수준에 대해서는 다양한 의견이 있을 수 있지만, 일부 사람들은 한국의 학문 수준이 평균적으로 낮다고 평가한다. 한국에서 소위 교육을 받았다고 하는 사람들 중 상당수는 한자로 된 짧은 문장을 읽고 쓸 수 있는 정도이며, 신문에 실린 쉬운 한자를 해독하는 수준에 머문다. 그러나 상류층이라 하더라도 일반적인 한문 서적을 막힘없이 읽을 수 있는 사람은 극히 드물다.

한국인의 기질은 중국인과 일본인의 기질 사이에 위치한다. 한국인은 충동적이라는 점에서 중국인보다 더하지만, 일본인보다는 덜하다. 또한, 중국인의 합리성과 일본인의 이상주의를 결합하고 있다. 일본인의 이상주의는 불교 신비주의의 강한 영향을 받는데, 한국인은 일본인만큼 불교에 대한 열정이 크지는 않지만, 불교 철학이 영향을 미칠 정도의 이상주의를 지니고 있다. 그러나 한국인이 기독교의 더 깊은 신비주의와 접하게 되면 상황이 달라질 것이다. 이러한 점에서 한국인은 중국인과 가장 크게 구별된다.

한 유럽 학자가 중국어 연구를 위해 27년간 북경에서 중요한 직책을 맡았다고 한다. 그런데 그에 따르면, 북경 근처에는 불교의 기초조차 이해하는 승려가 있는 사원이 없었다고 한다. 이는 충분히 예상할 수 있는 일이며, 어느 정도 한국에도 해당한다. 한국에서는 토속 신앙과 불교가 결합하여 하나의 혼합 종교를 형성했는데, 이를 완전히 불교라고 하기도, 토속 신앙이라고 하기도 어렵다. 그러나 그 속을 들여다보면 불교적 요소가 깊이 스며들어 있음을 알 수 있다.

불교의 네 가지 기본 사상인 신비주의, 숙명론, 염세주의, 그리고 무위의 정신은 한국인의 기질에도 영향을 미쳤으며, 이는 그들의 흔한 표현 속에서 확인할 수 있다.

"모르겠소"(모르겠다) — 신비주의적 태도

"할 수 없소"(어쩔 수 없다) — 숙명론적 사고

"망하겠소"(망할 것이다) — 염세주의적 관점

"놉시다"(그만하자) — 무위 사상의 표현

한국의 민속 이야기에는 유교적, 불교적, 그리고 순수한 토속적 요소들이 혼합되어 있다. 특히 한국 영웅들의 기원 이야기를 보면 중국과 뚜렷한 차이를 보인다. 예를 들어, 신라의 첫 번째 왕인 박혁거세는 산속 숲에서 발견된 빛나는 알에서 태어났다고 전해진다. 이 때문에 신라는 오랫동안 '계림(鷄林)', 즉 '닭의 숲'이라는 이름으로 불렸다. 또한, 신라의 두 번째 왕인 석탈해 역시 알에서 태어났다는 전설이 전해진다.

일본 북쪽 다파라 지역 사람들 가운데 한 명이 알에서 태어났다고 전해진다. 주변 사람들은 그 알을 없애려 했지만, 어머니는 알을 솜으로 감싸 단단한 상자에 넣고 바다에 띄웠다. 몇 달 후, 신라의 아진 항구에서 한 어부가 바다 위에 떠 있는 상자를 발견하고 건져 올렸다. 상자를 열어 보니 그 안에는 잘생긴 소년이 있었다. 그는 신라의 두 번째 왕이 되었고, 사실상 신라 왕조의 시조가 되었다.

고구려를 세운 주몽도 북부 부여 출신인데 알에서 태어난 것으로 전해진다. 그의 양아버지는 그 알을 없애려고 했지만, 심지어 큰 망치로 내리쳐도 깨뜨릴 수 없었다. 어머니는 알을 비단으로 감싸 보관했고, 시간이 지나 알이 갈라지며 미래의 영웅이 세상에 나왔다.

알에서 태어나는 기원 이야기는 한국 민속에서 두드러지는 점이다. 또한, 인간의 머리뼈에 20년 동안 고여 있던 물을 마신 동물이 인간으로 변한다는 이야기도 한국 설화에서 자주 등장하는 주제이다.

불교 관련 이야기는 매우 흔하며, 아마 다른 모든 이야기보다 두 배는 많을 것이다. 이는 불교가 한국인의 상상력을 펼칠 수 있는 더 넓은 영역을 제공하기 때문이다. 효(孝)나 유교적 주제를 다룬 이야기들은 한국의 '주일학교 문학'이라고 부를 수 있으며, 수는 많지만 다른 문학 장르와 비교하면 종교적이거나 도덕적인 이야기가 일반 문학에서 차지하는 비율과 비슷하다.

이제 내가 말하고자 한 바를 정리해 보겠다.

(1) 역사 시대가 시작된 이후, 한국의 어떤 왕조도 중국의 개입에 의해 세워진 적이 없다.

(2) 언어학자들이 어떤 민족의 독창성을 판단할 때 가장 중요한 요소로 꼽는 문법에서 한국어는 중국어의 영향을 전혀 받지 않았다. 어휘에서도 차용된 중국어 단어들은 철저히 한국어에 동화되었으며, 전체 어휘에서 차지하는 비율은 영어를 비롯한 여러 언어에서 외래어가 차지하는 비율과 크게 다르지 않다.

(3) 많은 중국 문화를 받아들였음에도, 한국인의 기질과 성향은 여전히 뚜렷이 구별되며 중국인과는 확연히 다르다.

(4) 대부분의 한국인은 형식적으로 유교의 가르침을 받아들이면서도, 오랜 세월 이어져 온 토속 신앙을 깊이 신봉하고 있다. 이 토속

신앙은 인도 불교의 영향을 받아 일부 변형되었다.

(5) 한국인이 스스로 가장 소중하게 여기는 전통이자, 한국인의 정체성을 상징하는 요소는 바로 상투이다. 그들 스스로도 상투가 순수한 한국적 전통의 유산이라고 믿고 있으며, 두 번째로 소중하게 여기는 갓 역시 한국에서 자체적으로 발전한 것이라 인정하고 있다.

(6) 중국에서 전래된 이야기들은 한국의 고유한 이야기 두 가지와 비교할 수 있을 정도이며, 한국의 속담 역시 대부분 한국적인 색채를 띤다. 한국인은 외래문화를 단순히 받아들이는 것이 아니라 한국적인 방식으로 변형하고 재창조했는데, 이는 마치 영국의 위대한 시인이 대부분의 비역사적 희곡의 줄거리를 유럽에서 차용했으나, 이를 자신만의 방식으로 새롭게 창작한 것과 유사하다. 문맹률이 높은 이 나라에서 민속 문화는 사람들에게 강력한 영향을 미치며, 한국인이 중국인과 외형적인 관습을 제외하고는 거의 닮은 점이 없다는 사실 자체가 중국 문학이 한국인에게 깊이 뿌리내리지 못했음을 보여준다.

(7) 중국의 영향을 받지 않고 오랜 세월 전해 내려온 순수한 한국적 요소들을 하나하나 열거하는 것은 거의 불가능한 일일 정도로 그 수가 많다. 이러한 요소들은 건축, 음악, 회화, 의학, 농업, 토속 신앙, 혼인과 장례 풍습, 제사, 구마 의식, 놀이, 춤, 인사법, 곡예 등 다양한 분야에서 찾아볼 수 있다. 또한, 한국의 배, 수레, 안장, 멍에, 농기구, 자수, 장롱, 은세공, 종이, 지게, 복로, 담뱃대, 부채, 촛대, 베개, 돗자리, 악기, 칼 등 일상적인 물건들 또한 독자적인 특징을 가지고 있으며, 한국 역사 속에서 지속적으로 언급되어 왔다는 점에서 이

들이 중국이 아닌 한국 고유의 것임을 증명한다.

마지막으로, 한국의 생활과 관습을 면밀히 연구해 보면 중국에서 유래한 요소들을 구분하는 것은 그리 어려운 일이 아니다. 게일은 그의 가치 있는 논문에서 이러한 요소들을 매우 분명하게 밝혀냈으며, 바로 이 점이 기존의 주장에 대한 반박이 될 수 있다.

한국이 중국 사상에 압도당하고 결국 중국 문화에 흡수되었다고들 말한다. 만약 한국인의 삶이 중국 문화를 그대로 모방한 것이라면, 두 문화의 유사점을 찾아 차이점과 비교하는 일은 그리 어려운 일이 아닐 것이다. 중국과 한국을 모두 경험한 사람이라면, 서울 거리를 걸으며 한국인과 중국인 사이에 어떤 공통점이 있는지 궁금해할 것이다.

그러나 한국인은 중국인처럼 옷을 입지도 않고, 외모나 말투, 생활 방식, 신앙, 음식문화, 장례, 결혼, 무역 등 거의 모든 면에서 차이를 보인다. 일상생활과 한국어 사용 방식만 보더라도, 한국인이 일본인보다 중국인에 가깝다고 보기도 어렵다.

물론 한국인의 문학 속에서는 중국 문화의 영향을 일부 찾아볼 수 있지만, 한국 사회 전반의 높은 문맹률은 이러한 논쟁이 갖는 의미를 크게 약화시킨다. 결국 모든 것을 고려했을 때, 중국과의 유사성은 일부 예외적인 경우일 뿐이며, 오히려 한국의 고유한 전통과 문화가 강하게 유지되어 왔음을 인정해야 할 것이다.

(『트랜잭션』, 제1권 (1900))

4. 한국의 소설

 몇 주 전, 상하이의 한 유력 신문에 한국 문학에 대한 기사가 실렸다. 첫 문장은 이렇게 시작한다. 한국은 소설이 없는 나라다. 이어지는 내용에서는 지난 천 년 동안 한국에는 정식 소설가가 없었다고 주장한다. 이 주장의 사실 여부를 따지는 것이 목적은 아니다. 하지만 이런 표현은 한국 문학을 잘 모르는 사람들에게 큰 오해를 줄 수 있으며, 한국 문학의 역사를 지나치게 단순화한 해석이다. 그대로 받아들인다면 마치 한국에는 소설이라는 문학 장르가 전혀 존재하지 않았던 것처럼 보일 수 있지만, 이는 사실과 다르다.
 소설가를 평생 소설을 집필하며 문학적 명성을 쌓은 사람으로 정의한다면, 한국에 그런 작가가 많지 않았던 것은 사실일 수 있다. 하지만 다른 문학 활동을 하면서도 뛰어난 소설을 남긴 작가들까지 포함한다면, 한국에는 수많은 소설가가 있다. 또한, 소설을 방대한 분량과 정교한 구성을 갖춘 장편 서사 작품으로 한정한다면, 한국에는 그런 작품이 많지 않다고 볼 수도 있다.

 하지만 찰스 디킨스의 『크리스마스 캐럴』 같은 분량의 이야기까지 소설로 인정한다면, 한국에는 수천 편의 소설이 존재한다. 이제 대표적인 사례를 살펴보며, 과연 한국이 소설 창작의 전통이 부족한 나라였는지 알아보자.
 한국 문학사는 7세기 최치원의 시대에 이르러서야 본격적으로 시작되었다고 볼 수 있다. 그는 초기 한국 문학을 대표하는 인물로, 한반도를 넘어 문학적 가치를 널리 인정받은 몇 안 되는 한국인 중 한 명이다.

당시 최치원은 『곤륜산기』라는 소설을 집필해 출판했다. 이 작품은 한 한국인이 티베트 국경의 곤륜산에서 겪은 모험을 환상적으로 그린 이야기로, 독립된 한 권의 책을 이루고 있다. 영어로 번역하면 다니엘 디포의 『로빈슨 크루소』와 비슷한 분량이 될 정도로 완성도가 높다.

또한 그는 『계원필경』이라는 다섯 권짜리 문집도 남겼다. 이야기, 시, 산문 등이 담긴 이 책에는 중편소설로 볼 수 있는 작품들도 포함되어 있다.

같은 시기 신라 문인 김암도 일본에서의 모험을 다룬 『하도기』를 집필했다. 한 권으로 구성된 이 작품은 소설로 분류할 수 있을 만큼 서사적 구성이 탄탄하다.

고려 시대로 들어서면 홍관이 『기자전』을 집필한다. 기자 시대를 배경으로 한 이야기 모음집으로, 창작성이 강하지만 내용이 단편적이어서 정식 소설로 보기는 어렵다.

고려 문학을 대표하는 김부식은 『삼국사』를 저술한 것으로 가장 유명하지만, 완결된 소설 『북장성』도 남겼다. 이 작품은 역사소설로 볼 수 있는데, 과거 한국에도 중국의 만리장성과 유사한 방어벽이 존재했으며, 황해에서 동해까지 한반도 북부를 가로질러 이어졌다고 전해진다. 약 A. D. 1440년경, 가산(枷山)이라는 이름의 유명한 승려가

『홍길동전』을 집필했다.

얼마 지나지 않아 승려 해종(海宗)도 『임경업전』을 썼다.

좀 더 시대를 내려와 A. D. 1760년경에는 이문종(李文宗)이 『두꺼비』라는 아리스토파네스풍의 소설을 집필했다.

또한, 1800년경 김춘택(金春澤)은 다음과 같은 네 편의 소설을 남겼다.

『창선감의록』(昌善感義錄): 덕과 의를 찬양하는 이야기

『구운몽』(九雲夢): 아홉 구름의 꿈을 그린 작품

『금산사몽회록』(金山寺會夢錄): 금산사에서의 꿈을 다룬 이야기

『사씨남정기』(史氏南征記): 사씨 가문의 남방 원정을 그린 소설

그로부터 10년 후, 이우문(李宇文)은 『이해룡전』을 집필했다.

이처럼 나열한 작품들은 한국 소설의 극히 일부에 불과하다. 만약 한국 소설 전체를 목록으로 정리한다면, 잡지 여러 권을 채울 만큼 방대할 것이다. 이러한 작품들이 진정한 이야기 책임을 보여주는 예로는 『황금보배』, 『총명한 여인의 이야기』, 『토끼전』 등이 있다.

한국 소설의 상당수는 한국을 배경으로 하지만, 일부는 중국 등 외국을 무대로 삼기도 한다. 이는 서양 문학에서도 흔히 볼 수 있는 경향으로, 불워 리튼(Bulwer-Lytton), 킹슬리(Kingsley), 스콧(Scott) 등의 작품에서도 확인할 수 있다.

한문으로 쓰인 소설뿐만 아니라, 순수 한글로 된 이야기책도 한국에는 매우 많다. 겉으로는 이러한 이야기책이 문인 계층에게 천대받는 듯 보이지만, 실상 문인들조차도 그 내용을 익히 알고 있다. 이러

한 소설은 어디서나 쉽게 구할 수 있으며, 서울에는 최소한 일곱 곳 이상의 대여 서점이 있어 한문과 한글로 된 수백 권의 소설을 빌릴 수 있다. 이들 소설 중 상당수가 익명으로 남아 있다. 내용이 작가의 명예나 도덕성을 해칠 수 있었기 때문이다. 하지만 아무리 저급하더라도, 이 소설들은 오늘날 한국 사회의 도덕적 현실을 그대로 반영하고 있다.

한국을 비롯한 아시아에서는 서구식 '연애 소설' 개념이 성립하기 어렵다. 하지만 인간의 본능적인 관심사인 남녀 관계가 문학에서도 중요한 주제인 만큼, 많은 한국 소설이 선정적인 내용을 담고 있는 이유를 이해할 수 있다. 이는 마치 아스파시아를 비롯한 그리스의 교양을 갖춘 여성들이 특정한 유형의 그리스 문학에서 중요한 역할을 했던 것과 유사하며, 한국 소설에서도 기생이나 무희가 비슷한 맥락에서 자주 등장하는 것과 같다.

지금까지 한국의 기록된 소설에 대해 살펴봤지만, 한국 문학 속 이야기의 세계는 여기서 끝나지 않는다. 책이 본격적으로 등장하기 전부터 이어져 온 구전 문학이 여전히 강한 영향을 미치고 있기 때문이다. 한국에서 경제적으로 여유가 있는 사람이 소설을 즐기고 싶을 때, 서점에서 책을 사는 대신 광대를 부른다. 광대는 보조 연기자와 함께 북을 들고 와서 이야기를 들려준다. 때로는 하루, 길게는 이틀 동안 연기를 곁들여 이야기를 풀어간다.

이것이 문학적 허구가 아니면 무엇일까? 소설과 본질적으로 다를 것이 있을까? 오히려 단순히 책을 읽는 것보다 더 예술성이 뛰어나다고 할 수 있다. 이야기꾼의 생동감 있는 연기와 억양이 극적인 요소를 더해 주기 때문이다. 이런 구술 공연은 한국에서 연극의 역할을 대신해 왔다. 일본과 중국이 오랫동안 연극 문화를 발전시켜 온 것과 달리, 한국에서는 연극 예술이 거의 발달하지 않았다.

한국에서 소설은 오랫동안 시와 역사보다 중요하게 여겨지지 않았다. 전통적으로 문학의 중심이 시와 역사에 맞춰졌기 때문이다. 이러한 경향은 중국 문화의 영향을 깊이 받은 나라들에서 공통적으로 나타난다.

한자의 사용은 사람들이 말하는 방식 그대로 글을 쓰는 것을 어렵게 만들었다. 구어와 문어의 차이가 커서 일상적인 대화를 자연스럽게 기록하는 것이 불가능했으며, 이는 소설이 하나의 문학 형식으로 발전하는 데 큰 걸림돌이 되었다. 대화의 생동감을 제대로 살릴 수 없으면 이야기의 몰입감과 생명력이 크게 줄어들기 때문이다. 방언을 활용한 이야기나 개성 있는 인물 묘사가 제한될 수밖에 없었던 것도 같은 이유에서다.

또한, 중국 문학의 영향으로 역사와 시가 문학의 핵심으로 인식되면서, 소설조차도 이러한 형식에 맞춰 쓰였다. 그래서 "조상근 열전" 같은 밋밋한 제목 아래 사실은 소설적 요소를 지닌 이야기가 담겨 있는 경우가 많았다.

이처럼 문자 언어가 일상 언어를 온전히 담아내지 못하는 한계는 이야기꾼 문화가 지속되는 원인이 되었고, 그 결과 한국의 소설은 역사와 시에 비해 부차적인 장르로 여겨졌다. 이는 한국 문학이 중국의 전통적 문학관에 종속되면서 나타난 대표적인 한계라 할 수 있다.

한국에서 소설은 다른 문학 장르에 비해 얼마나 많이 읽힐까? 일부는 역사나 시를 주로 읽지만, 이른바 교육을 받은 사람들조차 한자를 완전히 익히지 못해 유창하게 읽는 경우가 드물다. 이들은 주로 신문에서 쓰이는 혼용된 문자나 한글로 쓰인 소설을 읽는다.

반면, 중산층과 서민층 대부분은 한글에 익숙하며, 경제적 여유가 있을 때는 한글 신문을 구입해 읽거나 대중적인 이야기책을 본다. 일반적으로 한글 책을 가장 많이 읽는 것은 여성이라고 하지만, 이는 남성들이 한글을 낮춰보는 태도에서 비롯된 오해일 뿐이다. 실제로는 많은 사람들이 한자보다 한글을 더 쉽게 읽을 수 있어, 남성들 역시 중산층과 함께 한글로 된 책을 꾸준히 읽고 있다.

현재 한국에서 가장 많이 소비되는 문학 장르는 소설이다. 다행히 한글은 영어만큼이나 자연스럽고 효과적인 문학적 표현이 가능하다. 언젠가 한국에서도 다니엘 디포(Daniel Defoe)처럼 문학적 기준이 될 만한 소설을 쓰는 작가가 등장하길 기대해 본다.

(『코리아 리뷰』, 7월호(1902))

5. 조지 C. 포크

한국의 초기 외교 관계를 이야기할 때 바론 폰 묄렌도르프의 역할이 자주 언급된다. 하지만 당시 한국 정세에 깊이 관여하며 중요한 영향을 미친 또 다른 인물이 있다. 바로 미국 해군 소위 조지 C. 포크이다. 그는 한국의 개방 과정에서 핵심적인 역할을 했으며, 그의 행적을 살펴보면 당시 한국의 외교적 변화와 방향성을 이해하는 데 도움이 될 것이다.

조지 C. 포크는 1860년대 초반 미국 펜실베이니아에서 태어났다. 14세의 나이에 미 해군사관학교에 입학했고, 4년 뒤 수석으로 졸업했다. 그의 뛰어난 학업 성취는 단순한 재능을 넘어 거의 천재적이었다.

졸업 후 그는 동아시아 지역을 담당하는 미 해군 중국 함대에 배치되었다. 그는 단순히 기술적 지식만 뛰어난 것이 아니라, 실전에서도 빠르게 능력을 인정받았다. 특히 제독 참모진에서 보좌 장교로 근무하며 신임을 얻었고, 제독의 신뢰를 받으며 중요한 역할을 맡았다.

포크는 언어 습득 능력이 탁월해 일본어를 빠르게 익혔다. 일본 나가사키에서 근무하던 중 일본인 여성과 결혼하며 일본 문화와 더욱 가까워졌고, 일본어 실력도 한층 더 발전했다.

그의 언어 능력이 인정받아, 1883년 워싱턴으로 귀환한 후 미 해군부의 지시로 조선 사절단을 수행하는 임무를 맡게 되었다. 같은 해 가을, 민영익이 이끄는 조선 사절단이 미국을 방문했고, 포크는 그들과 동행하며 미국 전역의 교육 기관과 주요 시설을 방문하고 견학을 도왔다.

이 과정에서 그는 조선인들과 가까워졌고, 조선어도 배우기 시작했다. 당시 사절단의 주요 인사들은 개혁을 지지하며, 중국의 간섭에서 벗어나려는 입장이었다. 자연스럽게 포크 역시 조선의 독립을 적극적으로 지지하게 되었으며, 특히 서광범을 비롯한 개화파 인사들이 일본을 본보기 삼아 조선을 근대화하려는 의지를 더욱 확고히 하는 데 영향을 미쳤다.

1884년 6월, 사절단이 서울에 도착했을 때, 개혁파 인사들의 신뢰를 받던 포크도 함께했다. 그는 미국 공사관의 해군 무관으로 부임했으며, 정부의 지시에 따라 서울로 향하는 주요 거점 도시들을 답사하는 임무를 맡았다.

포크는 한국어를 빠르게 익혔고, 한국에 깊은 관심을 가지고 있었기에 이 역할에 적합한 인물이었다. 그는 임무를 성공적으로 수행했으며, 그 결과는 미국 국무부의 외교 문서(Foreign Relations of the U.S.)에 실린 보고서를 통해 확인할 수 있다. 이 보고서는 한국을 다룬 기록 중에서도 가장 명확하고, 상세하며, 읽기 쉬운 자료로 평가된다.

특히, 그가 한국에 머문 시간이 길지 않았음에도 불구하고 당시의 상황을 정확히 파악하고, 지금까지도 수정이 거의 필요 없는 수준의 보고서를 작성했다는 사실은 더욱 주목할 만하다. 이 여행에서 돌아왔을 때, 서울은 혼란 속에 있었다. 일부 개혁파 인사들은 보수 세력으로 돌아섰고, 친청 세력이 권력을 장악한 상태였다.

당시 자유주의 지도자들은 포크에게 상황이 '죽이느냐, 죽임을 당하느냐'의 문제라고 말했다. 포크가 한국에서 당파 싸움이 얼마나 극단적으로 치달을 수 있는지를 제대로 파악하지 못한 것은 어찌 보면 당연했다. 그는 이를 과장된 표현으로 여겼지만, 현실은 달랐다. 개혁파 지도자들에게 남은 선택지는 싸우거나 도망치는 것뿐이었다. 그들은 먼저 싸움을 시도했지만 실패했고, 이후 도망쳤으나 김옥균의 사례에서 보듯 그것조차 안전을 보장해 주지는 못했다.

포크는 개혁파에 깊이 공감하며 가능한 모든 지원을 아끼지 않았다. 그는 조선의 관료들과 폭넓게 교류하며 상당한 영향력을 행사했다. 이는 그의 뛰어난 공감 능력과 겸손한 태도, 그리고 진솔한 인간미 덕분이었다. 그와 대화를 나누면 마치 상대방의 입장에서 생각하고 진심으로 관심을 기울이고 있다는 느낌을 받을 수 있었다.

또한 그는 개혁을 위한 싸움에 온 힘을 다했다. 1884년 9월 이후 개혁파의 승산이 거의 없다는 걸 알고 있었음에도 불구하고, 끝까지 그들과 함께하며 개혁을 지지했다. 이는 그의 이타적인 성품을 잘 보여준다.

그는 왕과 긴밀히 소통하며 여러 기밀 임무를 맡았다. 당시 왕은 진보적 지도자들이 추진하는 개혁에 우호적이었으며, 그는 외국인 중에서도 특히 깊은 신뢰를 받았다. 군사 교관이 필요할 때는 미국에서 교관을 모집하는 역할을 맡았고, 학교 교사가 필요할 때는 워싱턴 교육국과 협력해 초빙했다. 그는 왕과 긴밀히 소통하며 여러 기밀 임무를 맡았다. 당시 왕은 진보적 지도자들이 추진하는 개혁에 우호적이었으며, 그는 외국인 중에서도 특히 깊은 신뢰를 받았다. 군사 교관이 필요할 때는 미국에서 교관을 모집하는 역할을 맡았고, 학교 교사가 필요할 때는 워싱턴 교육국과 협력해 초빙했다. 또한, 정부가 국영 목장을 조성하고 가축 개량 사업을 추진하려 하자 그 준비를 담당했다.

포크는 1884년 12월 4일에 벌어진 혼란을 어느 정도 예상했지만, 그 위기가 그렇게 가까이 와 있는 줄은 몰랐다. 사건이 터지기 불과 한 달 전, 그는 상사의 명령을 받아 전국을 도는 긴 여행을 떠났다. 만약 위험이 임박했다는 걸 알았다면, 분명 여행을 연기하거나 취소했을 것이다. 하지만 결국 사건이 터지면서 그의 생명은 극심한 위협에 놓이게 되었다.

당시 그는 남쪽 깊은 지역에 머물고 있었고, 개화파 지도자들이 살해되거나 일본으로 망명했다는 소식이 전해지면서 상황은 더욱 암울해졌다. 낯선 내륙에 고립된 그는 주변의 세력 구도를 제대로 파악할 수도 없었고, 민중이 어떤 극단적인 행동을 할지 예측할 수도 없었다. 이러한 불확실성 속에서 극도의 긴장과 불안을 견뎌야 했다.

수도로 향하는 길 역시 위험천만했다. 적들의 추격을 피해 도망치고, 주요 도로를 피해 산속을 헤매며, 가까스로 탈출하는 등 아슬아슬한 순간들이 계속됐다. 그의 이 극적인 탈출기는 글쓴이의 기억 속에 오래도록 남을 것이다.

1884년 갑신정변으로 인해 중단되거나 보류되었던 군사 및 어학 교육 관련 개혁 계획이 다시 추진되었으며, 포크의 노력으로 성공적으로 실현되었다. 1886년 가을, 정부 주도로 영어학교가 설립되었고, 미국 교육국에서 선발한 세 명의 교사가 파견되었다. 이어서 미국에서 세 명의 군사 교관도 도착했다. 또한 정부 농장 운영을 위한 가축이 확보되었으며, 다양한 개혁 사업이 추가로 계획되었다.

전반적으로 볼 때, 포크는 조선의 독립과 개혁 정책을 강력히 지지한 인물로 알려졌지만, 그와 의견이 달랐던 이들조차도 그를 상당히 신뢰했던 것으로 보인다.

갑신정변 이후, 그가 개혁파에 우호적이었다는 이유로 당시 집권층의 강한 의심을 받았으리라는 것은 어렵지 않게 짐작할 수 있다. 그럼에도 불구하고, 그는 여전히 신뢰받았으며 조선 관리들은 그의 조언을 구했다. 왕 또한 젊은 해군 무관이었던 그를 계속 신뢰했던 것으로 보이며, 마침 미국 공사인 푸트 장군이 퇴임하면서 그는 18개월 동안 미국 공사 대리를 맡게 되었다. 이는 미국이 외국에 파견한 공사 대리 중에서도 드문 일이었다.

갑신정변으로 인해 좌절되거나 보류되었던 군사 및 언어 교육 개혁이 다시 추진되었으며, 포크의 노력 덕분에 성공적으로 실현될 수 있었다. 1886년 가을, 정부 영어학교가 설립되어 워싱턴 교육국에서 선발한 세 명의 교사가 맡게 되었고, 얼마 후 미국에서 세 명의 군사 교관이 도착했다. 또한 정부 농장을 위한 가축이 확보되었으며, 추가적인 발전 계획도 고려되었다. 전반적으로 볼 때, 포크는 조선의 독립과 개혁 정책을 변함없이 지지하는 인물로 알려져 있었음에도 불구하고, 그의 노선을 따르지 않는 이들마저도 그를 상당히 신뢰했던 것으로 보인다. 이러한 이유로 한국 개방과 관련해 중요한 논점이 제기된다.

1870년대 후반, 흥선대원군과 명성황후 세력 간의 대립이 격화되는 가운데, 명성황후를 중심으로 한 세력이 일본과의 조약 체결을 추진했고, 결국 1876년 조약이 성사되었다. 당시 개혁을 주도한 것은 민씨 가문과 그들의 세력이었다.

초기 민씨 세력은 외국과의 조약 체결과 개혁 정책을 지지했지만, 이후 점차 중국과 가까운 관계를 맺게 되었다. 그러나 개혁의 주도권을 두고 새로운 정치 세력이 등장하면서 상황이 급변했다.

김옥균, 서광범, 박영효 등으로 대표되는 급진 개혁파는 민씨 세력과는 다른 정치적 입장을 가진 인물들이었다. 그들은 활동적이고 지적이며 강한 추진력을 갖춘 인사들이었지만, 만약 1880년 당시 민씨 세력이 점진적 개혁을 주도할 기회를 보장받았다면, 개혁의 속도는 오히려 더 원활했을지도 모른다.

그러나 급진 개혁파의 등장은 단순한 개혁 논쟁을 넘어 권력 다툼으로 이어졌다. 이들은 조선을 빠르게 변화시키려 했지만, 당시 조선은 그러한 급격한 변화를 감당할 준비가 되어 있지 않았고, 백성들도 이를 받아들이기 어려웠을 가능성이 컸다.

새로운 개혁파가 개혁의 주도권을 장악하려 하자, 민씨 세력은 자신들의 입지를 지키기 위해 대응할 수밖에 없었다. 결국, 그들이 선택한 유일한 방안은 중국과의 관계를 더욱 강화하는 것이었고, 이는 개혁의 중단과 함께 조선의 자주성을 위협하는 계기가 되었다. 이 과정에서 중국의 영향력이 다시 강해졌고, 결국 조선은 청일전쟁의 소용돌이에 휘말리게 되었다. 이러한 흐름을 고려하면, 단순히 민씨 세력만을 비난하기는 어렵다.

그것은 단순한 불운이었다. 민씨 세력이 개혁에 반대한 것은 아니었다. 정치적 혼란 이후, 그들은 패배한 상대가 추진하려던 개혁안을 일부 실행했으며, 급진 개혁파와 뜻을 같이했던 인물을 통해 이를 실현했다.

이처럼 선의가 때로는 예상치 못한 결과를 초래하는 이유는 실행 방식에 있다. 1878년에서 1883년 사이 민씨 세력의 태도 변화를 이 관점에서 보면, 민영익이 개혁파에서 물러나 친청 세력에 합류한 이유를 쉽게 이해할 수 있다. 그는 개혁을 원했지만, 그것이 자신의 가문과 세력을 중심으로 이루어지길 바랐다. 이는 자연스러운 일이었다.

만약 민씨 세력이 처음부터 반개혁적이었다면, 급진 개혁파의 대응도 달랐을 것이다. 하지만 결국 이 싸움은 누가 개혁을 주도할 것인가의 문제였고, 한국 역사에서 반복되어온 것처럼, 이러한 엇갈린 이해관계와 개인적인 정치적 계산이 개혁을 좌절시키는 결과를 낳았다.

(『코리아 리뷰』, 8월호(1901))

제2장

조지 히버 존스

(1867-1919)

제2장 조지 히버 존스
(1867-1919)

1. 토론

한국인의 관습과 제도 중 중국에서 유래하지 않은 것, 즉 한반도 민족 고유의 것으로 볼 수 있으며 지속되어 온 것을 확인하려는 과정에서 중국의 영향을 받은 수 세기 동안, 우리는 한국 민족의 기원에 대한 질문에 직면하게 된다. 이 주제에 대해 깊이 논의할 생각은 없지만, 대체로 한국 민족은 중국에서 유래하지 않았다는 데 의견이 모아지고 있다. 즉, 한국에는 중국의 영향이 미치기 전부터 존재한 고유한 민족이 있었고, 중국의 영향은 그 민족에 비해 외부적인 것이었다. 따라서 헐버트의 주장처럼, 한국인들 사이에는 순수하게 한국적인 관습과 제도가 존재하며, 이는 중국의 영향을 받지 않은 것들이다.

한때 이 땅에는 중국의 영향이 전혀 없던 시기가 있었다. 당시 한국인들은 말 그대로 순수했으며, 고유한 사회·정치·경제 체계를 이루며 자체적으로 발전해 나가고 있었다. 하지만 게일(Gale)의 말처럼, 어느 시점부터 중국의 영향이 들어오기 시작했고, 점차 한국 사회 전반으로 퍼지며 많은 변화를 가져왔다. 이 과정은 오랜 세월에 걸쳐 이루어졌으며, 그 영향 또한 깊고 광범위했다.

중국의 영향은 기자가 다스리던 때부터 시작되었지만, 기자가 한반도에 왔을 당시 이미 단군의 후손들이 다스리는 사람들이 살고 있었다. 이후 기자 왕조의 마지막 왕인 기준이 남쪽으로 피신했을 때, 여러 부족 공동체를 만나 이를 바탕으로 마한이라는 세력을 형성했다. 시간이 흐르며 한반도에는 맥족, 예족, 옥저족, 읍루족 등 다양한 사람들이 각기 고유한 풍습과 문화를 지닌 채 살아가고 있었다.

이 사람들은 분명히 중국인이 아니었으며, 그들이 만든 풍습과 습관은 세월이 흐르면서 유지되었거나 변형되었거나, 완전히 사라졌다. 그중 많은 것들이 사라졌다. 삼한 사람들 사이에서 범죄자들이 피해자들의 복수를 피하려고 도망갈 수 있는 피난처였던 소도는 구약 성경에 나오는 도피성을 떠올리게 하는 특별한 장소였지만, 삼한 시대에는 수백 년 동안 존재했으나 나중에 사라졌다. A. D. 6세기 신라에서는 왕실의 무덤에 사람을 생매장하는 풍습이 중단되었다. 죽은 자의 해골을 매장 나무의 통에 보존하는 옥주(玉樹) 풍습도 사라졌다. 이와 같은 풍습들은 야만 부족들의 관습으로, 자연스럽게 중국의 영향을 받아 개선된 관습으로 변화하게 되었다.

오늘날 중국에서 유래하지 않았지만 "한국의 문화유산"이라고 할 수 있는 풍습과 제도 중 하나는 바로 한국의 무속 신앙이다. 무속의 흔적은 한국 역사 초기에 이미 나타나며, 첫 번째로 언급되는 단군은 주요 무속 신령인 제석의 후손이라고 주장했다. 신라의 초기 왕들은 왕의 칭호로 무당이나 퇴마사의 직함을 사용했다. 우리가 아는 한, 이것은 항상 한국인의 종교였으며, 중국에 신령한 존재나 영혼을 숭배하는 문화가 있었다는 것을 부인할 수는 없지만, 한국인들이 이 사상이나 전통을 위해 중국에 의존할 필요는 없었다고 할 수 있다. 이 전통은 고대부터 이어져 왔으며, 현재까지 계속 이어지고 있다.

이와 관련하여 또 다른 문화유산의 흔적을 언급하고자 한다. 그것은 바로 한국 샤머니즘의 일종인 부적 문화이다. 낡은 신발, 찢어진 모자, 해어진 의상, 깨진 항아리 등은 악령들의 상징으로, 한국과 밀접한 관계가 있는 것으로 보인다. 이는 한반도 북부에서 살아오던 사람들이 만리장성을 쌓은 시대의 진나라에서 이주하여 들어온 사람들과 구별되는 특징으로 언급되며, 그 당시 문 안쪽에 행운의 신들의 상징을 보관하는 성스러운 장소가 있었다는 이야기도 전해진다. 같은 맥락에서 길가나 산길에 부서진 돌로 만들어진 성황당이 있는데, 내가 알기로 이는 중국과는 확연히 다른 것들이다.

한국 사회 문화를 살펴보면 가장 두드러진 특징 중 하나는 한국인들 사이에서 굳게 지켜지고 있는 계층 개념이다. 이는 중국인들과는 확연히 대조되는 점이다. 한국의 상놈과 양반을 구분 짓는 간극은 매우 크다. 낮은 계층의 사람은 허락 없이는 양반의 앞에 나설 수 없으며, 허락이 주어졌을 경우 그 은혜는 굴욕적인 의례로 보답해야 한다. 이는 양반이 자신을 상놈과 다른 출생과 본성을 가진 존재로 여긴다는 것을 나타내는 듯하다. 우리는 이를 '양반주의'라고 부르며, 이는 곧 '계층 제도'를 의미한다.

유교 성인들의 가르침에서 직접적으로 알 수 있는 것은 아니지만, 이러한 가르침들이 한국인에게 학문을 매우 중요하게 여기는 가치관을 심어주었고, 그로 인해 문학적 재능을 인정하려는 과정에서 계층적 신분 제도의 엄격함을 일부 완화시키기도 했다. 가난한 집안의 양반은 자신의 조상을 뛰어난 가문으로 자랑하며, 그가 속한 사회적 계층은 낮은 계층 사람들이 결코 들어갈 수 없는 특권을 가진 곳이다.

그들 사이에는 결혼이 불가능하다. 사회적 계층 중 중간층에 속한 사람들은 양반의 첩이 될 수는 있지만, 아내가 될 수는 없으며, 낮은 계층 출신 중 일부는 아예 첩조차 될 수 없다. 그러나 낮은 계층 출신이라도 뛰어난 능력으로 높은 지위에 오를 수 있다.

1895년 갑오개혁 시기까지 한국에 존재했던 전통 관료 체제에서는 낮은 출생 신분 때문에 높은 신분의 관료 자리에 오를 수 없었으며, 이는 그들뿐만 아니라 후손들에게도 제한이 있었다. 이것은 중국에서 비롯된 것이 아니다. 인도의 카스트 제도와 한국의 신분 제도는 큰 차이가 있지만, 한국에서 나타난 신분 구조는 중국의 영향보다는 다른 요인에서 비롯되었다.

'한국의 사회적 계층'이라는 주제 아래, 우리는 언어의 경어법을 포함시켜야 한다. 이는 학습자가 직면하는 가장 복잡하고 까다로운 문제 중 하나이다. 하지만 한국인에게는 공기를 들이쉬는 것만큼이나 자연스럽다. 존칭은 단순한 말버릇이 아니라, 한국인의 사고방식과 삶의 태도를 형성하는 중요한 요소다. 이는 오랜 세월 동안 이어져 내려왔으며, 유교나 불교의 가르침조차도 한국인에게서 완전히 변화시키지 못한 깊은 문화적 특징이다.

한국의 또 다른 고유한 유산은 건축에서도 찾아볼 수 있다. 예를 들어, 중국에서는 벽돌이 주요 건축 재료로 널리 사용되며, 어디서든 쉽게 볼 수 있다. 한국에서도 중국처럼 양질의 벽돌을 만들 수 있을 텐데도, 여전히 전통적인 흙을 고수하고 있다.

한국 가옥을 이루는 주요 재료는 오랜 세월 동안 중국의 강한 영향을 받았음에도 변함없이 그대로 유지되어 왔다. 오늘날에도 옛날과 마찬가지로 가옥의 기본 재료는 구운 벽돌이 아닌 생흙이다. 전해지는 이야기로는, 단군 시대에 사람들이 겨울에는 땅속 움집에서, 여름에는 나무 위에서 생활했다고 한다. 그리고 오늘날에도 서울이나 제물포에서 땅을 파서 구덩이를 만들고, 그 위에 짚을 덮어 지붕을 올린 뒤 출입구를 내어 생활하는 가족들을 스무 가구 이상 찾는 것은 어렵지 않을 것이다. 이들은 과거의 생활 방식으로 돌아간 것에 대해 별다른 불편함 없이 지내고 있다.

이곳에서 흔히 볼 수 있는 흙집을 주변의 구덩이와 비교해 보면, 두 구조가 본질적으로 비슷하다는 점을 알 수 있다. 구덩이는 땅을 파서 만든 공간이고, 흙집은 마치 그 구덩이에서 파낸 흙을 위로 쌓아 올려 만든 것처럼 보인다. 단순히 흙을 쌓아 올리면 무너질 수 있기 때문에, 막대기와 짚으로 보강해 형태를 유지하도록 만든 것이다. 이런 구조적 특징을 보면, 한국의 일반적인 집은 중국식 건축과는 분명한 차이가 있다.

한국 의상에 순수한 한국적인 요소가 남아 있는지는 확신할 수 없지만, 그들은 손목에 두르는 띠가 중국 것이 아니라고 주장한다. 이 주장이 실제 연구를 통해 확인될 수 있을지는 궁금한 부분이다. 이와 관련하여, 나는 여성들이 머리를 가릴 때 걸치는 초록색 두루마기가,

누군가가 움직이는 크리스마스트리에 비유했듯이 독특한 모습이지만, 중국 것이 아닐 가능성이 있다고 생각한다.

한국인은 예로부터 발효주와 증류주를 즐기는 것으로 중국인들에게 잘 알려져 있었다. 고대 부족들의 역사 기록에서도 술을 좋아하는 모습이 나타나며, 이는 한국 고유의 문화로 자리 잡았다. 한국인은 술을 마시거나 만드는 법을 중국에서 배운 것이 아니며, 만약 그랬다면 한국에서도 차 문화가 널리 퍼졌을 것이다. 또한, 한국인은 아주 오래전부터 스스로 술을 빚어왔으며, 이는 한국 문화의 오랜 전통 중 하나로 볼 수 있다.

이와 관련하여, 한국인이 음식에서 매운맛을 선호하는 점을 들 수 있다. 특히 고추를 주요 양념으로 사용하며, 이 점에서 중국인과 뚜렷한 차이를 보인다. 한국의 식재료를 조사하면 의미 있고 눈여겨볼 만한 여러 가지 전통적 요소를 발견할 수 있을 것이다.

일상생활에서도 마찬가지다. 한국인의 역사와 생활 방식, 그리고 한국인들이 가진 풍습과 제도를 바라보는 시각을 더 깊이 이해한다면, 한국 문화만의 독창적인 요소를 발견할 수 있을 것이다.

마지막으로, 한국의 다림질 방식에 대해 언급하고자 한다. 한국인들은 이 방법이 자신들만의 것이며, 적어도 중국에서 전해진 것은 아니라고 주장한다. 그 진위를 단정할 수는 없지만, 이는 한국인들이 자신들의 문화적 정체성을 인식하는 방식을 잘 보여준다.

(『트랜잭션』, 제1권(1900), 47-50쪽)

2. 설총

한국 문학의 아버지

현 왕조의 학자들이 인정하고 유림록으로 알려진 유학자들의 학문적 계보, 사회적 활동, 주요 저술 등을 정리한 문서에 기록된 한국의 위대한 문인 목록에는 신라 왕국에서 선정된 두 사람, 설총과 최치원이 있다. 신라는 연대순으로 문학가라는 칭호에 걸맞은 남성을 배출한 최초의 나라로 인정받기 때문에, 이 두 사람은 한국의 저명한 학자 목록에서 중요한 위치를 차지한다. 목록에는 설총이 먼저, 최치원이 그다음으로 기록되어 있다. 이 글의 목적은 이 목록에서 첫 번째로 언급된 인물에 대해 이야기하는 것이다.

설총은 한국에서 학자로서 후세에 지속적인 명성을 남긴 최초의 인물이었다. 그 이전에도 다른 문인들이 있었지만, 이는 학문적 배경 속에서 이해할 수 있는 부분이다. 설총에게도 스승이 있었을 것이다. 그의 스승들 중에는 설총과 동등하거나 더 높은 위치에 있던 사람들도 있었을 것이다. 그러나 신라에서의 운명은 그들에게 불리하게 작용했고, 우리는 그들에 대해 거의 알지 못한다. 그들의 이름은 모두 사라졌거나, 그들의 글에서 일부 인용되는 정도로만 한국 역사에서 언급될 뿐이다. 한국 문학사에서 평가된 가치를 보면, 오늘날 한국 학문에 대한 인식 속에서 설총은 학문의 아버지로 여겨진다. 물론 이 문제는 한국 문학이 시작될 당시 가장 중요한 문제 중 하나로, 이에 대한 논의는 이 글의 마지막 부분에서 다룰 것이다.

설총의 출생 연도에 대한 정확한 기록은 없지만, 그는 신라의 신문왕(681~692년 재위) 시기에 명성을 떨쳤다고 알려져 있다. 그의 활동 시기는 기독교 연대 기준으로 7세기 말경이었다.

설총은 명망 높은 부모에게서 태어났다. 그의 아버지는 '원효'라는 이름을 가졌다. 원효는 불교 승려로서 젊은 나이에 승려가 되었고, 이후 수행원장의 자리에 올랐다. 당시 불교가 국교였던 신라에서 이는 매우 중요한 직책이었다. 원효는 학식이 뛰어난 사람이었다. 그는 한문과 팔리어(고대 인도의 문어)로 된 불교 경전에 정통했다고 전해지며, 설총의 창의성과 학문에 대한 열정은 그의 아버지인 원효에게서 영향을 받았을 가능성이 크다.

한동안 승려로 지내던 원효는 결국 불교 승려 신분을 포기했다. 그 이유는 명확하지 않지만, 당시 유교 경전이 점차 확산되던 시기였고, 원효 역시 중국의 성리학적 윤리를 받아들이는 흐름에 동참했을 가능성이 있다. 그는 단순한 학자가 아니라 당대의 유명한 인물이기도 했다. 불교를 떠나 결혼하고 가정을 이루었다는 사실이 이를 보여준다. 그의 아내이자 설총의 어머니는 요석 공주로, 그녀 또한 어떤 방식으로든 영향력을 행사했을 것이다. 그녀는 자신의 서원을 무시하고 왕가와 결혼할 수 있는 비구니의 운명을 되찾았다. 이 공주는 미망인이었다.

설총의 초기 훈련에 대한 구체적인 기록은 없지만, 그는 아버지에게서 학문을 배우며 궁정에 들어갔을 가능성이 크다. 설총의 명성을 이루는 데 두 번째로 중요한 요소는 중국 고전에 대한 깊은 심취였다. 그는 이를 바탕으로 백성들에게 학문을 가르칠 수 있는 학교를 세웠다. 또한, 명확한 진술과 폭넓은 학식을 인정받아 궁정에서 높은 지위에 올랐다. 그의 명성에는 네 가지 주요한 요소가 있었다.

첫째로『문헌비고』에 따르면, 그는 신라의 역사를 서술한 권위자로 평가받는다. 그러나 이를 제외하면 그의 기록은 대부분 사라졌다. 한국에서 일어난 많은 역사적 사건들과 마찬가지로, 이 또한 아쉬운 일이다.

설총과 같은 인물을 통해 당시 신라의 모습과 궁정의 분위기를 엿볼 수 있었다면 흥미로웠겠지만, 지금은 단지 과거에 존재했던 사실에 대한 단편적인 기록만이 남아 있을 뿐이다.

둘째로 설총의 명성은『통국통감』에 보존된 "모란의 비유"와 관련이 있다. 이 작품은 우화 형식의 교육적 글로 평가된다.

어느 날, 신라의 신문왕이 잠시 한가한 시간을 보내던 중 설총을 불러 이렇게 말했다.

"오늘은 비가 그치고, 산들바람이 시원하게 부는구나. 이때는 격조 높은 이야기와 즐거운 담화를 나누며 우리 마음을 기쁘게 하는 시간이라네. 그러니 자네가 들은 이야기를 하나 들려주게."

왕의 명에 설총이 대답하였다.

"옛날에 모란이 꽃의 왕이 되어 정원을 가꾸고 온갖 꽃을 심었으며, 붉은 정자를 세워 그곳에 거처하였습니다. 늦봄이 되어 그의 빛깔은 눈부시게 찬란하고 자태는 위엄이 넘쳤습니다. 그러자 모든 꽃과 꽃봉오리들이 모여 예를 갖추고 왕을 알현하였습니다. 그중에서도 특히 아름다운 장미가 찾아왔는데, 그녀의 얼굴은 부드러운 분홍빛으로 물들고 치아는 옥처럼 빛났습니다. 화려한 옷을 입고 우아한 걸음으로 왕 앞에 나아간 그녀는 은밀히 그의 위대한 명성과 높은 덕망을 찬양하며, 온갖 기교와 아양을 다해 그의 마음을 사로잡고자 하였습니다.

뒤이어 '국화(백발노인)'라 불리는 한 노인이 나타났습니다. 그는 기품 있는 모습에 삼베옷을 걸치고 가죽 띠를 두른 채, 흰 모자를 쓰고 있었습니다. 지팡이에 의지한 채 몸을 구부리고 절뚝이며 왕에게 다가와 조용히 말했습니다.

'저는 왕성 밖에서 사는 사람으로, 세상의 이치를 곰곰이 생각하며 지내고 있습니다. 폐하께서는 신하들과 함께 훌륭한 음식을 나누시지만, 손수건에는 좋은 약을 지니고 계십니다. 그래서 저는 이런 생각을 했습니다. 아무리 비단과 삼베가 넉넉하더라도, 값싼 풀이라고 함부로 버리는 것은 지혜로운 일이 아닐 것입니다. 하지만 폐하께서 어떻게 생각하시는지 알지 못해, 직접 여쭙고자 찾아왔습니다.'

이에 왕이 대답했습니다.

'그대의 말은 지혜롭지만, 또 다른 아름다운 장미를 얻는 것은 쉽지 않을 것이오.'

그러자 노인이 말을 이었습니다.

'왕이 나이 많은 신하들과 가까이 지내면 나라가 번영하지만, 아름다운 여인들과 친밀해지면 결국 망하게 됩니다. 아름다운 여인들과 뜻을 함께하는 것은 쉽지만, 늙은 신하들과 친해지는 것은 어렵습니다. 중국의 '초 왕조'는 하희 부인 때문에 멸망했고, '오 왕조'는 소희 부인으로 인해 무너졌습니다. 맹자는 당시 사람들에게 인정받지 못한 채 생을 마쳤고, 명장 팽당은 많은 세월이 지나 백발이 되도록 노력했지만 끝내 뜻을 이루지 못했습니다. 옛날부터 항상 그러하였으니, 이제 우리는 무엇을 해야 하겠습니까?'

이 말을 듣고 '모란왕(牡丹王)'은 자신의 잘못을 깨달았고, 여기서 '모란왕이 자신의 잘못을 인정했다'는 속담이 유래하게 되었습니다."

이 비유를 들은 신문왕은 깊은 흥미를 느꼈다. 왕들의 나약함과 실수를 거침없이 드러내는 내용이었지만, 바로 그 대담함 때문에 더욱 주목을 받았다. 이 이야기가 신문왕 자신에게 적용될 수 있는지는 알 수 없으나, 그는 설총에게 이 이야기를 글로 남겨 자신에게 늘 경고가 되도록 하라고 명령했다.

설총이 이야기를 모란을 중심으로 전개한 것은 그의 뛰어난 지혜로움을 보여준다. 당시 모란은 한국에 새롭게 들어온 꽃이었고, 그 유래는 다음과 같은 흥미로운 일화가 전해진다.

A. D. 632년부터 647년까지 다스렸던 선덕여왕 재위 기간에, 당나라 태종 황제가 신라 여왕에게 보낸 모란 그림과 씨앗들을 받은 여왕은 이를 살펴본 후 이렇게 말하였다.

"이것은 꿀벌이나 나비가 없기 때문에 향기가 없는 꽃이다." 이 말은 놀라움으로 받아들여졌고, 모란 씨를 심어 꽃을 피워보니 향기가 나지 않아 여왕의 관찰이 옳았음이 밝혀졌다. 따라서 이 사건으로 인해 신라에서 이 꽃에 대한 관심이 더욱 높아졌고, 왕은 설총이 의도한 바를 더욱 깊이 이해하게 되었다.

설총의 비유는 세대를 거쳐 전해지며, 왕을 위한 뛰어난 지혜의 상징으로 여겨져 왔다. 심지어 이 왕조에서도 설총의 비유를 해석하고 연구하는 학자들이 존재한다. 그것은 한국의 문학적 보물 중 하나로 간주된다.

설총이 기억되는 세 번째 이유이자 한국적인 관점에서 그의 가장 큰 명성의 근거는 그가 일반인들에게 중국 고전을 소개한 일이다. 당시 신라는 중국 성인의 영향이 커지기 좋은 시기였다. 중국에서는 당나라가 천하를 다스리고 있었고, 전투적인 백제와 고구려 사람들이 사방에서 신라를 공격하여 남쪽의 신라는 당에 도움을 요청할 수밖에 없었다. 당나라는 이에 응했고, 동맹이 맺어지면서 신라와 강대국 이웃 사이의 관계가 더욱 긴밀해졌다. 당시 신라에는 자체 연호가 있었으나, 당의 연호가 도입되었고, 두 나라 간의 교류는 빈번하고 우호적으로 이루어졌다. 신라의 젊은이들, 심지어 왕족의 자제들까지도 당나라로 유학을 떠났다. 그 결과 중국의 영향력이 신라 사람들 사이에서 증가하는 것은 당연한 일이었으며, 중국에서 온 많은 것들이 신라에 전해졌다. 여기에서 설총의 아버지인 노승이 승려의 서약을 버리고 아내를 맞이한 행동의 동기를 찾을 수 있을지도 모른다. 아마도 중국의 철학이 하나의 사상적 흐름이 되었고, 그 지지자들이 한동안 신라에서 우위를 점하면서 불교의 쇠퇴가 시작되었을 것이다.

아마도 설총만큼 이에 크게 기여한 사람은 없을 것이다. 그리고 바로 이 점 때문에 그는 한국인들 사이에서 특별한 존경을 받았다. 앞서 언급된 한국의 성현들에 대하여 기록한 『문헌비고』에서는 설총이 처음으로 유교의 경전인 '구경(九經)'의 의미를 신라의 구어(口語)로 설명하기 시작한 것으로 전한다.

  설총은 그들의 지혜를 후대에 전하고, 한국에 헤아릴 수 없는 축복을 내려주었다고 말한다. 이 진술은 그 당시 신라 사람들이 당나라 언어로 고전의 정체성을 이어왔고, 설총 시대에 이르러 이를 한국어 구어체에 통합하려는 시도가 있었다는 것을 나타낸다. 이는 매우 흥미로운 사실이다. 여기서 우리는 한국어의 변형이 본격적으로 시작된 시기를 중국어 용어와 관용구로 더욱 풍성하게 만든 순간을 확인할 수 있다. 설총은 어느 면에서 한국의 위클리프와 같은 존재였다.

  그 당시에는 한국어에 고유한 문자가 없어 경전들을 구어체로 번역하지 못했지만, 그가 사람들에게 가르침을 구술로 전달한 점은 매우 중요한 발전이었다. 이는 한국 역사에서 설총의 업적이 강조된 부분에서 알 수 있다. 만약 그가 글로 쓸 수 있는 매체가 있었다면, 위클리프처럼 한국어 구어체를 한국어 어휘에 맞춰 고정시켰을 것이고, 오늘날 사라진 많은 단어들을 우리에게 남겼을 것이다. 위클리프에게도 신봉자들이 있었는데, 그들은 성경을 사람들이 이해할 수 있는 언어로 읽어주었다. 마찬가지로 설총은 한국에서 경전의 구술 설명을 유행시켰다. 그는 중국의 성현들을 한국에서 숭상시켰으며, 불과 25년 만에 공자의 초상화와 72성현의 초상화를 당나라에서 한국으로 가져오고, 공자를 모신 사당이 세워졌다. 그곳에는 결국 설총 자신도 유학자로서 한자리를 차지하게 되었다.

불교 승려의 아들이었던 설총은 한국에 중국 문화를 도입하는 중요한 계기를 마련한 인물이 되었다. 그래서 필자는 한국에서 중국 유교의 진정한 우위는 기자 시대보다는 바로 이 시점부터 시작되었다고 결론짓는다. 즉, 기자가 한국에 전달한 문명은 어쩌면 야만적 침략자들, 예를 들어 위만, 온조 등과 같은 한국 역사 속의 인물들이 전파한 문명 속에서 사라졌을 수도 있다. 설총이 한국에 중국 문화를 실제로 도입한 창시자였다고 주장하는 것은 아니지만, 그가 단순히 그 이상의 존재였다는 것은 분명하다.

한반도에서 유교 르네상스의 사도인 설총 자신이 살았던 시대까지의 신라 역사에는 유교 윤리의 흔적이 거의 보이지 않는다. A. D. 500년까지 하인이나 추종자들을 죽은 자와 함께 산 채로 매장하는 순장 풍습이 지속되었으며, 그제야 비로소 중단되었다. 왕실 장례식에서는 죽은 사람과 함께하기 위해 남자 다섯 명과 여자 다섯 명이 항상 산 채로 매장되었다고 전해진다. 이는 유교와 양립할 수 없는 야만적인 풍습이었다. 불교는 당시 200년 동안 자리 잡은 종교였으며, 만약 유교 문명의 흔적이 존재했다면 인도 문화의 영향 아래 묻혀버렸을 것이다. 불교문화가 우월하였던 동안에, 신라는 문명화의 중심적인 역할을 했으며, 법률과 풍습의 개선 또한 그것에 기인한다고 할 수 있다. 예를 들어, 아프리카 오지의 야만적인 풍습을 연상시키는 산 채로 매장하는 잔혹한 풍습의 폐지가 그것이다.

결국 설총 이전의 신라에서 유교 숭배가 있었다면, 지난 500년 동안 조선을 지배해 온 유학자들에 의해 그 이름이 전해진 학자들이 존재했을 것이다. 그러나 전해지는 이름이 없다는 점에서, 우리는 설총이 특별한 의미에서 한국에 유학 사상의 시대를 연 인물이라는 결론에 도달하게 된다.

그리고 공자는 중국 문명을 이끌었다. 과거 중국이 아시아에서 강력한 정복력을 발휘한 이유는 무력의 우세 때문이 아니며, 몇몇 왕조에서 군사력이 강했을지라도 그것이 핵심은 아니다. 또한, 제조 기술 때문도 아니며, 비록 중국 영토의 일부 지역에서 사람들은 매우 근면하고 뛰어난 기술을 보였지만, 그 원동력은 바로 공자의 사상이었다.

공자의 사상은 단순히 인간관계를 규율하는 다섯 가지 기본 윤리를 넘어선다. 이는 부족 사회에서 국가로 전환하는 과정에 있는 집단들에게 적합한 철학적, 정치적, 사회적 규범을 포함하고 있으며, 국가 형성을 위한 결속력을 제공하였다. 유교는 이러한 필요를 충족시켰고, 부족 사회에서 가부장적 형태의 정부를 거쳐 국가로 발전하는 과정에 잘 적응한 사상이었다. 따라서 유교는 아시아 민족들에게 매력적인 사상으로 자리 잡았다. 거의 동등한 중요성을 지닌 몇 가지 다른 특징들도 언급할 수 있겠지만, 앞서 언급한 것은 설총이 자기 나라에 기여한 가치를 측정하는 기준이 될 것이다. 그는 한반도의 흩어진 다양한 부족들을 하나의 민족으로 통합하는 데 있어서, 고려 왕조의 건국자인 왕건의 정치적 통찰력이나 조선 왕조의 건국자인 이태조의 군사적 무력보다 더 큰 영향을 미친 힘을 움직이기 시작했다. 설총과 함께 한국 문학의 전통을 형성한 학자들이 등장했으며, 그들은 한국의 역사와 원칙에 대한 자신들의 관점을 우리에게 받아들이게 하고, 어느 정도 그들의 입장을 지지하도록 만들었다.

설총의 네 번째이자 마지막 명성의 근거는 중국어 공문서를 읽기 쉽게 하기 위해 만든 이두(吏讀) 또는 행간 기호의 발명에 기반하고 있다. 이 독특한 체계는 한국이 중국어를 채택하면서 발생한 어려움을 해결하려는 최초의 시도로서, 『코리안 리포지터리』(제5권, 47쪽)에서 헐버트가 매우 자세히 설명한 바 있다. 나는 독자에게 그 흥미로운 글을 참고하라고 권하고 싶다. 설총은 신라에서 한문을 대중화하려는 노력 속에서 신라어의 문법적 어미를 나타낼 기호를 만들 필요가 있었다. 그리고 이러한 기호를 한문 본문에 삽입함으로써 문법적 의미를 분명히 하고자 했다.

이 체계에는 우리가 현재 확인할 수 있는 한, 총 233개의 기호가 포함되어 있다. 이러한 기호들은 다음과 같은 그룹으로 나뉜다. 그중 두 개는 한 음절의 문법적 어미를 나타내며, 98개는 두 음절 어미, 52개는 세 음절 어미, 46개는 네 음절 어미, 26개는 다섯 음절 어미, 5개는 여섯 음절 어미, 그리고 4개는 일곱 음절 어미를 나타낸다.

그 제도와 관련된 한 가지 규정은 모든 하층 계급의 남성들은 윗사람에게 말할 때, 특히 글을 쓸 때 반드시 예의를 갖춰야 했다. 설총이 이를 창안했을 때 이 체계가 233개 이상의 기호를 포함했으나 그중 일부가 사라진 것인지, 아니면 처음에는 233개보다 적었으나 시간이 흐르면서 추가된 것인지 지금으로서는 알 수 없다. 그러나 이 많은 기호들과 그에 상응하는 것들이 우리에게 보존되었다는 것은 축하할 일이다. 이는 한국어의 문법적 발전을 역사적으로 연구하는 데 매우 가치 있는 자료가 될 것이다.

그것은 13세기에 한글이 발명될 때까지 그리고 그 이후에도 계속 유지되었다. 이제 우리는 설총의 전체 생애와 관련하여 중요한 질문에 도달한다. 그는 과연 '한국 문학의 아버지'라고 불릴 자격이 있는가? 그렇지 않다면, 왜 그 이전의 학자들은 모두 잊히고 그만이 기억할 가치가 있는 최초의 학자로 여겨지는가? 필자의 관점에서 보면, 한국에는 두 가지 학문적 전통이 존재해왔다. 현재로서는 더 적절한 분류가 없기 때문에, 이를 불교 학파와 유학 학파로 부르기로 한다. 필자는 이러한 분류를 뒷받침하는 이유를 다음과 같이 제시하고자 한다.

(1) 사실을 아는 사람은 한국에서의 책 저술이 신라 시대의 설총으로부터 시작된 것으로 주장할 수 없다. 설총 이전에도 신라에는 역사, 종교, 시, 소설에 관련된 작품을 남긴 학자들이 있었을 것으로 충분히 추정할 수 있다. 그들 중 일부의 이름이 전해지고 있으며, 신라에서 후에 무열왕으로 즉위한 김춘추와 그의 아들 김인문은 모두 중국어로 시를 짓는 데 뛰어났다고 알려져 있다. 왕조 초기에는 불교의 후원 아래 신라의 젊은이들이 승려 스승들에 의해 효, 존경, 충성, 신의에 대한 강의를 듣는 특수한 수련장이 설립되었다. 그들 중에서 우리가 국가의 기록을 작성하고 다양한 주제에 관한 작품을 남긴 것으로 언급하는 사람들이 나왔을 것이다.

(2) 신라에서 벗어나 신라와 함께 한반도를 공유했던 다른 두 왕국,

즉 백제와 고구려로 눈을 돌려보면, 전통 고전 기록에는 언급되지 않은 문학의 흔적을 발견할 수 있다. 고구려에서 우리는 100권이라는 대규모 분량에 이른 한 작품을 알고 있다. 한편, 백제는 불교의 영향 아래 많은 학자를 배출했으며, 그들 중 일부는 일본에 불교와 문학을 전파함으로써 오랜 명성을 얻었다. 고구려에서 『유기』를 배출할 수 있었던 인재들이나, 외국의 스승이 되었던 백제의 학자들은 현재 한국의 문인들이 남긴 기록에서 전혀 언급되지 않는 반면, 설총과 최치원만이 그 오랜 기간 동안 인정받고 있는 이유는 과연 무엇일까? 분명 그 이유는 그들이 현재 한국을 지배하는 학파와 다른 학파에 속한 것으로 간주되기 때문일 것이다.

(3) 주목할 점은 고전 문학 기록에서 유교 학파에 속한 학자들에게 유리하게 차별이 이루어졌다는 것이다. 한국에서 불교는 오랜 기간 동안 지속되었다. 그리고 학문과 관련된 불교의 성격은 한국에서도 다른 나라와 다르지 않았다. 왕실과 백성들의 지원을 받은 승려들은 학문 연구 외에는 할 일이 거의 없었으며, 그들이 실제로 학문에 전념했다는 것은 설총 아버지의 행적에서도 분명하게 드러난다. "이 사람들은 후세에 전할 만한 아무런 업적도 남기지 않았단 말인가? 그들 중에 학자는 전혀 없었단 말인가?" 그들이 존재했으며 역사, 종교, 전기, 철학, 윤리 등에 관한 글을 썼다고 가정하는 것이 합리적일 것이다. 그리고 이들은 그 후계자들과 함께 A. D. 1392년까지 불교 학파를 이루었을 것이다. 그러나 그들의 저작은 어디에 있는가? 이 질문에 답하는 것은 그렇게 어려운 일이 아니다. 우선, 쓰인 작품이 반

드시 많을 필요는 없다. 필자는 작품이 많았음을 강조하려는 것이 아니다. 불교 학파의 작가들은 오늘날 한국 역사에서 신비롭고 설명하기 어려운 많은 것들을 남겼을 수도 있다. 그 당시 책을 손으로 베껴야 하는 느리고 고된 과정은 그들의 작품이 여러 필사본으로 확산되는 데 불리하였을 것이다. 유교 학파가 우위를 점하면서 소홀히 여겨지던 시기에 이러한 작품들은 쉽게 사라지거나 완전히 잊힐 수 있었다. 만약 우리가 이 분류를 인정하고 한국 문학과 사상에서 두 학파의 존재를 받아들인다면, 불교 학파는 유교 학파보다 훨씬 이전부터 존재했다고 볼 수 있다. 물론 두 학파가 공존했던 시기도 있었으며, 고려 왕조(10세기~14세기) 시기에는 불교가 다시 우위를 점하며 유교 학파가 일시적으로 쇠퇴하기도 했다.

오늘날 한국에서 주된 사상을 이루고 있는 유학은 설총에 의하여 시작되었다. 그는 현재 한국의 사상 체계로 발전한 흐름을 만들어 낸 인물이다. 유학은 오늘날 한국에서 가치 있는 문학 작품의 대부분을 만들어냈다고 할 수 있다. 역사, 철학, 윤리, 법률, 천문학, 전기 등의 분야에서 유학자들은 핵심적인 역할을 했으며, 우리는 그들의 연구에 크게 의존하고 있다. 이는 지속적인 학파가 아니었다. 신라에서는 특별히 주목할 만한 학자가 두 명뿐이었고, 고려 시대 약 400년 동안에는 열세 명의 학자가 있었다. 현재 왕조인 A. D. 1392년에 이르기까지. 그러나 그들은 학파의 등불을 계속 밝히며, 한국인의 정신이 중국 성인의 사상에 깊이 영향을 받는 토대를 마련했다. 이 학파의 선두에는 의심할 여지없이 전 불교 승려의 아들인 설총이 있다. 그리고 문학과 학문이 이 학파에서 나온 만큼, 그는 한국 문학의 아버지라 할 수 있다.

  이것은 한국 문학의 시작을 7세기로 정할 수 있게 해준다. 비록 설총이 오늘날의 문학에 미친 개인적인 기여는 미미하지만, 그가 한국 문학 발전의 토대를 마련한 인물이기 때문이다. 그가 세운 학파는 그의 업적을 잊지 않았다. 그가 얻은 보상은 그가 공자와 함께 한국 문인들의 숭배를 받는 성현으로 공표되어 유교 사당에 함께 모셔진 일이었다. 이는 고려 현종의 통치 기간인 A. D. 1023년에 일어났으며, 그에게 "홍유후"라는 칭호가 추증되었다.

(『코리아 리뷰』, 3월호(1901))

3. 최치원: 그의 삶과 시대

지난 500년 동안 한국 문학의 주류는 유교의 철학과 가르침에 뿌리를 두고 있었다. 이 문학 활동은 중국의 성인들에 의해 영향을 받고 통제되었으며, 한국 문학의 발전 과정에서 많은 작가들이 등장했다. 이들은 왕의 후원을 받아 다른 경쟁자나 이단적인 사상을 배제하고, 자신들의 기준에 맞춰 한국 문학을 형성해 나갔다. 비록 이 문학적 흐름이 현재 왕조와 밀접하게 연결되어 있다고 여겨지지만, 이는 왕조가 시작된 A. D. 1392년부터 그 흐름이 중심적인 위치를 차지하게 되었다는 의미일 뿐, 그 기원은 훨씬 이전으로 거슬러 올라간다. 이 문학적 전통의 창시자가 누구인지는 정확히 알기 어렵지만, 현재까지의 연구에 따르면 8세기 신라의 학자 설총이 그 창시자로 여겨질 수 있다. 설총이 이 문학적 전통의 창시자라고 주장하는 이유는 다음과 같다: 한국 유교 전통은 중국 본교처럼 유교 발전에 기여한 인물들을 성인으로 추대하는 전통을 이어왔다. 이 성인 추대는 황제의 명령으로 서울 성균관에 기념비를 세우는 방식으로 이루어졌으며, 그 인물의 영혼은 유교 성인에게 바쳐진 신성한 예배와 함께 존경받았다. 또한, 황제는 그 인물에게 왕자나 공작의 사후 칭호를 부여하기도 했다. 지금까지 16명이 이러한 영예를 받았고, 그중 4명은 설총에서 정몽주까지 약 600년 동안, 12명은 현재 왕조 하에서의 500년 동안 이 칭호를 받았다.

이 목록을 작성할 때 학문적 권위자들은 가장 먼저, 그들이 보기에 한국에서 유교 사상을 창시한 인물로 여겨지는 사람을 첫 번째로 올렸을 것이다. 그를 제외하는 것은 한국에 유교 철학과 사상이 도입된 것을 경시하는 일이었을 것이다. 그리고 그들의 평가에 따르면, 이 독특한 영예는 설총에게 돌아갔으므로 그의 이름이 '저명한 16인' 목록의 첫 번째에 올랐다. 나중의 연구자들이 이를 재조사하여 이의를 제기할 수도 있겠지만, 이는 당시의 공정한 판단으로 보인다. 만약 이 결론이 채택된다면, 설총이 지도적인 역할을 맡았다고 해서 자동적으로 결론을 도출할 수 있는 몇 가지 점들을 신중하게 살펴보는 것이 중요하다. 첫째, 이는 설총 이전에 유교가 한국에서 문학적 영향을 미친 적이 없다는 의미가 아니다. 결코 그런 의미는 아니다. 게일의 뛰어난 논문에서 보여준 것처럼, 기자 시대부터 유교 사상의 기초가 되는 저작들은 한반도 사람들 사이에서 알려졌고, 한국 학자들은 한자 문자를 사용하여 작품을 저술했으며, 바다 건너 큰 나라에서 온 풍습과 제도들이 받아들여졌다. 그러나 역사적으로 중국 문명과 유교는 구별될 수 있다. 오늘날 중국 문명은 불교와 도교의 요소들, 그리고 원시적이고 야만적인 삶의 잔재들이 포함된 복합체로, 유교만으로 이루어진 것이 아니다. 또한 공자가 사망한 후 몇 세기 동안 유교는 그 기원지에서 매우 다양한 역사를 겪었으며, 오늘날과는 전혀 다른 위치에 있었다. 그래서 기자와 설총 사이의 특정 시기에서처럼, 중국 문명은 한국에 유교 철학 외에도 전혀 다른 철학과 경제 체제를 전파하는 역할을 했다. 이를 예로 들 수 있는 것이 불교이다. 따라서 설총을 기점으로 유교를 하나의 철학적 전통으로서 도입한 시기를 말할 때, 우리는 중국 문명의 도입 문제를 다루지 않으며, 설총 이전에도 유교의 영향이 존재했음을 부정하지 않는다.

   후자는 외부에서, 즉 외래의 영향을 받은 것이었다. 설총, 최치원, 안유와 그들의 동료들은 이국적인 영향을 한국에 토착화하려는 목표를 가지고 있었다. 한국의 16인 정통 유학자 명단은 역사적으로 중요한 의미를 갖는다. 이 명단은 한국 학자들의 과거 업적에 대해 중요한 원주민 문인들이 어떻게 평가했는지를 보여준다. 하지만 우리는 이들이 한국의 유일한 학자들이라고 오해해서는 안 된다. 그들이 명성을 얻은 이유는 유교 학파에서 정통으로 인정하는 기준을 가장 잘 충족했기 때문이다. 명단은 다음과 같다:

설총	송시열
최치원	박세채
안유	정여창
정몽주	이언적
김굉필	김인후
조광조	이이
이황	김장생
성혼	송준길

   이제 우리는 명단에서 두 번째로 언급된 신라 학자 최치원의 생애와 업적, 그가 살았던 시대를 살펴보겠다. 그는 혼란스러운 시대에

태어났다. A. D. 862년에서 876년까지 경문왕이 신라의 왕이었지만, 그의 통치에 대한 기록은 거의 없다. 대부분의 역사서들은 그의 이름과 즉위 및 사망 연도만 언급할 뿐이다. 모든 학자들은 이 시기가 신라의 쇠퇴기였다고 보고 있다. 이미 47명의 왕이 신라의 왕위를 계승했고, 인접한 백제와 고구려 왕국도 존재했다.

백제와 고구려는 한때 신라와 함께 한반도를 나누어 다스렸으나, 신라가 당의 지원을 받으면서 200여 년 전 두 왕국을 역사에서 사라지게 만들었다. 이후 신라는 한국의 모든 씨족을 지배하게 되었고, 당시 내부의 갈등과 분열 속에서 궁정의 야망을 품은 세력들이 국가를 흔들며 몰락해 가고 있었다. 바로 이 시점에 두 인물이 태어났는데, 이들은 훗날 큰 업적을 남길 운명을 지닌 인물들이었다. 그중 하나는 최치원, 또 다른 하나는 고려 왕조를 창건한 왕건이다. 중요한 점은 이들이 같은 시대에 태어나 서로 알고 지낸 인물이었다는 사실이다.

왕건은 송악의 소나무 숲에서 태어났고, 전설에 따르면 아시아 왕조 창건자들의 출생과 어린 시절은 신비하게 묘사되곤 했다. 그가 태어날 때도 많은 이상한 징조와 예언들이 따랐다. 만약 최치원이 왕건 대신 한국 역사에서 중요한 인물이 되어 왕위를 차지했다면, 그에게도 그런 전설들이 전해졌을 것이다. 최치원은 A. D. 859년에 신라의 수도 경주에서 영향력 있는 가문에서 태어났다. 그의 조상에 대한 구체적인 정보는 많지 않지만, 그의 가문은 신라에서 당을 지지했던 세력으로, 불교에 대한 신뢰를 잃고 서쪽에서 오는 빛과 구원을 바라던 세력과 연관이 있었다. 어린 시절, 최치원은 당에서 들어온 유교의 교육적 흐름과 접촉하며 성장했고, 이는 한국 문학의 발전에 중요한 영향을 미쳤다.

이 시기 유교의 영향력이 강하게 퍼져 있었고, 당과 신라 간의 오랜 관계 덕분에 신라는 중국의 성인 공자에 대한 우호적인 태도를 보였다. 그럼에도 불구하고 신라는 여전히 불교를 국교로 삼고 있었다.

역사적으로 볼 때, 유교는 한국에서 지배적인 종교로 자리 잡지 않았다는 점은 분명하다. 유교는 사람들의 사고와 삶에 영향을 미친 것은 사실이지만, 그 영향은 주로 중국이라는 먼 중심지에서 비롯되었고, 한국에서 자연스럽게 정착된 것은 아니었다. 그러나 안유 시대에 유교는 본격적으로 한국에 전파되었고, 이를 위한 기반이 마련되었다. 이를 증명하는 예로 『문헌비고』에 기록된 내용을 들 수 있다. A. D. 864년, 최치원이 태어난 지 5년 후, 신라 왕은 직접 문헌을 강론하는 장소에 갔다. 중국의 경전을 읽고, 그 내용을 왕 앞에서 설명하도록 했다. 그리고 16년 뒤인 880년, 신라에서는 교육의 기본 교재로 『사기』, 『주역』, 『시경』, 『예기』, 『춘추』, 『한서』, 『후한서』 등을 채택했다. 신라 왕이 중국 경전에 대한 공개 강연에 참석한 사실을 단순히 넘길 수 있을까? 우리는 이 사건이 한국 교육의 기초를 불교에서 유교로 전환하려는 첫 번째 시도였다고 볼 수 있다. 또한 주목할 부분은 『문헌비고』에 "이때 최치원이 중국에 가서 관리가 되었다"라는 기록이 있다는 것이다. 이는 최치원의 영향력이 중국 문학을 한국에 널리 퍼뜨리는 데 중요한 역할을 했음을 의미한다. 최치원의 생애를 돌아보면, 왕이 유교 경전에 대한 공개 강론에 참석하고 있었을 때, 최치원은 겨우 다섯 살의 어린아이였고, 학문을 막 시작한 시점이었다. 그는 7년 동안 신라 수도에서 배울 수 있는 선생들에게 교육을 받았지만, 그들 역시 기대에 미치지 못했을 것이다. 결국 그가 얻을 수 있었던 건 중국 문학에 대한 기초적인 지식에 불과했을 것이다. 그러던 중 그의 아버지는 그에게 당나라로 가서 중국 학문을 제대로 배우라고 명령했다. 그가 왜 이런 결정을 내렸는지는 정확히 알 수 없지만, 그 배경을 짐작할 수 있다. 당시 한국인들이 외국으로 가는 일은 드물지 않았다. 중국과 일본과의 외교에서 볼모를 보내는 관습이 있었고, 그런 필요가 사라지자 일부 한국인들은 자발적으로 바다를 건너 모험이나 교육을 위해 외국으로 나갔다. 다만 최근 몇 년간은 왕족들만이 외국으로 나갔다. 아마도 최치원의 아버지는 한국 내에서 당나라를 지지하는 세력의 일원으로, 중국에 대한 충성을 보이기 위해 이 결단을 내렸을 수도 있다. 그러나 내가 생각하기에는 그 아들이 이미 큰 잠재력을 보여주었고, 그의 능력에 대한 기대가 컸기 때문에, 그 기대는 해외에서 교육을 받음으로써만 실현될 수 있었던 것으로 보는 게 더 타당하다. 실제로 아버지가 아들에게 10년 안에 학문을 마치지 않으면 상속권을 박탈하겠다고 한 전통도 후자의 해석을 뒷받침한다. 어쨌든 아버지는 아들에게 큰 신뢰를 보였고, 중국 교육의 중요성을 매우 높게 평가했다. 그는 어린 아들을 외국으로 보내기로 결단한 것이다. 이제 젊은 최치원이 만난 중국을 살펴보자. 그 당시 당나라는 여전히 그 땅을 지배하고 있었다. 당나라는 중국 역사상 가장 강력하고, 찬란하며, 부유한 왕조 중 하나였다. 이 시기의 중국이 아마도 가장 문명화된 나라였다고 확언하기는 어렵지만, 당나라 하에서 중국은 문화적으로 큰 발전을 이룬 시기였다. 또한 군사적으로도 활발한 시기였으며, 당나라의 장군들은 중국군의 전투력을 서쪽으로 확장해 거의 유럽의 국경까지 도달했다.

그들은 북쪽의 야만 부족을 정복하고, 북동쪽의 강력한 고구려를 멸망시켰으며, 한반도 남쪽에서는 신라와 협력해 백제를 무너뜨렸다. 하지만 단순한 정복에 그치지 않고, 학문과 문화를 중시했다. 이 시기 유교가 다시 발달하며, 모든 경전이 완전하고 정확하게 편찬·출판되었고, 교육 제도가 정비되면서 학문도 크게 발전했다.

국가 정체성에 대한 관심도 높아져 당나라 내 여러 민족의 역사를 연구하는 움직임이 활발해졌으며, 이 시기 중국 역사상 가장 뛰어난 역사학자들이 배출되었다. 또한, 당나라 시대에 기독교가 처음으로 중국에 전파되었다. 네스토리우스파 신자들이 정착해 신앙을 전파할 수 있도록 허용되었고, 이때 수만 명의 신도가 생기며 기독교는 절정에 달했다.

한편, 아랍 상인들이 진출하면서 유럽의 상업과 과학이 동양에 소개되었고, 이를 통해 동서양의 교류가 더욱 활발해졌다. 당나라의 해외 정복, 유교 부흥과 문학 르네상스, 기독교 확산, 그리고 유럽과의 교역은 새로운 사상의 유입을 촉진하며 국가를 더 높은 문명 수준으로 끌어올리는 데 기여했다.

이러한 변화 속에서, 정체된 조국에서 벗어나 중국이라는 광대한 세계로 발을 내디딘 한 소년이, 그곳에서 펼쳐진 역동적인 흐름 속으로 뛰어든다는 것은 실로 엄청난 일이었다. A. D. 870년, 젊은 최치원은 중국으로 떠났다. 그는 한반도 남쪽 끝, 부산이나 김해 같은 항구에서 배를 탔을 가능성이 크다. 혹은 산맥을 넘어 당시 신라 영토가 된 백제 지역을 지나, 군산에서 무역선을 타고 중국으로 향했을 수도 있다.

여기서 그는 불안정한 황해를 빠르게 건너 당나라로 향할 수 있었다. 그는 신라에서 당으로 파견된 사절단과 동행했을 수도 있고, 혹은 더 가능성 높은 추측으로, 그의 아버지가 당나라 사신에게 부탁하여 그 보호 아래 떠났을 가능성이 크다. 어떤 경로였든, 이후 그의 삶을 보면 당나라에서 상당히 좋은 환경에서 시작했음을 알 수 있다. 그는 빠른 시간 안에 여러 영예를 얻으며 두각을 나타냈다.

그의 생애를 기록한 자료들을 살펴보면, 최치원은 처음부터 당나라 수도인 장안, 현재의 서안에서 생활한 것으로 보인다. 장안은 중국 내륙 깊숙한 섬서성에 자리한 도시로, 중국 역사에서 가장 중요한 도시 중 하나다. 황하의 지류 근처에 위치한 이곳까지 가기 위해 최치원 일행은 몇 주에 걸쳐 험난한 항해를 했을 것이다.

현대 서안에 대한 묘사를 보면, 이 도시는 중국 북서부의 중심지로, 규모와 인구, 그리고 중요도 면에서 북경 다음의 큰 도시로 꼽힌다. 하지만 역사적 의미와 문화유산 측면에서는 북경을 능가하며, 오랜 세월 동안 장안(長安), 즉 "끊임없는 평화"라는 이름의 가치를 지켜왔다.

동쪽에서 서안으로 접근하면, 건조한 흙을 깎아 만든 가옥들이 늘

어선 절벽이 나타난다. 절벽 위로 올라서면 약 5km 떨어진 평원 너머로 높이 솟은 성벽과 웅장한 탑들이 보인다. 이 성벽은 이슬람 반란군조차 함락시키지 못할 만큼 견고했으며, 외곽 지역이 불탔을 때조차 내부 사람들을 보호하는 역할을 했다.

서안은 다양한 민족이 모여 사는 도시로, 티베트인, 몽골인, 타타르족이 함께 어울려 살아간다. 특히, 수천 명의 무슬림들이 반란 중에도 충성을 유지한 덕분에 살아남았다.

이 도시는 B. C. 12세기 무왕에 의해 세워진 이후 수차례 함락과 재건을 거쳤지만, 지리적 이점을 바탕으로 중앙과 서부 지방, 그리고 중앙아시아를 잇는 무역의 중심지 역할을 꾸준히 해왔다.

서안은 지금도 아름다운 경관을 자랑하며, 고대의 위엄을 간직한 유적들이 곳곳에 남아 있다. 또한, 고고학자들과 탐험가들에게 중국 내에서도 가장 가치 있는 발굴지를 제공하는 도시로 평가된다.

특히, 이곳에는 중국에서 기독교 네스토리우스파(경교)의 전도 활동을 기록한 가장 중요한 유물인 '경교비'(A. D. 781)가 한 사원 마당에 보존되어 있다. 또한, 북서쪽 몇 마일 거리에 위치한 대불사에는 중국 최대 규모의 불상이 자리하고 있다. 이 불상은 9세기 당나라 황제가 직접 조각했다고 전해진다.

이 불상은 사암을 깎아 만든 동굴 안에 있으며, 동굴을 조성할 때 같은 돌을 그대로 조각해 만들어졌다. 높이는 약 17미터로, 앉아 있는 모습의 신체 비율이 전체적으로 균형 잡혀 있다. 오른손을 들어 축복하는 자세를 취하고 있으며, 몸과 옷은 화려한 색과 금박으로 장식되어 있다.

이 신비로운 도시에 한 신라 소년이 발을 들였을 때, 그의 감정은 오늘날의 아이들이 처음으로 거대한 문명을 접할 때 느끼는 놀라움과 다르지 않았을 것이다. 그는 오로지 학문에 전념하기로 마음먹었고, 아버지가 정해준 공부 기한과 그에 따른 엄격한 훈계는 그에게 강한 동기 부여가 되었다. 그의 노력은 지금까지 전해지는 방대한 문학적 유산을 통해 알 수 있다. 이 작품들은 모두 그가 중국에서 공부하던 시절에 남긴 것이다.

그는 점차 철저한 '당나라 사람'이 되어 갔다. 어린 시절 신라를 떠나 중국에서 자란 그는 그곳의 교육과 문화를 그대로 흡수하며 사상을 형성했다. 공부 외의 시간에는 웅장한 도심과 자연을 둘러보며 감탄했고, 공자 사상에 깊이 빠져들었으며, 불교를 새로운 시각으로 바라보게 되었다. 어쩌면 그가 아버지에게 보낸 편지 속에서 묘사한 서안의 불교 동굴과 거대한 석가모니 불상이, 훗날 고려에서 은진의 대형 불상을 만드는 데 영향을 주었을지도 모른다.

또한 그는 네스토리우스교 비석 앞에 서서 유일신 사상과 기독교 윤리에 대한 기록을 여러 번 읽었을 것이다. 이러한 경험은 그의 가치관과 세계관을 형성하는 데 큰 영향을 주었을 것이다. 그의 눈에 비친 장안의 황궁과 도시는 신라와 비교하면 마치 전설 속 낙원처럼 보였을 것이다. 시간이 흐르면서 고국의 산천과 삶은 점점 희미한 기억으로 남게 되었다.

하지만 이런 배움의 과정은 단순한 교육이 아니라, 그를 점점 '중국화'시키는 과정이기도 했다. 어쩌면 이것이 그가 젊은 나이에 신라로 돌아왔을 때 신라 사람들에게 쉽게 신뢰를 얻지 못한 이유였을지도 모른다.

최치원은 6년간의 성실한 학업 끝에 A. D. 875년 과거 시험에서 진사에 급제했다. 당시 그의 나이는 불과 열여덟 살이었다. 그의 삶을 돌이켜보면, 이 순간이 중대한 전환점이었음이 분명하다. 만약 그가 부친의 본래 의도대로 당나라 유학을 마친 후 신라로 돌아가 조국의 여러 문제를 해결하는 데 힘썼다면, 이 글의 서두에서 비교한 또 다른 젊은 한국인과 어깨를 나란히 하거나, 어쩌면 그 이상의 명성을 얻었을지도 모른다. 그는 신라의 약해진 군주들을 이끌며 강력한 정부를 세울 수도 있었고, 만약 그것이 실패했다면 신라의 몰락 속에서 새로운 왕조를 건설하는 영광을 왕건이 아닌 그가 차지했을 수도 있다.

그러나 그에게 주어진 기회는 너무나도 컸고, 당나라에 머물라는 유혹도 강했다. 결국 그는 신라로 돌아가는 대신 당나라에 남기로 결정했다. 이때 당나라에서는 희종이 즉위한 지 1년이 지난 시점이었으며, 최치원은 황제의 총애를 받으며 빠르게 조정 내에서 중요한 인물이 되어 갔다. 아마도 그와 희종은 당나라의 같은 교육기관에서 함께 수학하며 친분을 쌓았을 가능성이 크다. 황제는 즉시 최치원을 궁중 특사에 해당하는 시어사로 임명했고, 이어서 황실 직속 관리인 내공봉이라는 중요한 직책을 맡겼다.

불과 6년 만에 젊은 한국인이 당나라 황제의 신임을 얻고 궁정에서 중책을 맡게 된 것은 실로 놀라운 성취였다. 그가 이처럼 빠르게 고

위직에 오른 배경에는 분명 강력한 후원이나 특별한 인연이 있었겠지만, 그 영광 뒤에는 씁쓸함도 존재했다. 희종 황제의 통치는 불운과 혼란 속에서 펼쳐지고 있었기 때문이다.

당시는 중국 전역이 극심한 혼란에 빠져 있었다. 일부 지역은 홍수로 인해 황폐해졌고, 다른 지역은 혹독한 가뭄으로 인해 백성들이 극심한 고통을 겪었다. 이러한 재난이 닥치면 흔히 그렇듯, 도적과 산적들이 들끓으며 사회가 불안정해졌고, 점차 이들은 조직적인 반란 세력으로 변모해 갔다. 그 반란의 지도자는 왕시엔이라는 인물이었다.

그러나 더 뛰어난 지도자인 황찬이 그 뒤를 이었다. 그는 남쪽에서 군사를 일으켜 광주를 비롯해 호광과 강서의 주요 도시들을 빠르게 함락시켰다. 황제의 군대를 연이어 격파하며 제국을 휩쓴 그는 막힘없는 북진 끝에 결국 낙양과 장안을 손에 넣었다.

황제는 가까스로 목숨을 건져 장안을 탈출했고, 그의 곁에는 끝까지 충성을 다한 신라인 신하 최치원이 있었다. 장안을 장악한 황찬은 스스로 '대제(大齊)'라는 연호를 내걸며 당 황제 자리를 차지했다. 하지만 그의 통치는 오래가지 못했다. 목숨을 건 도주 끝에 당 황제는 충성스러운 백성들에게 도움을 요청하는 조서를 내렸다.

한편, 황찬은 장안에서 당 황실의 모든 친족을 처형하고, 무고한 백성들의 피로 거리를 물들였다. 그러나 이 폭정을 끝내려는 반격도 서서히 시작되고 있었다. 그 중심에는 신라인 최치원이 있었다.

황제의 부름에 응한 이들 중에는 사토족의 족장 이극용(李克用)도 있었다. 그는 발하슈 호수 근처에서 투르크계 부족을 이끄는 지도자로, 나이가 많았지만 전사의 기백은 여전히 살아 있었다. 30여 년 전, 그는 티베트 군을 상대로 큰 공을 세워 당나라 황제로부터 '이(李)'라는 성을 하사받은 바 있었다.

이제 그는 4만 명의 군사를 이끌고, 위기에 처한 희종 황제를 구하기 위해 서둘러 진군하고 있었다. 그들은 검은색 복장을 입고 전투에서 매우 난폭했으며, 이로 인해 "검은 까마귀"라는 별명을 얻었다. "검은 까마귀"가 황찬을 상대로 전쟁을 벌일 때, 최치원은 그들의 지도자 아래에서 부장으로 활약하며 큰 공을 세웠다. 실제로 반란군을 무너뜨리고 당나라 황제가 거의 잃을 뻔한 제국의 영토를 되찾는 데 결정적인 역할을 한 전략이 바로 그의 뛰어난 지략에서 나왔다고 전해진다.

전설에서는 그의 업적을 더욱 극적으로 묘사한다. 이야기에 따르면, "검은 까마귀"가 장안을 공격했을 때, 최치원이 성 안에 있던 찬탈자에게 편지를 보냈는데, 그 내용이 너무나도 강력해서 찬탈자가 읽는 도중 저도 모르게 자리에서 내려와 바닥에 웅크린 채 겁에 질렸다고 한다. 결국 반란군은 무너졌고, 그는 조카의 손에 목숨을 잃었다. 조카는 당나라 황실의 신임을 얻기 위해 그를 제거한 것이다.

이 반란은 중국 역사상 가장 치명적인 반란 중 하나로 기록되어 있어, 그 과정에 대해 좀 더 자세히 살펴볼 필요가 있다. 이 전쟁은 A.D. 880년부터 884년까지 5년간 이어졌으며, 민간 전승에 따르면 약 800만 명이 목숨을 잃었다고 한다. 물론 이 숫자가 과장되었을 가능성이 크지만, 태평천국의 난에서 발생한 막대한 인명 피해를 고려하면, 인구가 밀집한 남중국과 중부 중국 지역에서 전쟁이 초래한 참상이 얼마나 컸는지 짐작할 수 있다.

반란을 진압한 후 희종 황제는 다시 장안으로 돌아갔다. 최치원은 충성을 다한 대가로 높은 지위와 명예로운 보상을 받았고, 특히 병부시랑이라는 직책을 맡게 되었다. 어린 시절 경상도의 산골에서 자란 한 소년이 이제 당나라 궁정에서 수백만 명의 운명을 좌우하는 인물이 된 것이다. 역사를 돌아봐도 최치원만큼 극적이고 놀라운 삶을 산 인물은 드물다.

그는 중국에서 잠시 동안 명성을 누리며 바쁜 국정 업무 속에서도 여러 저서를 집필했다. 그러나 886년, 그는 고국으로 돌아가기로 결심했고, 당나라 황제는 그를 특사로 임명하여 신라에 가도록 했다. 당시 그의 나이는 한국식 나이로 겨우 스물여덟이었다.

최치원의 전기를 기록한 문헌들은 그가 조국으로 돌아오면서 나라를 위해 원대한 계획과 포부를 품고 있었다고 전한다. 그는 중국에서 쌓은 업적과 황제로부터 받은 권위가 신라에서 막강한 영향력을 발휘할 것이며, 개혁을 통해 혼란을 수습할 수 있을 것이라 믿었다. 하지만 현실은 그의 기대와 달랐고, 이는 그의 자존심에 큰 상처가 되었다. 신라의 혼란은 그의 힘으로 해결할 수 있는 수준을 넘어섰고, 그가 마주한 것은 반발과 냉대뿐이었다.

당시 왕위에 있던 헌강왕은 국정을 돌보기보다 음악과 춤을 즐기는 데 더 관심이 많았다. 왕실에서는 그의 누이 만(曼)이 실권을 잡고 방탕한 생활을 이어가고 있었다. 최치원은 관직을 받았지만, 그에게 돌아온 것은 시기와 질투뿐이었다.

전해지는 이야기에 따르면, 헌강왕이 어느 날 유흥을 즐기고 돌아오던 길에 한 포구에서 기괴한 외모의 사람을 만났다. 그는 노래와 춤에 능해 왕의 총애를 받았다. 이후 왕이 다시 유람을 떠났을 때, 네 명의 괴이한 인물들이 왕의 수레 앞을 가로막고 나타났다. 그들은 흉측한 모습으로 춤을 추며 "치리타도 도파, 도파"라는 구절을 반복하는 노래를 불렀다. 그러나 왕은 이 노랫말이 수도 도파(都波)의 멸망을 암시하는 경고임을 알아채지 못했다. 왕은 자신의 기분을 맞춰주는 자들에게는 후한 대접을 하면서도, 최치원 같은 학자이자 정치가는 외면하거나 오히려 적대시하였다.

신라는 이미 너무 깊이 쇠락해 회복이 어려운 상태였다. 지방에서는 반란이 끊이지 않았고, 본래 약했던 왕권의 지방 통제력은 완전히 무너졌다. 각지에서 세력을 키운 자들이 나타나 공포와 혼란을 조성하고 있었다. 그중에서도 신라를 더욱 혼란에 빠뜨린 인물은 버려진 왕족 출신의 궁예였다. 그는 극단적인 폭력과 잔혹함으로 신라의 몰락을 가속화했다. 이런 상황에서 최치원의 신라 귀환은 결국 아무런 성과도 거두지 못한 채 허무하게 끝나고 말았다. 특히 그가 귀국한 직후인 888년, 그의 후원자였던 당나라 희종이 사망하면서, 최치원은 깊은 상실감에 빠져 한동안 은둔할 수밖에 없었을 것이다. 왕실은 방탕한 만 공주의 손아귀에서 부패와 타락이 극에 달했고, 나라는 무질서와 혼란 속으로 빠져들었다. 이런 상황에서 최치원 같은 인물이

설 자리는 없었다.

그의 공적인 활동에 대한 기록은 거의 남아 있지 않다. 신라가 내부 반란으로 어려움을 겪었을 때 당나라에 지원을 요청했다는 이야기가 전해질 뿐이다. 또한, 만 공주가 통치하던 시기에는 국가 운영과 관련된 열 가지 제안을 담은 상소를 올렸지만, 왕실은 겉으로는 정중하면서도 실질적으로는 외면하는 태도를 보였다. 이는 애국자에게 노골적인 적대보다도 더 가혹한 대응이었다.

결국, 신라로 돌아온 이후 그는 학자로서 은둔의 길을 걸었다. "그는 자신의 뛰어난 재능을 산속의 묘역에 묻어버렸다"라고 전해진다. 그는 가야산에 있는 고향으로 돌아가 학문에 매진하며, 당대 가장 박식하고 뛰어난 학자로 평가받았다.

이 시기는 그의 문학 활동이 가장 활발했던 때였다. 그는 수필가이자 시인이며 역사가로서 수많은 작품을 남겼지만, 안타깝게도 대부분 전해지지 않는다. 다만, 모리스 쿠랑의 『한국 서지』에 남아 있는 기록을 통해 일부 작품의 존재를 확인할 수 있다.

(1) 시집: 『현십초시(賢十抄詩)』는 최치원의 시를 포함한 작품으로, 약 900년 전에 편찬되었다. 이 책에는 당대 최고 수준의 시인들의 작품이 수록되어 있으며, 각 작가별로 열 편씩 선정되었다. 이를 통해 최치원이 단순한 문인이 아니라, 뛰어난 시적 감각을 지닌 인물이었음을 알 수 있다. 현재 이 작품에 대한 정보는 『대동운고(大東韻考)』에 기록되어 있지만, 원본은 남아 있지 않다.

이 시집에 포함된 열 명의 시인 중 여섯 명은 당나라 출신이었고,

한국인은 네 명뿐이었다. 그들은 최치원, 박인범, 최승우, 그리고 최광유였다. 이들 모두 중국에서 유학한 인물들이며, 후자의 세 사람은 최치원의 영향을 받아 유학을 결심했을 가능성이 크다.

또한, 최치원은 886년 중국에서 귀국하며 헌강왕에게 자신의 시집 세 권을 바쳤지만, 이 역시 오늘날 전해지지 않는다.

(2) 『중산복고집(中山覆膏集)』

최치원이 중국에서 머무는 동안 집필한 다섯 권의 저작이다. 이 책에 대한 정보는 886년 최치원이 신라왕에게 바친 문헌 속에서 언급된 내용을 통해서만 확인할 수 있다. 현재 전해지지 않기 때문에 그 내용이나 성격을 알 수 없다.

(3) 『신라수이전(新羅殊異傳)』

신라에서 일어난 신비롭고 기이한 이야기들을 기록한 책이다. 제목에서 내용의 성격을 짐작할 수 있으며, 『대동운고(大東韻庫)』에서 인용된 바 있다. 하지만 현재 전해지는 판본이 없어, 신라 문화와 역사 연구에 있어 큰 손실로 여겨진다.

(4) 『최치원 문집(崔致遠文集)』

최치원의 작품을 모아 엮은 문집이다. 원래 그의 가문에서 보관하고 있었으나 시간이 흐르면서 일부가 흩어지고 유실되었다. 현재 남아 있는 내용은 『대동운고』를 통해 확인할 수 있다.

(5) 『제왕연대략(帝王年代畧)』

역대 왕들의 역사를 정리한 역사서이다. 현재 남아 있지 않지만, 『대동운고』에서 그 존재가 언급되었으며, 『연려기술(燃藜記述)』과 같은 역사서에서 일부 내용이 전해질 가능성이 있다.

(6) 『계원필경집(桂苑筆耕集)』

제목을 직역하면 "계수나무 정원에서 붓으로 일군 밭"이라는 뜻으로, 총 20권으로 구성된 문집이다. 최치원이 886년 당나라 사신으로 귀국하면서 헌강왕에게 바친 28권짜리 문집 중 일부이며, 나머지 두 권은 그의 시집과 『중산복제집(中山覆題集)』이다.

이 책은 오랜 세월 동안 보존되어 전해졌으며, 오늘날까지 남아 있는 데에는 서울 홍씨 가문의 공이 크다. 조선 후기 좌의정을 지낸 홍석주(洪奭周)가 A. D. 1834년 이 문집을 간행했으며, 서문에서 『중산복고집』도 함께 출판하려 했으나 자료를 찾지 못했다고 밝히고 있다.

이 문집은 홍씨 가문에서 수 세기 동안 보관해 온 필사본을 바탕으로 제작되었으며, 최치원이 남긴 보고서, 서한, 공문서 및 개인 문서들이 포함되어 있다. 당대의 사건을 직접 목격한 그의 기록이라는 점에서 중요한 역사적 가치를 지닌다. 1834년 판본은 현재 프랑스 파리 동양어학교 도서관(Bibliothèque de l'École des Langues Orientales Vivantes)에 소장되어 있다.

최치원의 삶은 마치 한 편의 소설처럼 극적이었으며, 그의 마지막 순간은 전설로 남았다. 그는 단순히 역사 속으로 사라진 것이 아니라, 신비로운 이야기의 주인공이 되었다. 전해지는 바에 따르면, 그는 가야산에 은거한 뒤 문학과 음악에 몰두하며 조용한 삶을 살았다. 뜻이 맞는 몇몇 인물들과 학문을 논하며 지냈으며, 특히 거문고의 명인으로도 알려져 있다. 그의 은둔 생활과 관련된 전설에서도 이 악기는 중요한 역할을 한다.

  전설은 여기서 더욱 매혹적으로 전개된다. 그는 신라의 '마법의 옥피리'를 손에 넣었다고 전해진다. 이 피리를 연주하면 죽음과 소멸의 힘조차 그의 은거지에 다가오지 못했다고 한다. 결국 그는 자연스럽게 생을 마감한 것이 아니라, 신령이 되어 푸른 하늘로 사라졌으며, 마법의 옥피리도 그와 함께 사라졌다는 이야기가 전해진다.

  최치원은 한국 문학사에서 빼놓을 수 없는 중요한 인물이다. 그에 앞선 배움의 선현인 설총은 남긴 문헌이 많지 않아, 초기 한국 문학을 다룬 선집들은 오히려 최치원을 문학의 출발점으로 삼았다. 조선 성종 9년(1478년), 서거정이 편찬한 『동문선(東文選)』(54권) 역시 최치원의 작품을 한국 문학의 시작으로 보았으며, 이보다 앞서 최해가 편찬한 『동인문(東人文)』 또한 그를 한국 문학의 출발점으로 기록했다. 이러한 문헌들은 최치원이 최초로 한문으로 저술한 한국 문인이었다는 전통적인 관점을 뒷받침하는 듯하다. 그러나 이를 절대적인 사실로 단정하기는 어렵다. 다만 그의 작품을 살펴보면, 한국 문학의 근원과 맞닿아 있음을 확인할 수 있다.

  이제 그의 이야기를 마무리하며 또 하나의 전설을 소개하려 한다. 신라 왕의 핏줄로 태어났지만 버림받았던 궁예는 폭력과 약탈로 얼룩진 삶을 살았다. 그러나 그의 잔혹한 행위로 인해 점차 추종자들이 등을 돌렸고, 결국 몰락의 길을 걷게 되었다. 그의 부하 중에서 가장 명망이 높고 용기와 너그러움으로 많은 사람들의 존경을 받은 이는 송악 출신의 왕건이었다.

점차 사람들의 기대가 그에게 모였고, 모두가 그를 한반도의 운명을 이끌 인물로 여기기 시작했다. 최치원 역시 그의 비범함을 알아보고, 가야산에서 한 편의 예언적인 시를 보내며 그의 운명을 암시했다. 그 시는 두 줄로 이루어진 짧은 구절이었다.

곡 계	鵠 鷄
령 림	嶺 林
청 황	青 黃
송 엽	松 葉

"계림의 나뭇잎은 시들고 누렇게 변했지만,
곡령의 소나무는 여전히 푸르고 싱그럽다."

이 표현은 시적인 비유로, 겉보기에는 쉽게 이해할 수 있는 내용이다. 계림은 신라의 고대적 명칭으로, 그 나뭇잎이 시들고 누렇게 변했다는 것은 신라가 쇠퇴하고 끝나가는 시점에 있다는 의미다. 반면, 곡령은 왕건의 조상들이 살던 곳으로, 그곳의 소나무가 여전히 푸르고 싱그럽다는 것은 왕건의 젊음과 번영을 상징한다.

최치원의 후손들 중에는 많은 문인들이 있었고, 그중 일부는 큰 명성을 얻었다. 고려의 여덟 번째 왕인 현종은 A. D. 1021년에 최치원의 업적을 기리기 위해 그에게 문창후라는 칭호를 추증하고, 그의 이름을 유교 사당에 올려 영원히 기억되도록 했다.

(『트랜잭션』, 제 3권(1903))

제3장

제임스 스카스 게일

(1863-1937)

제3장 제임스 스카스 게일
(1863-1937)

1. 한국인의 기독교관

(주: 이 글의 저자는 안정복(安鼎福, 1712~1791)으로, 호는 순암(順庵)이다. 그는 하나님을 기쁘게 하겠다는 뜻에서 이 호를 지었다고 전해진다. 신앙심이 깊었던 그는 왕의 신임을 받아 세자의 스승으로 임명되었다. 과거 시험을 치르지 않았고 학문적 명성을 추구하지도 않았지만, 학식만큼은 누구보다 뛰어났다. 그의 주요 저서로는 『동사강목』, 『목천현고』, 『신물록』, 『종교론』, 『학문지도』, 『역사 독서법』, 『주자잡기』, 『혼례의례』 등이 있다.)

한국에서 기독교가 본격적으로 전파된 것은 A. D. 1784년이었다. 베이징으로 조공을 바치러 갔던 사절단 중 한 사람이 세례를 받고 귀국한 후 적극적으로 기독교를 전파하면서 시작되었다. 당시 조선 사회는 마치 중세 기사들의 전설을 보는 듯한 충격을 받았다. 기독교 신자들의 용기와 헌신은 기존의 신앙과 전혀 다른 모습이었기에, 사람들은 놀라움과 두려움이 뒤섞인 시선으로 그들을 지켜보았다.

이 시기를 기록한 여러 글 중에는 안정복이 남긴 기독교와 유교 비교 논설이 있다. 그의 글은 동아시아 문인의 시각에서 기독교를 분석한 내용으로, 당시뿐만 아니라 오늘날에도 유학을 연구하는 학자들에게 흥미로운 자료가 될 만하다.

안정복은 1785년, 73세의 나이에 이 글을 집필하며 다음과 같이 기록했다.

"서양에서 전해진 책들이 순조 임금의 말년에 조선에 들어왔다. 관리들과 대신들이 그것을 보고 흥미를 느꼈지만, 도교나 불교 서적과 크게 다르지 않다고 여겨 단순한 호기심의 대상으로만 취급했다."

이 기록을 통해 안정복이 기독교 서적이 조선에 유입되었을 당시의 반응을 어떻게 바라보았는지 알 수 있다. 조선의 유학자들은 기독교를 단순히 또 하나의 외래 사상으로 간주하며 깊이 연구하지 않았지만, 이후 기독교는 점차 조선 사회에서 중요한 역할을 하게 되었다.

종교뿐만 아니라 천문학과 기하학을 다룬 책들도 있었으며, 이는 사신이 북경에 갔을 때 처음으로 입수되었다.

"계묘년(1603)과 갑진년(1604), 기독교가 일부 젊은이들 사이에서 유행하였다. 그들은 하나님께서 직접 세상에 내려와 천사를 통해 계명을 전하셨다고 주장했다. 그러나 단 하루 만에 그들의 마음이 변하여 중국 성현들의 가르침을 저버리고 말았으니, 마치 과거에 급제한 소년이 집에 돌아와 어머니를 이름으로 부르는 것과 같다. 참으로 개탄스러운 일이 아닐 수 없다!"

"이제 나는 기독교 서적에 기록된 내용을 살펴보고, 이에 대한 나의 견해를 밝히고자 한다. 기독교는 이미 오래전부터 중국에 전해져 왔으며, 우리 또한 그 소문을 오래전부터 들어왔다. 따라서 이것이 갑자기 등장한 새로운 종교가 아님을 알아야 한다."

"알레니가 쓴 『Distant Messages』에서는 '유대는 고대 로마의 일부였으며, 팔레스타인이라고도 불린다. 이곳은 하나님께서 인간 세상을 방문하신 땅이다.'라고 기록되어 있다."

"마테오 리치가 쓴 『Truths about God』에서는, A. D. 2년 동지 후 사흘째 되는 날, 하나님께서 한 처녀를 택하시어 인간 세상에 오셨으니, 그 이름을 예수라 하였다. 예수란 곧 '구세주'를 의미한다. 그는 아시아 서쪽 변방에서 33년 동안 가르침을 전한 뒤, 다시 하늘로 올라가셨다.'라고 전하고 있다."

"이제 문답 형식으로 논의를 이어가겠다."

"고대 동양에서도 하나님을 섬기는 전통이 있었는가?"

"그렇다. 『서경(書經)』에서는 '하나님께서 인간에게 양심을 주셨으니, 이를 맑고 깨끗이 지키면 평안의 길을 찾을 것이다.'라고 하였다."

"『시경(詩經)』에는 '문왕(文王)은 자신의 마음을 바르게 다스리며 하나님을 올바로 섬겼다.'라는 기록이 있으며, 또한 '하나님의 위엄을 두려워하면 어떤 상황에서도 믿음을 지킬 수 있다.'라고 하였다."

"맹자는 '마음을 닦는 것이 곧 하나님을 섬기는 길이다.'라고 가르쳤다."

우리는 다시 질문한다.

"만약 유학의 가르침이 진정으로 하나님을 섬기는 것이라면, 왜 서양 선교사의 가르침을 반대하는가?"

이에 대한 나의 답은 다음과 같다.

"서양 선교사들도 하나님을 섬긴다고 주장하며, 그 점에서는 우리와 같지만, 우리는 올바르고 정당한 방식으로 섬기는 반면, 그들은 부당하고 기만적인 방식으로 섬기기에 나는 이를 반대한다."

그러나 서양 선교사들은 청빈한 삶을 실천하며 자기 몸을 바르게 다스린다. 이는 우리 유학자들 중에서도 가장 열성적인 이들조차 이루지 못한 경지에 해당한다. 또한, 그들은 자연의 원리를 깊이 이해하고 있으며, 하늘의 움직임을 측정하고 계절을 계산하는 것은 물론, 놀라울 정도로 정밀한 기구들을 만들어 낸다. 심지어 아득한 하늘 높이 날아가거나, 80리 밖까지 닿는 대포를 제작할 수도 있다. 이는 실로 경이로운 일이 아닌가?

그들은 어느 나라에 가든 그곳의 언어를 빠르게 익히고, 곧 능숙하게 구사한다. 또한, 그 나라의 위도와 경도를 정확하게 측정하여 파악한다. 이러한 면에서 보면, 그들은 마치 성인(聖人)이나 신선(神仙)과 같은 존재라 할 수 있다. 그럼에도 불구하고, 우리는 왜 그들을 신뢰하지 않는가?

이에 대한 나의 답은 다음과 같다.

세계를 전체적으로 바라보았을 때, 서양은 곤륜산(崑崙山) 서쪽에 위치하여 지구의 중심부를 차지하고 있다. 그들은 강인하고 활력이 넘치는 민족이며, 키가 크고 위엄 있는 체구를 가졌고, 땅에서 솟아나는 다양한 보물로 인해 부유하다. 이는 마치 인체에서 생명력을 저장하는 위장(胃腸)과 같으며, 영양을 공급받는 곳과도 같다.

반면, 중국은 동남쪽에 자리하며 온 세상의 빛과 따뜻함을 모으는 중심지다. 이는 인체의 심장과 같아 영적인 중심이라 할 수 있다. 이곳에서는 요(堯)·순(舜)·우(禹)·탕(湯)·문(文)·무(武)·주공(周公)·공자(孔子)와 같은 성인(聖人)들이 태어났다.

따라서 나는 중국의 종교가 참된 종교이며, 서양의 종교는 비록 자신들이 진리이며 성스럽다고 주장하지만, 진정한 의미에서의 참된 종교는 아니라고 결론 내린다.

어떤 사람은 다시 물을 수도 있다.

"그 말의 뜻이 정확히 무엇인가?"

그러면 나는 이렇게 대답할 것이다.

"마음은 하나님의 본성을 반영하는 것이므로, 우리 마음과 양심을 맑고 올바르게 지키고 하나님의 뜻을 잊지 않는 것이야말로 진정한 신앙이며 참된 섬김이다. 그런데 왜 우리는 아침저녁으로 선교사들처럼 과거의 모든 죄를 용서해 달라고 기도하고, 지옥에서 구원해 달라고 간구해야 하는가? 이것이 무당이나 주술사의 기도와 무엇이 다르단 말인가? 또한, 하루에 다섯 번씩 하나님 앞에 엎드리고, 일주일에 하루를 금식하며 스스로를 괴롭게 하는 것이 과연 하나님을 섬기는 일인가?"

또 어떤 사람은 이렇게 물을 수도 있다.

"세상에는 유교, 불교, 도교라는 세 가지 주요 종교가 있는데, 왜 서양 선교사들은 자신들의 가르침을 특별히 '천주교'라고 부르는가? 그 의미는 무엇인가?"

이에 대한 나의 답변은 이렇다.

"성인의 가르침이야말로 유일한 종교인데, 어째서 세 가지라고 나누는가? '세 종교'라는 개념은 이를 제대로 이해하지 못한 사람들이 후대에 만들어낸 것이다. 불교는 서역에서 들어온 종교로 가족 윤리를 깨뜨리는 요소가 있으며, 도교는 신비로운 사상에 치우쳐 현실과 동떨어져 있다. 어떻게 이 둘을 유교와 같은 선상에서 논할 수 있겠는가?

더군다나 서양 선교사들이 자신들의 교리를 '하나님의 종교'라고 부르는 것은 어리석을 뿐만 아니라 신성을 모독하는 일이다. 서양에는 수많은 종교가 마치 고슴도치의 가시처럼 무수히 생겨났으며, 『전등록(傳燈錄)』을 자세히 읽어보면 그 사실을 누구나 알 수 있다.

서양 선교사들은 자기 교리를 우주의 최고 통치자의 이름과 연결하면 아무도 반대하지 못할 것이라 생각한다. 이는 마치 황제의 권위를 빌려 자신의 이익을 추구하는 교묘한 전략과 다름없다. 유학(儒學)은 성인을 하나님의 대리자로 삼아 백성을 다스리고, 선을 행한 자에게는 상을, 악을 행한 자에게는 벌을 내리는 방식으로 하나님의 뜻을 실현한다. 그러므로 유학의 모든 가르침은 하나님께 속해 있으며, 유학자들은 하나님의 뜻에 따라 행동하는 것이다. 그렇다면 단순히 '하나님의 종교'라는 이름을 붙였다고 해서 그것이 곧 진리이자 성스러운 것이 될 수 있겠는가?"

서양 선교사들만 하나님을 이야기한 것은 아니다. 고대 중국의 사상가 묵자는 『천지편』에서 하나님의 뜻을 설명하며, 인류를 사랑하고 타인의 이익을 위해 행동하는 자가 하나님의 보상을 받을 것이며, 반대로 이기적으로 행동하는 자는 벌을 피할 수 없다고 주장했다. 역사적으로도 명군들은 하나님의 뜻을 따랐고, 폭군들은 이를 거스른

대가를 치렀다.

결국, 하나님을 섬기고 신령을 공경하며 사람을 사랑하는 것은 하나님의 사랑을 실천하는 것이며, 이를 실천하는 자는 하나님의 축복을 받는다. 묵자의 '하나님의 뜻을 따르는 것'은 타인을 내 몸처럼 사랑하고 그들의 이익을 자신의 이익처럼 여기는 것이다. 이는 서양 선교사들의 가르침과도 유사하다. '원한을 버리고 모든 사람을 사랑하라'는 가르침은 묵자의 '겸애(兼愛)'와 다르지 않으며, '고난을 감내하고 자기를 부정하라'는 가르침 역시 묵자가 강조한 '상현(尙賢)'과 유사하다.

그러나 차이점도 있다. 묵자는 하나님의 존재를 인정하면서도 현실 세계에서의 삶을 중시했지만, 서양 선교사들은 내세에 집중했다. 이로 인해 서양 선교사의 가르침은 묵자의 사상보다 이해하기 어렵고 받아들이기 쉽지 않다. 그들의 내세 개념은 불교와 유사하며, 사랑과 자기 부정의 가르침 역시 묵자의 사상에서 크게 벗어나지 않는다.

그렇다면 공자와 주자의 학문을 배우는 사람들이 굳이 서양 선교사의 가르침을 받아들여야 할 이유가 있는가? 중국의 유학자들은 불교나 도교의 천국과 지옥 개념에는 강하게 반대하면서도, 서양 선교사의 같은 개념은 쉽게 하나님의 진리로 받아들인다. 이는 어리석은 일이다.

중국의 성인들은 깊고 위대한 사상을 펼쳤지만, 그들조차 하나님과 자신을 동등하게 여기지는 않았다. 그렇다면 서양 선교사의 가르침을 절대적인 신앙으로 받아들이는 것이 과연 합당한가?

나는 또다시 질문을 받았다.

"'예수'라는 이름이 세상의 구원자를 뜻한다고 하는데, 성현들의 가르침에도 비슷한 개념이 있나요?"

나는 이렇게 답했다.

예수가 말하는 구원은 눈에 보이지 않는 내세(來世)와 관련된 것이다. 그는 천국의 보상과 지옥의 벌을 강조하며, 사람들이 선을 행하도록 이끈다. 하지만 성현들의 가르침은 지금 우리가 살아가는 현실에 초점을 맞추고 있으며, 사람들에게 덕을 쌓고 바른 삶을 살도록 가르친다.

설령 천국과 지옥이 실제로 존재한다고 해도, 우리는 이미 알고 있다. 이 세상에서 올바르게 살고 악을 멀리하면 천국에 갈 것이고, 반대로 선을 외면하고 악을 행하면 지옥을 피할 수 없다는 사실을 말이다. 그렇다면 굳이 내세를 강조하는 것이 무슨 의미가 있을까?

장자는 부처가 생사를 초월했다고 말했다. 하지만 이는 결국 자신만을 위해 살아갔다는 뜻이기도 하다. 마찬가지로, 지옥의 형벌에서 벗어나기 위해 기도하는 선교사들도 결국 자기 자신만을 생각하는 것뿐이다.

선교사들은 "선을 행하고 악을 피하면 모든 것이 잘 될 것이다"라고 말한다. 하지만 이런 말은 오히려 사람들을 헷갈리게 할 수도 있다. 왜냐하면 우리는 배우지 않아도 무엇이 선이고 무엇이 악인지 본능적으로 알고 있기 때문이다.

예를 들어, 어떤 악한 사람이라도 누군가가 "당신은 참 착한 사람이군요!"라고 하면 기분이 좋아지고, "당신은 나쁜 사람이군요!"라고 하면 화를 낸다. 이는 결국 악한 사람조차도 선과 악을 구분할 줄 안다는 것을 보여준다.

그렇다면 "악을 행하고 선을 피하라"고 가르치는 종교가 과연 있을 수 있을까? 그래서 이단들도 오래전부터 "우리 종교는 선을 행하고 악을 피하는 것을 가르친다"라고 말해왔다. 이런 점에서 외국 선교사들도 별반 다를 것이 없다.

하지만 내가 앞서 말했듯이, 그들의 종교는 이 세상의 삶을 다루지 않고 오직 내세, 즉 천국과 지옥만을 이야기한다. 이런 태도는 매우 어리석을 뿐만 아니라, 성현들의 가르침과도 정면으로 어긋난다.

성인들은 이 세상에서 무엇이 최선인지에 대해 이야기하며, 그 말은 언제나 솔직하고 분명하다. 이런 이유로 공자는 기적이나 신령과 같은 존재에 대해 굳이 언급하지 않았다. 만약 그가 그런 이야기를 했다면, 사람들의 마음이 온갖 과장된 믿음으로 흔들렸을 것이다. 중국 역사에서도 이와 비슷한 사례가 많다.

과거에도 자신을 자비로운 부처라고 칭하는 사람들이 나타났으며, 그들의 행적은 역사 기록에 분명하게 남아 있다. 우리나라에서도 1756년(무인년), 자신을 부처라고 주장한 유명한 무당이 등장했다. 전국에서 수많은 사람들이 그녀에게 몰려들었고, "석가모니가 다시 태어났다!"라며 그녀를 신성한 존재로 떠받들었다.

그녀는 "이제부터 모든 신을 섬기는 행위를 멈춰야 한다."라고 주장하며, 그 이유를 이렇게 설명했다. "내가 바로 다시 태어난 부처이니, 나 외에 다른 신을 섬겨서는 안 된다." 그러자 사람들은 그녀의 말을 따르며 제단을 불태우고, 제사에 쓰던 그릇들을 깨뜨려 버렸다.

불과 두세 달 만에 한반도 중부 지역 전체가 그녀를 따르게 되었고, 왕은 이를 심각한 문제로 여기고 조사관 이경옥을 보내 그녀를 처형했다. 그러나 그녀가 처형된 이후에도 한동안 사회는 혼란에서 벗어나지 못했다.

선교사들은 "사람들의 마음은 쉽게 흔들리지만, 이성을 되찾기는 어렵다."라고 말한다. 설득하는 것은 쉬워도, 진실을 깨닫게 하는 것은 어렵다는 뜻이다. 그들은 또한 "우리는 온 마음을 다해 하나님을 섬겨야 하며, 그 신앙을 버려서는 안 된다. 이 가르침은 유교 사상과도 맞닿아 있다."라고 주장한다.

또한, "자신을 절제하고, 음식 낭비를 줄이며, 모든 일에 절도를 지켜야 한다. 이는 공자가 가르친 '자기 절제'의 정신과도 같다."라고 말한다.

이런 점에서 보면, 기독교의 가르침과 유교의 실천 방식이 다르다고 해도 선행을 중요하게 여긴다는 점에서는 공통점이 있다. 따라서 이러한 가르침을 긍정적으로 평가할 수도 있을 것이다.

그러나 세상은 교묘하고 혼란스러우며, 사람들의 마음속을 헤아리기란 쉽지 않다. 만약 누군가 "하나님이 동쪽 땅에 강림하셨다!" 혹은 "하나님이 서쪽 땅에 강림하셨다!"라고 외친다면, 많은 사람들이 그 허황된 주장에 이끌려 결국 믿고 따르게 될 것이다.

(『코리아 매거진』, 제 1권. 6월호(1917))

2. 한국 문학 1

1) 어떻게 접근할 것인가

한국 문학을 연구하려면 한자를 반드시 이해해야 한다. 첫째, 과거에는 한글(언문)로 된 문학 작품이 거의 없거나 극히 드물었다. 둘째, 한글로 기록된 문헌조차 한자어와 중국어 어휘가 많아, 오히려 한문보다 더 어렵게 느껴질 수도 있다.

한자를 활용해 한국 문학을 연구한다고 해서 반드시 중국어 전문가가 될 필요는 없다. 사실, 동아시아에 거주하는 외국인 중에서도 진정한 중국어 학자는 극히 드물다. 그럼에도 불구하고 많은 연구자가 한자를 매개로 의미 있는 연구를 수행하고 있다.

한자의 뜻을 이해하고 조합해 해석하는 것은 그리 어렵지 않다. 외국인에게 진짜 어려운 것은 중국 역사와 신화에 대한 끝없는 인용을 온전히 이해하는 것이다. 이는 어릴 때부터 꾸준히 공부해온 동양인의 방식으로 접근하지 않는 한, 완전히 습득하기 어려운 영역이다.

따라서 중국어 전문가가 아니라는 이유로 위축될 필요는 없다. 일상적인 회화를 구사할 정도의 중국어 실력과 한자 학습에 대한 집중력이 있다면, 훌륭한 학자의 도움을 받아 한국 문학 속 사상을 깊이 탐구할 수 있다.

이는 동양 문화의 많은 측면과 마찬가지로, 학자의 시각으로 보고 학자의 사고방식을 빌려 읽어야 하는 과정이다. 따라서 한국 문학을 제대로 연구하려면 전통적 유학자의 조언을 얻는 것이 중요하다.

현대 교육을 받은 학자들은 과거 조상들이 남긴 고전 문헌을 깊이 이해하는 경우가 드물다. 이는 그들의 삶에서 핵심적인 요소가 아니며, 외국인 연구자들에게도 마찬가지다.

불교 서적을 제외한 한국 문학의 거의 모든 문헌은 중국 문어체나 유교 경전 형식으로 쓰였기 때문에, 이를 올바르게 해석하려면 전통 학문에 정통한 전문가의 도움이 필요하다.

그렇다면 당신에게 그런 학자가 있는가? 과거 시험(科擧)은 1894년에 폐지되었으며, 그로부터 23년이 지난 지금, 한자 학습의 가장 큰 동기가 사라졌다는 점을 기억해야 한다.

과거 시험이 폐지된 이후에도 학자가 된 사람들은 있지만, 그 수는 극히 적어 외국인이 그들과 만날 기회는 거의 없다. 예를 들어, 1894년 과거 시험이 폐지될 당시 학문을 막 시작한 사람이 있었다고 가정해 보자. 그는 적어도 23세 이상이었을 것이고, 지금(즉, 1917년경)은 46세가 되었을 것이다. 따라서 40대 중반 이하의 학자를 찾기는 쉽지 않다. 한문을 능숙하게 읽고 해석하는 듯 보이는 사람은 많지만, 이는 단순한 기술적 능력일 뿐 진정한 학자라고 할 수는 없다. 문학 연구를 함께할 학자를 찾으려면 최소한 45세 이상을 기준으로 삼아야 한다. 과거 이 땅에는 뛰어난 학자들이 많았고, 그들은 어떤 문헌이든 막힘없이 읽어냈다. 불교 문헌을 제외하면, 거리의 비석이든 중세 이전(초서 시대 이전)에 인쇄된 낡은 책이든, 그들은 난해한 내용을 마치 숙련된 연주자가 피아노 줄을 생동감 있게 울리듯 풀어냈다.

이들은 단순히 문헌을 해독하는 데 그치지 않고, 고대 중국에서 유래한 흥미로운 지적 세계를 펼쳐 보이며, 서양의 지식인이라면 누구나 매력을 느낄 만한 이야기들을 들려주었다. 이러한 학자들은 초기 한국 기독교인들 중에서도 여전히 찾아볼 수 있으며, 그들과 함께라면 한국 문학 연구를 위한 탄탄한 기반을 마련할 수 있다.

물론, 이 글은 어디까지나 학문적 탐구를 즐기는 사람들을 위한 것이다. 대부분의 사람에게는 이런 연구가 지루하고 부담스럽게 느껴질 수도 있다. 그렇다면 굳이 고민할 필요 없이, 자신에게 더 적합한 다른 취미를 찾으면 된다. 하지만 동양의 지적 세계를 탐험하며, 그 안에 깃든 낯설고 신비로운 요소들을 발견하는 즐거움을 아는 사람이라면, 이 과정은 결코 지루하지 않고 오히려 경이롭고 흥미로운 여정이 될 것이다.

다만, 학문적 성취를 이루려면 꾸준한 노력과 인내가 필요하다. 일정 수준에 도달하려면 매일 일정한 시간을 확보하는 것이 중요하다. 필자는 아침 식사 전에 한 시간씩 투자하는 것만으로도 1년 동안 상당히 많은 문헌을 읽을 수 있었다. 어떤 이들에게는 저녁 시간이 더 적합할 수도 있다. 시간을 언제 투자할지는 개인의 선택이지만, 꾸준한 학습 습관이야말로 중급 이상의 실력을 쌓는 데 필수적인 요소다.

한국 문학을 연구하려면 먼저 깊은 흥미와 관심이 필요하다. 다음으로, 신뢰할 수 있는 한국 학자의 조언을 받을 수 있으면 더욱 좋다. 마지막으로, 매일 일정한 시간을 정해 꾸준히 학습하는 습관을 들이는 것이 중요하다. 이 세 가지가 갖춰지면, 한국의 고전 문헌을 읽을 수 있는 탄탄한 기반이 마련될 것이다.

제2편에서는 '왜 한국 문학을 읽어야 하는가?'에 대해 다룰 예정이다.

(『코리아 매거진』, 제1권. 7월호(1917))

2) 왜 한국 문학을 읽어야 하는가

　결국, 인간의 정신세계야말로 진정한 세계이다. 사람이 마음속으로 생각하는 것이 곧 그 자신이다. 그렇다면 우리가 어떤 민족을 진정으로 이해하려면, 그들의 내면을 깊이 들여다볼 필요가 있다. 하지만 오랜 세월을 함께 살아가면서도 그들의 사고방식을 온전히 알지 못할 수도 있다. 글쓴이의 경험에 비추어 보면, 그것은 충분히 가능한 일이다.
　글쓴이는 한국인과 거의 이십 년을 함께 지내며, 그들과 같은 자리에 앉아 밥을 먹고 젓가락과 숟가락을 사용했지만, 정작 그들의 정신세계를 제대로 이해하지 못했다. 어쩌면 이는 글쓴이 자신이 둔하고 수용력이 부족했기 때문일지도 모른다. 그러나 더 민첩한 사고를 가진 이들조차 마찬가지로 한국인의 내면을 제대로 알지 못했다.
　그들은 한국인이 어떤 위대한 인물들을 존경하며, 어떤 여성들을 이야기하고, 어떤 종교적 관념을 가지고 있으며, 시인들이 어떤 꿈을 꾸었고, 그들의 영혼이 끝없는 미신의 미궁을 얼마나 헤매었으며, 동화 속에서 어떤 궁전을 지었는지, 또 논리와 이치를 어떻게 따지는지조차 제대로 알지 못했다.
　한국인은 매우 신중하고 과묵한 민족이다. 그들은 쓰라린 경험을 통해 속마음을 쉽게 드러내는 것이 위험할 수 있음을 배웠다. 그래서 점차 자신의 생각을 억누르고 조심스럽고 과묵해졌으며, 결국 내면에 대해 타인에게 거의 아무것도 말하지 않게 되었다.
　글쓴이와 십 년을 함께한 한 학자조차 여전히 수수께끼 같은 존재로 남아 있다. 그는 자기 자신에 대한 어떤 것도 쉽게 이야기하지 않는다. 끈질기게 캐묻고 교묘하게 질문을 던지면 몇 마디 얻어낼 수는 있겠지만, 그조차도 한국인은 외국인에게 자신의 내면을 기꺼이 드러내지 않는다는 사실을 더욱 분명히 할 뿐이다. 그러나 이것은 오히려 한 가지 사실을 증명할 뿐이다. 즉, 한국인은 자신의 속마음을 외국인에게 쉽게 털어놓지 않는다는 것이다. 그는 오직 가장 가까운 친구에게만 자신의 진심을 이야기한다. 거리에서 손을 잡고 함께 걷는 친구에게는 말하지만, 우리에게는 결코 말하지 않는다.

그가 가장 좋아하는 것도 말로 표현되지 않고, 그가 가장 듣고 싶어 하는 것도 우리와는 별 상관이 없다. 우리는 그것을 알지 못한다. 알고 있다고 생각할 수도 있지만, 조금만 더 깊이 들여다보면 가장 확신하는 사람조차도 그렇지 않다는 걸 깨닫게 될 것이다.

대체로 한국인은 외국인에게 자신이 어떻게 보일지를 생각하며 그에 맞춰 행동한다. 따라서 외국인이 한국인의 진짜 모습을 알고 싶다면, 그가 직접 말하는 것이 아니라, 그가 자신에 대해 써놓은 글을 통해서만 알 수 있다. 그리고 그는 그 글을 외국인이 읽게 될 거라고는 꿈에도 생각하지 못했을 것이다.

예를 들어, 나는 수십 년 동안 한국인과 함께 살아왔지만, 도교의 신선과 요정이 한국인의 세계에서 차지하는 역할을 전혀 몰랐다. 하지만 이를 알게 된 후, 그들은 나에게 섬세한 아름다움과 매력을 지닌 존재가 되었다. 늘 따뜻하고 친절하면서도, 현실과 동떨어진 듯한 신비로운 느낌을 주는 존재들이다.

나는 한국인이 남긴 글을 읽으며 신선들과 함께 그들의 궁전에 머물렀고, 최고의 음식을 맛보았으며, 세월이 흘러 더욱 깊어진 그들의 목소리를 들었다. 그렇다, 나는 이 신선들과 함께 살았고, 그들의 음악을 들었으며, 그들이 지닌 부드럽고 매혹적인 기운을 직접 느꼈다.

이렇게 그들의 세계를 처음 알게 되었을 때, 나는 비서에게 왜 미리 말해주지 않았느냐고 물었다. 그러자 그는 이렇게 답했다.

"그야, 다들 알고 있는 사실인데, 굳이 말할 필요가 있었나요?"

"하지만," 내가 말했다. "나는 전혀 몰랐고, 그런 존재들이 있다는 생각조차 해본 적이 없었어."

이제 한국 문학을 접한 후, 나는 바닷속 깊은 곳에 잠든 수정궁에도, 달에 있는 항아의 광한전에도 여러 번 다녀왔다고 말할 수 있다. 수정궁에서는 용왕을 만났고, 광한전에서는 계수나무 아래에서 앉아 연인의 인연을 이어주는 실을 짜는 온화한 노선인 월로를 만났다.

연인을 결혼으로 이어주는 보이지 않는 끈. 한국인은 이런 주제에 대해 쉽게 이야기하지 않는다. 특히 외국인을 세련되지 못한 존재로 여기는 만큼, 그들에게 이런 이야기를 털어놓는 일은 더욱 드물다.

또한, 기도와 희생이라는 깊은 세계가 있다. 그것이 얼마나 중요한지는 학자들의 글에서 차지하는 비중만 봐도 알 수 있다. 그들은 신, 즉 위대한 창조주를 어떻게 생각할까? 지혜와 힘, 선함이 무한하고 영원하며 변하지 않는 존재로 받아들이고 있을까? 이건 분명 궁금해할 만한 주제지만, 독자가 나와 비슷한 처지라면 한국인이 신에 대해 진지하게 고민해왔다는 사실조차 모르고 지냈을 수도 있다.

그들의 사회관도 흥미롭다. 특히 요즘처럼 사회적 변화가 극심한 시대에는 더욱 그렇다. 하지만 그들의 생각을 직접 듣기는 어렵다. 한국인은 이런 이야기를 말로 전하기보다 글로 남긴다. 친구들과는 스스럼없이 나누지만, 외국인에게는 좀처럼 꺼내지 않는 수많은 이야기들이 그들의 문학 속에 고스란히 담겨 있다.

그럼 여행은 어떨까? 만약 한국인이 북경이나 도쿄를 방문한다면, 무엇을 보고 무엇을 기록할까? 독자는 이를 상상할 수 있을까? 아마 쉽지 않을 것이다. 사람의 생각은 곧 그 사람을 만든다. 그리고 한국인의 내면은 다른 무엇보다 문학 속에 가장 잘 반영되어 있다.

경험이 많은 선교사라 해도, 훌륭한 일을 하고 동양인을 자신의 신념으로 이끌 수 있다 해도, 그들이 살아가는 정신적 세계를 완전히 이해하기란 어렵다. 동양에 관심을 가질 수는 있지만, 그것이 곧 동양을 제대로 해석할 수 있는 능력을 의미하는 것은 아니다. 하지만 동양을 올바르게 이해하는 일은 충분히 가치가 있다.

하지만 동양을 정확히 이해하는 것은 분명한 가치를 지닌다. 그 가치는 지금 이 순간에도 중요하며, 더 나아가 서구 사회가 아시아를 올바로 인식하는 데도 기여할 것이다. 오늘날 빠르게 변화하는 세상을 보면, 서양과 동양이 점점 더 가까워질 수밖에 없다는 사실이 분명해진다. 하지만 아직 서로를 이해할 수 있는 문은 좁다. 이를 넓히는 유일한 방법은 동양이 무엇을 생각하고 어떤 가치를 중시하는지를 직접 접하는 것이다. 그러니 기회가 된다면, 그들의 책을 읽고 문학을 통해 그들의 사고방식을 들여다보기를 권한다.

(『코리아 매거진』, 제1권. 8월호(1917))

3. 단군

단군의 종교적 영향력은 한국 문화에서 가장 신비롭고 매력적인 특징 중 하나로 여겨진다. 최근 몇 년간 단군 신앙을 복원하려는 시도가 있었으나, 실제로 그런 종교가 역사적으로 존재했는지는 확실하지 않다. 현재의 재현은 원형의 복원이라기보다 현대적 해석에 가깝다. 그럼에도 불구하고 단군은 역사와 신화에서 중요한 인물로 자리 잡고 있으며, 그 의미는 앞으로도 변함없이 지속될 것이다. 본 글에서는 단군의 신비로운 지상 행적에 관한 한국과 중국 문헌의 기록을 살펴보고자 한다.

"환인(桓因), 환웅(桓雄), 환검(桓儉)은 삼위일체의 영이다. 때때로 이들은 단인(檀因), 단웅(檀雄), 단군(檀君)이라는 이름으로도 불린다. 상원 갑자년(B. C. 2333년) 10월 3일에 환검이 신에서 인간으로 변하여 하늘의 홀과 세 개의 도장을 가지고 내려왔다. 그는 태백산에 내려와서 단목나무 아래에 섰으며, 신성한 진리를 선포하고 사람들을 가르쳤다. 사람들은 그의 신성한 존재에 깊이 감동하여, 장날 시장에 사람들이 몰려들듯 그의 곁으로 몰려들었다. 그리하여 '신시(神市)'라 불리게 되었다."

삼신일체 신령

"환인은 하나님(천), 환웅은 성령(신), 단군은 신인(신인)이다. 이 세 가지가 삼신을 이룬다."

– 『고금기』

"사마상여가 한나라 무제에게 말하기를, '폐하께서는 삼신의 축복을 잃지 않도록 모든 일에서 겸손하고 온화하게 대하시기를 바랍니다. 삼신은 곧 하느님(상제)입니다.'

— 『한서』, 반고 저, A. D. 50년)

단군의 가르침

처음에는 한국에 왕이 없었다. 그러던 어느 날, 한 신인이 삼천 명의 추종자와 함께 내려와 태백산의 단목 아래에 나타났다. 많은 사람들이 그를 따르며 모여들었고, 그 모습 때문에 '신시'라고 불렸다. 결국, 사람들은 그를 왕으로 추대하고 단군이라 부르게 되었다.

— 『해동악부』; 「태백단가」

단군은 하나님의 뜻을 전하며 자연과 인간 세상을 조화롭게 다스리는 존재였다. 그는 바람을 다스리는 신, 비를 내리는 신, 구름을 관장하는 신이 인간 세상의 366가지 일을 관장한다고 가르쳤다. 단군은 나라를 세우면서 곡식 공급, 생사, 법과 처벌, 질병과 건강, 선과 악, 남녀 관계, 부모와 자식, 군주와 신하의 관계뿐만 아니라 의복, 음식, 주거, 머리 장식 등 생활과 문명 전반을 다스렸다.

북쪽에는 '조선'이라는 나라가 있었고, 그곳 사람들은 하나님의 가르침을 따르며 바닷가에서 서로를 사랑하며 살아갔다.

— 『산해경』(전해지는 바에 따르면 B. C. 2200년 백익이 저술함)

한국의 남자들은 붉은 옷을 입고 흰 비단 허리띠를 두르며, 검은 모자를 쓴다. 여자들은 알록달록한 옷을 입으며, 매우 아름답게 보인다. 남녀는 서로 만나더라도 엄격한 예절을 지킨다. 그들은 서로를 좋게 말할 뿐 나쁘게 말하지 않는다. 다른 사람이 어려움에 처한 것을 보면 목숨을 걸고 도와주려 하므로, 사람들은 그들을 '선한 사람', '의로운 사람', '행복한 사람들'이라 부른다. 그들은 품위 없거나 음란한 말을 하지 않으며, 쉽게 웃는다. 겉으로 보기에는 매우 소박한 사람들처럼 보인다.

— 동방삭이 B. C. 120년에 쓴 『신이경』

공자의 오십 삼대 후손인 윤성왕 왕에게는 둘째 아들이 있었다. 그 이름은 공소였다. 공소는 약 A. D. 1340년에 학문을 마친 후 한림에서 박사가 되었다. 공소는 태장공주와 함께 한국에 왔는데, 태장공주는 호위왕의 딸이었다. 그는 공주를 고려의 공민왕에게 시집보냈다. 고향을 떠나면서 공소는 자신의 위대한 선조 공자가 했던 말을 떠올렸다. '나는 바다를 건너가 동이족과 함께 살고 싶다'는 말이었다. 공소는 스스로에게 말했다. "사람들이 고려를 정직한 마음과 바른 행동을 갖춘 나라라고 하는 것은, 단군과 기자 같은 신성하고 성스러운 임금들이 있었기 때문이다. 그래서 고려의 백성들은 문명화된 것이다. 나도 그곳으로 가서 그곳에서 살아야겠다." 그리하여 그는 아내 황보와 함께 동쪽의 반도에 정착하였다.

— 『동국괄리지』

"단군은 한국 최초의 왕으로, 그는 사람들에게 진지하고 신실한 마음으로 영적인 종교를 가르쳐, 그들을 강한 민족으로 결속시켰다. 부여에서는 이를 '하나님을 대신하는 종교(천)'이라고 불렀고, 고구려에서는 '하나님을 숭배하는 종교(천)', 신라에서는 ; 하나님을 공경하는 종교(천)'이라고 불렀다. 한국에서는 이를 왕검(단군)의 종교라고 불렀으며, 매년 10월에는 전능자(천) 앞에 절하고 제사를 지내는 풍습이 있었다.

- 『석운위여편』

"우리나라에는 깊고 신비로운 종교가 있는데, 이 종교는 유교, 불교, 도교라는 세 가지 주요 교리를 포함하고 있으며, 우리의 삶의 근본이 된다. 효도나 왕에 대한 충성에 대해 이야기할 때, 우리는 공자를 떠올린다. 반면, 인간의 한계를 넘어선 것들에 대해서 말할 때는 노자의 가르침을 이야기한다. 또, 악을 피하고 선을 행하는 문제에 대해서는 부처의 가르침을 따른다고 한다. 그러나 모든 가르침을 전한 사람은 단군이었다."

"전능한 신은 무한하고 어디에나 존재하는 힘으로 세상을 다스린다. 그의 모습은 우리가 볼 수 없지만, 그는 가장 높은 하늘에 계시며, 이 땅의 모든 생명체는 그의 명령을 따르는 작은 종들이다. '푸유의 의례서'에는 '우리의 국교는 신을 숭배하는 종교'라고 적혀 있다."

- 『만주지』

단군의 능력에 대한 기적적인 증거

"신라의 솔거는 농부의 아들이었고, 어릴 때부터 그림 그리기를 좋아했다. 나무를 하러 갈 때는 덩굴뿌리로 바위에 그림을 그리고, 밭을 갈 때는 쟁기로 모래에 그림을 그리기도 했다.

세상에서 외딴곳에 살고 있던 그는 스승이 없었고, 물어볼 사람도 없었기에 예술가가 되겠다는 꿈을 이룰 수 없었다. 그러나 그는 낮과 밤으로 천신에게 기도하며 신의 가르침을 받기를 간절히 바랐다. 그렇게 여러 해가 지난 후, 어느 날 꿈속에서 한 노인이 나타나 말했다. "나는 신인, 단군이다. 너의 간절한 기도에 감동하여 여기 왔다. 이제 신의 손끝에서 전해진 붓을 너에게 준다.

그가 잠에서 깨어났을 때, 꿈이 너무도 생생하게 느껴졌고, 얼마 지나지 않아 그의 손은 점점 능숙해져 결국 위대한 화가의 재능을 발휘하게 되었다.

솔거는 자신에게 내려진 신성한 선물에 감사하며 단군의 초상을 천 번 넘게 그렸는데, 꿈속에서 본 노인의 모습을 원형으로 삼아 단군을 형상화했다고 전해진다. 고려의 이규보는 솔거가 그린 단군 초상화 중 하나에 대해 "산을 넘고 마을마다 찾아가 보면, 곳곳에서 우리 조상의 신령한 초상을 만날 수 있는데, 그 중 절반 이상은 솔거가 그린 것이다."라고 글을 남겼다.

- 『통사유고』

신라의 김생 또한 하나님(천신)께 끊임없이 기도하여 기적적인 필법을 얻었다고 한다. 전해지는 이야기에 따르면 어느 날 낯선 이가 김생에게 "제석의 경전을 필사해 줄 수 있겠는가?"라고 청했고, 김생이 이를 완성한 뒤 "당신은 누구이며 어디서 왔소?"라고 묻자, 그가 "나는 하나님의 천사 단군이다. 신께서 명하여 이 글을 당신에게서 받아오라고 명령하셨다"라고 대답했다.

- 『이상국집』, A. D. 1200년

숭배의 장소

태종 시대에 구월산의 삼성사(三聖寺)가 황폐해지고, 그 대신 평양의 단군사가 부각되었다

이 변화 이후 황해도에서는 몇 년 동안 심각한 전염병이 창궐했다. 이에 성종 임금은 A. D. 1471년(성종 2년) 황해도 관찰사 이예에게 다음과 같은 교서를 내렸다.

"예로부터 이 지역에서 발생한 질병에 특별한 원인이 있었는가? 단군의 사당은 원래 어디에 있었으며, 그 위치가 변경된 이유는 무엇인가? 단군에게 올리는 제사는 어떻게 진행되어야 하며, 지금도 백성들이 이를 행하고 있는가? 제사를 지내는 규범은 무엇이며, 어떤 법에 따라 진행되는가? 백성들은 어떤 약을 사용하며, 병든 자를 돌보는 이는 누구인가? 특히 효과적인 것으로 알려진 약이 있다면 무엇인가? 이 모든 사항을 면밀히 조사하여 보고하라."

"나는 천왕 단군의 사당이 원래 구월산의 가장 높은 봉우리에 있었으나, 후에 낮은 봉우리로 옮겨졌고, 다시 산등성이의 바깥쪽으로 이

전되어 삼위천왕 사당이 세워졌다고 들었다. 또한, 이를 모시는 신들을 위한 별도의 사당이 세워졌으며, 제사를 올리는 장소도 마련되었다고 한다. 오랜 세월 동안 그곳에서 향을 피우고 예를 올려왔으나, 이후 사당이 방치되고 제사가 중단되면서 사람들에게 병이 퍼졌다고 한다.

나는 천왕당의 터가 여전히 남아 있는지, 그리고 부속 사당들도 함께 보존되어 있는지 알고 싶다. 또한, 신위가 놓였던 순서가 정확히 전해지는지, 제사에 사용된 제물의 준비 과정과 봉헌 방식에 대한 기록이 있는지, 그리고 현재 유행하는 병이 제사가 중단된 시점과 관련이 있는지 확인해 보고 싶다. 이에 대한 전설이나 전해지는 이야기들이 있을 것이니, 확실히 조사하여 내게 알려주기 바란다."

1472년 2월, 황해도 관찰사 이예는 성종에게 올린 장계에서 다음과 같이 말했다.

"전하의 명을 받고, 나는 옛날 단군 사당을 관리했던 최치와 그곳을 돌보던 최덕강이라는 노인에게 문의하였습니다. 이들로부터 삼성사의 역사에 대해 듣고, 모든 내용을 자세히 기록하여 이제 전하께 아룁니다."

'단군은 신인이었다. 그의 사당은 구월산에 있었으며, 태청봉에 위치한 불교 사찰 백엽사의 서쪽, 인불당 뒤편에 자리하고 있었다. 이후 더 낮은 곳으로 이전되었고, 다시 소청산으로 옮겨져 현재 '삼성사'로 알려져 있다. 태청봉과 백엽사 아래에 있던 정확한 위치는 전해지지 않는다.

단군, 단웅, 단인은 신성한 세 존재로, 그들을 위해 성전이 세워지고 제사가 올려졌다. 그러나 세월이 흐르면서 이 건물들이 낡아 무너졌고, 경오년(1450년)에 관리 신효원이 이를 복원하였다. 이후 무인년(1458년)에 관리 매초아가 다시 여러 색으로 단청을 하였다.

삼신(三神)의 사당에서 신(神) 단인은 남쪽을 향하고, 신 단웅은 서쪽을 향하며, 신 단군은 동쪽을 향했으며, 각각 나무로 만든 신위를 가지고 있었다.

전설에 따르면, 고대에는 나무로 만든 형상이 사용되었지만, 태종 시대에 정부가 이를 복원하려 하자 하륜이 반대하여 계획이 무산되었다. 원래 어떤 형태였는지는 현재 알 수 없다.

예전에는 제사를 지내는 집이 없었다. 그러다가 관리인 매초아가 삼성사 아래에 두세 칸짜리 초가집을 지어, 제사를 담당할 승려들을 배치했다. 제사가 있을 때면 이들은 몸을 정결히 한 뒤 그곳에서 숙식하며 제사에 필요한 준비를 했다.

처음에 삼성사에서 사용된 제기들은 금과 은으로 만들어졌지만, 임진왜란 이후에는 도자기 그릇이 사용되었다. 이후 매초아가 처음으로 놋그릇을 사용하기 시작했다.

사당이 평양으로 옮겨진 후 제사는 60년 동안 중단되었다. 일부에서는 A. D. 1400년, 다른 이들은 1401년이나 1402년이라고 하지만, 정확한 연도는 확실하지 않다. 또한 향을 어떻게 준비했으며 제사가 어떻게 진행되었는지도 정확히 알 수 없다."

구월산에서 가장 높은 봉우리는 '신의 사당'이 아니라 '사왕봉'(네 왕의 봉우리)이라 불리며, 이곳에서는 제사를 지내기 위한 재료를 마련하고 희생제를 올렸다.

1415년 태종이 일부 보수했으나, 그 정확한 위치를 아는 이는 없다. 현재는 땅이 얼음과 눈으로 덮여 있어 오르기가 위험하다. 『관수승남』에는 문화 지역의 고대 유적에 대한 기록이 있다. '구월산 아래 소청 언덕의 성소 마을 근처에 단인, 단웅, 단군을 모신 사당이 있다.

삼성사가 평양으로 옮겨진 후 공식적인 제사는 없어졌지만, 비나 맑은 날씨를 기원할 때면 관찰사가 공식 복장을 갖추고 직접 제사를 올렸다. 제물로는 흰떡, 쌀, 천, 과일 등을 사용했으며, 사람들은 이것을 신령한 일로 여겨 함부로 나서서는 안 된다고 생각했다.

비를 내리는 용에게 기도하던 제단은 세 성인의 사당에서 약 백 걸음 떨어진 곳에 있었다. 정확한 건립 시기는 알 수 없지만, 일부에서는 A. D. 100년 5월로 추정하기도 한다. 이 제사에서는 떡, 쌀, 술, 그리고 흰 거위를 바쳤지만, 지금은 흰 닭을 사용하며 돼지는 절대 쓰지 않는다. "예전에 삼성사 사당 아래에는 많은 집들이 있었지만, 제사가 중단된 후 병이 퍼지면서 사람들이 떠나고 결국 그곳은 폐허가 되었다. 사람들은 사당이 평양으로 옮겨지고 제사를 지내지 않게 된 것이 병의 원인이라고 믿었다."

직접적인 증거는 없지만, 고대 기록에 따르면 단군은 아사달 산으로 들어가 신선이 되었으며, 오늘날 구월산이 바로 그곳이라고 전해진다. 과거에는 그곳에 단군을 모신 사당이 있어 사람들이 제사를 지냈다고 한다.

그러므로 폐하께서도 백성들의 뜻을 헤아려, 평양에 있는 단군 사당에서 매년 봄과 가을에 제사를 올릴 수 있도록 해주시길 바랍니다."

이에 왕은 이를 받아들였다.

— 『성종실록』

"선조 임진년(1592년)에 왕이 의주로 피난하던 중 꿈에서 한 노인이 하늘에서 내려와 그의 곁에 앉으며 말하였다.

'나는 신인 단군이다. 오늘 밤 나는 해주의 연화당에서 왕비의 안전을 지킬 것이다.'"

그날 밤, 왕자 정원군의 부인이 인조를 낳았다. 꿈이 현실이 되었기에 그의 이름을 '종'이라 지었으며, 이는 "고대의 신인"을 뜻한다.

강화 마니산에는 하나님께 제사를 드리기 위해 세운 제단이 있다. 단군은 이곳에 성곽을 쌓고 제단을 세워 '하나님께 바치는 제단'이라 불렀다. 이 돌로 만든 제단은 높이 약 5.2미터이며, 윗부분은 네모나고 아랫부분은 둥근 형태를 띠고 있다. 각 변의 길이는 약 2미터, 기단 둘레는 약 4.5미터에 달한다.

일부 기록에 따르면, 마니산은 강이 바다와 만나는 지점에 위치해 있다. 이곳은 세상과 분리된 순수한 공간으로, 신성한 존재가 머물기에 적합한 장소로 여겨졌다. 그래서 단군은 이곳에 제단을 세우고 상제(하나님)께 제사를 올렸다.

사람들은 하나님이 감추어진 것과 은밀한 것을 사랑하시고, 땅은 드러난 것과 맑은 것을 좋아한다고 전한다. 그래서 제단을 물 위에 떠 있는 듯한 언덕 위에 세웠으며, 윗부분을 네모나게, 아랫부분을 둥글게 만들어 하늘과 땅의 조화를 상징하도록 했다.

— 「동사」, 『수산집』

"인조 17년(1639)에는 처음 수리가 이루어졌고, 숙종 26년(1700) 5월에는 다시 수리되어, 그곳에 다음과 같은 내용이 새겨진 돌이 세워졌다: '조선의 수천 리에 걸친 해안선 중에서 강화는 가장 중요한 전략적 장소이다. 이곳을 둘러싼 여러 산들 중 마니산은 하나님께 제사를 드리는 특별한 산으로 알려져 있다. 마니산의 서쪽, 가장 높은 곳에 쌓인 돌더미는 '참성단'이라는 이름이 붙여져 있다. 전통에 따르면 단군이 이 제단을 세우고 하나님께 제사를 드리기 위한 장소로 만들었다고 한다. 이후 긴 세월이 흐르면서 바람과 비에 많은 부분이 훼손되었고, 서쪽과 북쪽의 면은 거의 무너졌으며, 동쪽 모서리의 돌들이 크게 기울어져 있었다. 이를 지켜보던 지역 주민들은 깊은 걱정을 표했다. 나는 이 섬의 지방관으로서 올해 봄, 점검을 위해 이곳을 방문했을 때 그 모습에 마음이 아파 즉시 수리하기로 결심했다. 나는 이 일을 항구의 선장 김득하와 전등사의 주지 신묵에게 맡겼고, 그들은 20일 만에 제단을 재건하고 수리했다. 내 목표는 가능한 한 기존의 유적을 그대로 보존하는 것이었다. 단군은 요임금과 동시대 사람으로, 한국 민족의 시조로서 이 제단을 하나님께 제사를 드리기 위해 원형으로 만들었고, 수천 년 동안 많은 사람들이 이를 경외해왔다. 우리가 이 제단을 정리하고 바로잡지 않을 이유가 무엇인가? 신묵은 이 사실을 후세에 기록으로 남기자고 제안했고, 나는 이를 기록하게 되었다.'"

- 「유수 최숙항 찬」

"단군의 사당은 평양 성벽 밖에 있었다가 세종 11년(1429)에 성 안에 사당을 지어 단군과 고구려 동명왕에게 제사를 지냈다. 봄과 가을에는 조정에서 제사를 준비하고 그에 따라 제사가 진행되었다."

- 『문헌비고』

"세조 1년(1456)에는 단군의 위패를 바꾸고 '조선의 시조 단군 위패'라는 이름을 썼다. 세조 5년(1460)에는 세자와 함께 평양에 가서 직접 제사를 지냈다."

- 『문헌비고』

"숙종 5년(1679)에는 임금이 특별 사신을 보내어 제사를 지냈고, 23년(1697)에는 다시 제사를 드리고 시를 지었다:
'한 성인이 땅에 나타나, 요왕의 동지가 보인다; 그의 사당은 바다 위에 여전히 서 있고, (황해에) 빛이 백단향을 비춘다.'"

- 『문헌비고』

영조 5년(1729)에 왕은 단군 사당에 '숭령전(崇靈殿)'이라는 편액을 내려주고 두 명의 관리인을 배치했다. 영조 25년(1749)에 왕은 어사(御使)를 보내 직접 제사를 올리게 했다.

- 『문헌비고』

정조 5년(1781)에 왕은 단군에게 제사를 올리고 기원문을 지었는데, 그 내용은 다음과 같다.
"우리의 희망은 산속에 깃들어 있었고,
단목이 우거진 숲속에서,
한 신인이 이 땅에 내려오셨으니,
요 임금 시대의 동반자셨다.
마치 태양이 떠오르듯,
그 빛은 하계를 밝혔고, 황폐한 땅 위에 세워진 것은
넓고도 깊은 지식이었다." (이하 생략)

- 『문헌보불』

고종 5년(1868)에 황제는 칙령을 반포하며 선포하기를, "올해는 단군께서 나라를 세우시고 우리가 처음 왕국이 된 것을 기념하는 해이다. 수천 년이 지난 지금, 내가 이 나라 왕이 되었다. 큰 은혜란 이유 없이 오는 것이 아니므로, 나는 대신을 보내어 단군께 제사를 올리게 한다."

- 『문헌비고』

다음은 매년 조선의 여러 임금이 제사를 올릴 때 낭독하던 기원문이다.

"하나님께서 참으로 종교를 주셨으며,
우리 먼 옛 조선에 내려주셨도다.
이에 우리는 경건히 예배를 올리며, 하나님께서 복을 내리시길
기원하나이다."

- 『춘관통고』

태백의 단가(檀歌) - 심광세(沈光世) 지음 (1601년 과거 급제)

"하늘은 언제 펼쳐졌는가?
땅은 언제 형체를 이루었는가?
해와 달은 언제 처음 떠올라 빛났는가?
산들은 언제 모습을 드러냈는가?"
"나무들은 언제 뿌리를 내렸는가?
해와 달은 신령한 힘을 모아,

숲속에서 신인을 맞이하였다.
그는 해와 별들의 벗이며,
몸과 영혼이 있었고,
비록 힘써 일하지 않았어도 모든 것을 이루셨다.
그는 조선을 세웠으며,
이제 천 년, 아니 사천 년이 넘게 흘렀도다."

단군(檀君) - 권근(權近, 1352~1409) 지음

"태초의 혼돈과 공허한 시절,
단군께서 내려와 나무 아래 서셨도다.
그의 세계는 동방의 나라 조선이었으며,
그의 시대는 순임금과 요임금과 같았도다.
수많은 부족이 흥망성쇠를 거듭했어도,
천 년, 아니 수천 년이 흘렀도다.
마침내 위대한 기자가 와서,
그 나라를 여전히 조선이라 불렀도다."

단군 사당(檀君祠堂) - 김육(金堉, 1605년 과거 급제) 지음

"하나님(神聖)께서 우리 왕이 되셨고,
신인(神人)은 구름을 타고 내려오셨도다.
그때부터 우리는 주인을 섬기며 복을 받았고,
그 시대는 요임금·순임금과 같았다.

태백산 위로 용의 날개가 펼쳐졌고,
아사달에는 흰 학 떼가 솟아올랐다.
이제는 고요한 사당만 남아 있고,
제기를 놓아둔 채 예배하던 기억이 여전히 남아 있다."

단군 사당(檀君祠堂) - 사도(沙道, 명나라 학자) 지음
"단군 왕은 언제 나타나셨는가?
요임금 시대에 오셨다고 전해지며,
사천 년이 지난 지금도
그 사당은 여전히 서 있도다."

(『코리아 매거진』, 제1권. 9월호(1917))

4. 한국 문학 2

만약 우리가 『센추리 사전』에서 정의한 "초인적인 힘을 인식하고, 그에 대한 충성과 봉사가 정당하게 요구되는 것"을 종교의 올바른 정의로 삼는다면, 한국 문학은 그 기원부터 1894년 국가 주도의 문학이 사라질 때까지 매우 종교적 사상에 젖어 있었다고 할 수 있다.

민족의 탄생과 함께한 첫 아침부터 신을 이야기하며, 이후 세대에 방향을 제시하는 목소리와 메아리가 들려온다.

신뢰할 만한 역사학자들에 따르면, 단군(檀君)이라는 신인(神人), 즉 천사 혹은 신과 인간의 중간적 존재가 하늘에서 내려와 백두산 정상에 자리 잡고, 한국인들에게 최초의 종교적 가르침을 전했다고 한다. 그의 시대는 중국의 요(堯)임금이나 홍수 시대의 노아와 동시대인 것으로 추정되며, 기원전 2333년으로 기록된다.

그가 한국 사상에 남긴 가르침은, 이 민족에게 언제나 위대한 신이 세상을 다스리고 모든 사람이 각자의 의무를 다해야 함을 상기시켰다. 그가 제단을 세운 곳은 거대한 시대 흐름 속에서 마니산 정상에 위치해 제물포항을 내려다보고 있다. 또한 A. D. 1429년 평양에 그의 명예를 기리는 사당이 세워졌으며, 수 세기의 바람과 세월을 견뎌 여전히 남아 있다. 서울 안동의 한 가옥에는 지금도 "단군 교회"라는 글귀가 대문 위에 걸려 있다. 중국과 한국의 시인·역사가들은 그의 업적을 찬양해 왔다.

그로부터 천 년이 넘는 시간이 흐른 뒤, A. D. 1122년 무렵, 중국 역사에서 종교적으로 가장 중요한 시기에 두 번째 종교적 사상이 한국에 들어왔다. 중국에서는 문왕과 무왕이 "하나님의 명령에 따라" 왕위에 올랐다고 기록한다. 문왕에게는 주공이라는 동생이 있었는데, 그는 위대한 예언자이자 정의의 교사였다. 이들은 왕위를 차지하고 정의로운 시대를 열었지만, 함께하던 기자는 이에 동참하기를 거부했다. 그는 "왕이 좋든 나쁘든, 끝까지 그를 섬겨야 한다"라고 주장했다. 이 행위는 동아시아 모든 충신에게 모범이 됐고, 그들은 죽음에 이르기까지 단 한 명의 군주만을 섬길 것을 맹세했다.

기자의 뜻을 안 왕은 그에게 한국을 다스려도 좋다고 허락했고, 기자는 한국으로 건너왔다.

그는 이 사람들과 그들의 미래 역사에 지울 수 없는 종교적 흔적을 남겼다. 평양에는 그를 숭배하기 위해 A. D. 1325년에 세운 사원이 아직도 남아 있다. 그 앞에는 성현들의 생애와 행적을 기록한 돌이 세워졌으나, A. D. 1592년 임진왜란 중에 파괴되었다. 셰익스피어의 생애 마지막 해에 세운 새로운 돌에는 다음과 같은 문구가 적혀 있다: "그의 가르침은 고대 중국의 복희씨의 가르침과 같았다. 이것이 무엇이었느냐, 그것은 다름 아닌 하나님의 계획과 목적이었다." "하나님이 그를 죽이지 않도록 하신 것은 그가 우리에게 종교를 전하고, 우리 민족을 문명의 법 아래로 인도하기 위해서였다는 것이다. 비록 그 당시 그가 죽기를 원했지만 그는 죽음을 맞을 수 없었고, 문왕이 그를 보내지 않기로 결심했어도 그는 어쩔 수 없었다."

하나님의 절대 주권에 대한 개념은 한국인의 마음속에 깊이 새겨져 있으며, 이는 스코틀랜드 장로교 신자들 못지않게 굳건하다. 이 사상은 공자 이전의 가르침과 함께 한국에 들어왔고, 지난 세대에 강력한 영향을 끼쳐왔다.

그러나 그 이후 오랜 시간 동안 한국의 역사는 공백으로 남아 있다. 공자와 석가모니가 살던 시기에 한국이 어떤 일을 했는지 아무도 알 수 없고, 역사의 장은 하얗게 비어 있다. B. C. 220년경, 중국 만리장성 건설의 고된 노동을 피해 도망쳐 온 중국인이 한국 땅에 들어왔다는 기록이 나타난다. 그들은 한반도 동쪽 지역에 진한이라는 왕국을 세웠다. 이후 마한, 변한 왕국이 더 생겨 '삼한(三韓)'이라 했다. 그리고 기독교 시대로 접어들 때까지 별다른 사건 없이 시간이 흘렀다.

B. C. 57년, 로마의 카이사르가 지금의 영국을 정복하려 했던 무렵, 한반도 동남쪽에 신라왕국이 세워졌다. 몇 해 뒤 북쪽에는 고구려가, 남서쪽에는 백제가 세워졌다. 이렇게 한반도에 세 왕국이 자리 잡았고, 이때 한반도 역사상 가장 중요한 사건 중 하나가 발생한다. 바로 A. D. 372년에 불교가 전래된 것이다. 석가모니의 불교, 즉 죄와 고통의 세계에서 벗어나 영원한 해탈의 세계로 나아가는 그의 설법은 모든 이의 마음을 사로잡았다. 한국인들은 목마른 자가 물을 찾듯 불교를 받아들였고, 단군과 기자에게서 이어지던 종교적 사상을 버리지는 않았으나, 이 시기에는 부처의 가르침이 절대적인 힘을 발휘했다.

전해지는 말에 따르면, 인도에서 온 검은 피부의 승려들이 이 종교를 전파했다고 한다. 이것이 한국이 외국인과 처음 접촉한 순간이었다. 사람들은 그들을 감사와 환영의 마음으로 맞았고, A. D. 400년 경부터 1400년경까지 인도와 한국 사이의 교류가 이어졌다. 특히 치종이라 불리는, 히말라야 너머에서 온 위대한 승려 중 한 명은 1363년에 세상을 떠났다고 전해진다.

7세기 한국은 내부적인 문제로 혼란스러웠고, 삼국은 서로 싸우면서도 어느 나라도 승리할 가능성이 없어 보였다. 그 당시 중국은 당나라가 지배하고 있었고, 신라는 당나라를 정치적 수호국으로 인정했다. 신라의 젊은 장군 김유신은 자신의 나라가 불안정한 상황에 괴로워하며 산으로 가서 기도를 드렸다. 삼국사기(A. D. 1145년 기록)에 따르면, 김유신은 하나님과 부처에게 금식하며 기도하던 중 천사가 나타나 그가 해야 할 일을 알려주었다. 그가 해야 할 일은 당나라의 도움을 구하는 것이었다. 김유신은 당나라의 수도인 낙양으로 가서 임무를 맡게 되었고, 그곳에서 신라를 지원하기 위한 군대가 파견되었다.

이로 인해 A. D. 668년에 신라는 모든 지역을 지배하게 되었고, 당나라의 수호국이 되었다.

A. D. 700년에서 900년 사이에는 기록된 문헌이 없어 그 시기의 문학 발전을 정확히 알기 어렵지만, 분명히 그 시기는 매우 활발한 문학 활동이 있던 시기였다. 많은 승려들과 뛰어난 문필가들이 그 시기에 활동하며 남긴 기념비들이 여전히 존재한다.

한국 문학은 이렇게 탄탄한 기반 위에서 성장해왔으며, 종교를 포함한 다양한 주제에 대해 방대한 사상을 기록해왔다.

다음은 신이 인간의 일상에 어떻게 내재되어 있는지를 보여주는 예시들이다:

"A. D. 982년에 최승로는 다음과 같은 글을 남겼다. '폐하께서는 모든 불필요한 제사와 기도를 없애시고, 대신 의로운 삶과 회개의 정신을 보여주시길 바랍니다. 만약 그렇게 된다면, 문제는 자연스럽게 해결되고 축복이 따를 것입니다.'"

다음 발췌문은 고려 인종(A. D. 1123-1147)에게 올린 상소문에서 나온 것이다. 이는 고려사 제3권 148페이지에 기록되어 있다.

임완(林完)은 왕에게 이렇게 상소했다. "요즘 자연에 큰 변화가 일어나고, 폐하께서 그 원인이 되지 않으셨는지 염려하시어, 진실한 사람들을 불러 그 잘못된 점을 듣고자 하셨습니다. 그래서 저는 이 부름이 큰 특권이라 생각하여 이렇게 글을 씁니다. 최근 한나라의 동충수라는 사람이 쓴 책을 읽었는데, 그 책에는 이렇게 적혀 있었습니다. '나라가 도를 잃고 멸망의 위기에 처하면, 하늘은 먼저 경고를 내린다. 그러나 사람들이 이를 깨닫지 못하면, 하늘은 더욱 큰 징조를 보여 그들을 일깨운다. 모든 경고를 무시하면 마침내 멸망이 뒤따른다. 이는 하늘이 인자하여 군주가 고통받지 않기를 바라기 때문이며, 하늘은 만민을 보살피고 기쁨을 주며, 그들을 온전히 회복시킬 준비가 되어 있음을 뜻한다.' 폐하께서 정말로 경고를 받아들이고 안전한 길을 원하신다면, 그 길은 진심 어린 뉘우침입니다. 성스러운 서적에는 '하늘께서는 오직 성실함으로만 가까이 갈 수 있으며, 겉모습만으로는 이를 수 없다'라고 기록되어 있습니다. 폐하께서 진심으로 하늘께 나아가기를 원하신다면, 특별히 기도할 필요는 없습니다. 축복은 스스로 찾아올 것이기 때문입니다. 그러나 형식적인 의례만을 행한다면 아무런 이득도 없을 것이며, 오히려 지극히 높으신 분의 멸시를 받을 것입니다.

성현의 서적에는 '하늘은 누구에게도 특별한 은혜를 베풀지 않으며, 다만 어디에서나 참된 덕을 실천하는 자에게 응답한다. 제물은 하늘께 아무런 향기를 더하지 못하나, 오직 의로운 삶만이 기쁨이 된다'라고 적혀 있습니다.

이는 다름 아닌 순수한 마음과 올바른 행실에서 비롯됩니다. 그러므로 스스로 의로운 마음을 가지시고, 과거의 여덟 성현들의 가르침에 따라 행동하시길 바랍니다.

결론적으로 말씀드리면, 하늘은 마치 멀리 떨어져 있어 우리의 소리를 듣지 못하는 것처럼 보이지만, 의로운 이를 축복하시고 악한 이를 벌하시는 일은 그림자가 형체를 따라 움직이는 것처럼, 소리에 메아리가 따르는 것처럼 신속하게 이루어집니다."

이것은 한 조선 여인이 병든 남편을 위해 올린 기도이다.

그녀는 조선의 대유학자 율곡, 이이(栗谷, 1536-1584)의 할머니였다.

"하나님이시여, 당신은 선한 이를 돌보시고, 그릇된 길을 가는 자에게는 징계를 내리시나이다. 세상은 어지럽고 악이 가득하나, 내 남편은 평생 올곧고 성실하게 살아왔으며, 한 번도 속임수를 쓴 적이 없나이다. 나라에서 상복을 입지 않아도 된다는 명이 내려왔으나, 그는 어머니에 대한 효심을 저버리지 않고 굵은 삼베옷을 걸쳤나이다. 부모님의 산소를 지키며 날마다 손수 제를 올렸고, 검소한 음식만을 들며 몸이 여위도록 지냈나이다. 삼년상을 마칠 때까지 거친 삼베옷을 입고 지냈나이다.

하나님이시여, 당신께서는 선한 이와 악한 이를 모두 굽어보시나이다. 그런데 어찌하여 내 남편에게 이토록 큰 고난을 내리시나이까? 우리 부부는 각자 부모님을 섬기느라 십육 년 동안이나 떨어져 지냈나이다. 며칠 전에는 사랑하는 어머니를 잃었거늘, 이제 남편마저 병상에 누웠나이다. 만약 남편이 회복하지 못한다면, 나는 끝없는 절망 속에 남겨질 것이옵니다.

지극히 높으신 하나님이시여, 이 세상의 크고 작은 모든 일이 당신 앞에 감출 수 없거늘, 바라옵건대 이 미천한 몸을 굽어살펴 주소서."

그녀는 미리 준비해 온 단도를 꺼내어 스스로 큰 손가락의 두 마디를 잘라내었다.

"내 믿음과 정성이 끝내 헛된 것이었단 말인가. 그렇기에 내가 이토록 큰 절망에 이르렀나이다. 부모님께 물려받은 이 몸은 함부로 훼손해서는 아니 된다 하였으나, 내 남편을 곧 하늘과 같이 섬겨 왔나이다. 만약 그가 세상을 떠난다면, 나는 어찌해야 한단 말이오? 바라옵건대, 그의 목숨을 거두지 마시고, 내 생명을 가져가소서.

지극히 높으신 하나님이시여, 이 부러진 손가락과 나의 작은 정성을 굽어살펴 주시옵소서."

추가된 기록에 따르면 남편은 회복되었다.

다음은 비교적 근대에 가까운 시기의 마지막 발췌문으로, 1846년 세상을 떠난 유명한 문인 강필호의 글이다.

"높고 존귀하며 영광스러운 하나님께서 인간의 마음에 거하심을 허락하셨다. 처음 창조되었을 때, 모든 사람은 동등하게 신성한 빛과 지성의 능력, 그리고 영혼의 감정을 받았다. 이는 하나님의 선물이었으나, 인간이 죄를 범하고 길을 잃어 마치 죽은 자와 같이 되었다. 성인과 죄인의 차이는 아주 작은 일탈에서 비롯되며, 그 일탈은 점점 멀어져 끝없는 타락으로 이어진다.

아, 인간이여! 어찌하여 스스로를 파괴하고 더럽히며, 바른길을 떠나 험난하고 위험한 길로 들어서는가? 육체의 욕망을 주인으로 삼고, 진리를 억눌러 버렸도다. 너희는 탐욕스러운 짐승과 다를 바 없으며, 단지 사람의 옷을 입고 있을 뿐이다. 삶이 덕을 떠나면 그것은 곧 격렬한 갈등이 되고, 결국 파멸로 이어진다. 입과 귀로 짓는 죄, 눈의 사악한 욕망, 방황하는 생각들이 온몸을 병들게 한다. 인간이 덕을 완전히 잃어버린 것은 그의 죄와 범죄가 모든 것을 뒤덮었기 때문이다. 나는 하나님의 귀한 선물을 망쳐 버렸으며, 방에 스며드는 빛조차 마주할 면목이 없도다. 오직 겸허한 마음으로 자신을 낮출 때, 끊어진 교제를 회복할 수 있으리라.

고난이 닥치고 위험이 커질 때에야 비로소 회개의 마음이 솟아오르는구나. 내 몸이 얼마나 오랫동안 죄악 속에 빠져 있었던가! 이제 깨끗하게 씻어 다시는 죄를 범하지 말아야겠다. 성현들이 향을 사르며 지극한 마음으로 하나님을 경배했던 것을 떠올려 보자. 하루의 행동을 되새기며 밤에는 하나님께 고백하리라. 이렇게 성실히 행한다면 부끄러울 것이 없으며, 마침내 변화가 이루어질 것이다. 나의 자녀들이여, 너희도 이를 결심하겠느냐? 작은 잘못 하나가 우리를 하나님과 멀어지게 하고, 죄로 인한 아픔이 가슴을 찌른다. 오랜 습관을 버리는 것이 어렵다는 것을 안다. 하지만 용기 있고 굳센 마음을 가진다면, 우리는 반드시 그것을 극복할 수 있을 것이다."

문학은 오랫동안 조선에서 가장 강력한 영향력을 가진 요소였다. 그러나 이는 조선인들이 자신들의 문학을 연구하거나, 수도의 서점에서 자국의 책을 사고팔았기 때문이 아니었다. 오히려 그들은 이러한 활동을 거의 하지 않았으며, 대신 중국의 성현들이 남긴 경전을 공부하는 것이 출세와 관직으로 가는 가장 중요한 길이었다.

이른 새벽부터 늦은 밤까지 양반 가문의 자제들은 『천자문』에서부터 『주역』에 이르는 방대한 경서를 외우며 학문에 매진했다. 매년 두 차례, 마치 수많은 성지를 순례하는 듯한 긴 행렬이 수도로 향했다. 젊은이들뿐만 아니라 노년층까지도 과거 시험에 도전하기 위해 길을 나섰다. 임금 앞에서 붓을 들고 '덕(德)'이나 '소나무'와 같은 당일 제시된 주제에 대해 글을 짓는 영예는 조선에서 가장 높은 명예였다. 과거 시험에 응시하고, 가능하다면 급제하여 명예를 얻고자 하는 열망은 수 세대에 걸쳐 젊은이들의 삶을 이끌었다. 이 과정에서 그들은 유교 경전의 사상에 깊이 젖어들었으며, 전통적인 유교적 교양을 갖춘 신사로 성장했다. 한 조선인 친구가 말하길, "과거 시험 준비는 영혼 속에 경찰을 두는 것과 같아서 잡념과 부정한 길로 빠지는 것을 막아 주었다"라고 했다.

이러한 학문에 대한 열정과 유교적 가치관은 단지 양반 계층에만 영향을 미친 것이 아니었다. 천민이나 노동자들조차도 유교적 신사의 이상을 공유했으며, 이러한 문화적 기반 덕분에 조선은 전체적으로 온화하고 예의를 중시하는 사회였다. 이는 사람들의 마음속에 새겨진 도덕적 규범으로, 오랜 세월 동안 민족을 지탱하는 힘이 되었다. 비록 행정적으로는 조선이 실패한 국가로 평가될 수도 있지만, 그러한 이상 덕분에 조선은 문명화된 국가로 자리매김할 수 있었다.

그러나 A. D. 1895년 1월 새로운 법령이 반포되면서 과거 시험이 폐지되었고, 동시에 유교 경전의 보편적인 학습도 사라졌다. 조선에서 유교는 단 하룻밤 사이에 몰락했으며, 국가 운영의 기반이 되었던 기존의 질서가 흔들리기 시작했다.

지난 20년 동안 한국은 마치 바람 부는 대로 떠도는 배처럼 과거의 닻에서 점점 멀어져 왔다. 오늘날 우리는 한국이 방향을 잃고 표류하고 있다고 말할 수 있다.

과거의 것은 사라졌지만, 새로운 것은 아직 자리 잡지 못했다. 일본의 이념, 서구의 사상, 그리고 새로운 세계관이 마치 공중을 떠도는 무선 신호처럼 뒤섞이고 있지만, 아직 명확히 정의된 것은 없다.

이 수많은 변화들 가운데, 문학의 변화가 가장 중요한 요소일지도 모른다. 하나의 변화는 한국인을 전통적인 공동체 중심의 느리고 안정적인 사회에서, 개인이 경쟁 속에서 앞서 나가야 하는 현대 사회로 이끌고 있다. 또 다른 변화는 중국 문화권의 영향을 강하게 받았던 한국이 일본 문화권으로 편입되는 과정이다. 한국인은 오랜 시간 일본과 단절된 상태에서 살아왔지만, 이제는 일본식 생활 방식과 가치관에 적응해야 하는 상황에 놓였다. 또한, 유교적 문체에서 벗어나 현대적인 구어체로 전환하는 과정도 진행 중이다.

오늘날 학생 사회를 보면, 일본 제국 정부가 모든 교육을 일본어로 진행하도록 한 것은 한편으로 의미 있는 조치라고 볼 수도 있다. 이를 외부인이 보기에는 과도한 부담으로 느껴질 수도 있지만, 실제로 한국 학생들은 일본어를 쉽게 습득하고 유창하게 구사하고 있다. 그 결과, 졸업 후에는 일본 사회의 교육과 전통을 깊이 이해하는 지식인으로 성장한다. 또한, 이들은 한국어에도 능통하기 때문에 지배층과 1,500만 명의 한국 민중 사이에서 중간자 역할을 할 수 있는 위치에 서게 된다. 이는 젊은이라면 누구나 부러워할 만한 기회일 것이다. 이들은 양측을 연결하는 가교 역할을 수행하며, 상호 이해가 중요한 이 시대에 의미 있는 역할을 하게 된다. 문학적 관점에서 볼 때, 그들은 일본이 제공하는 모든 지식을 활용할 수 있는 능력을 갖추게 된다.

그러나 여전히 유교적 이상을 잃고 새로운 가치를 찾지 못한 많은 사람들이 남아 있다. 부처와 공자가 과거 이 땅에서 중요한 역할을 했지만, 이제 그들의 영향력이 희미해진 지금, 그 빈자리를 채울 수 있는 것은 오직 기독교의 가장 고귀한 이상뿐이라고 생각하지 않을 수 없다.

현재 사람들은 영혼을 지탱해 줄 이정표와 길잡이를 잃어버린 채, 오로지 쾌락과 돈벌이만을 삶의 가치로 삼고 있다.

현대의 정신세계는 너무나도 쉽게 신의 존재를 부정해 버린다.

(『코리아 매거진』, 제 2권. 7월호(1918))

5. 한국의 기독교

매일신보는 10월 11일부터 17일까지 기독교에 관한 7편의 글을 연속해서 실었다. 이 글은 와세다 대학에 재학 중인 한국인 학생이 썼으며, 필명은 춘원이다. 그는 도쿄 장로교회에 출석하는 것으로 알려져 있지만, 본래 평안북도 정주 출신으로, 과거 오산학교에서 교사로 일한 경력이 있다.

이 글들은 기독교 자체를 비판하기보다는, 한국 교회의 문제점을 날카롭게 지적하는 데 초점을 맞추고 있다. 외국인 선교사들에 대한 비판도 간접적으로 드러난다.

제1편 글에서 그는 개신교 신자의 수, 사회적 영향력, 그리고 국가와의 관계를 다루었다. 그의 주장에 따르면, 약 30만 명의 신도와 지지자로 이루어진 개신교 조직이 지나치게 큰 영향력을 행사하고 있으며, 이에 따라 기독교가 국가에서 어떤 역할을 해야 하는지에 대한 깊이 있는 논의가 필요하다고 본다. 또한, 그는 한국에서 기독교가 본격적으로 주목받은 유일한 사례가 대원군 집권 시기로, 당시 로마 가톨릭 신자들이 '천주학쟁이'라 불리며 탄압당했던 역사를 언급하고 있다.

그는 헌법이 보장하는 종교의 자유가 무제한적인 것이 아니라 일정한 한계 안에서만 허용되며, 국가의 의지나 사회적 신념과 충돌할 경우 전혀 다른 문제가 된다고 지적한다.

그는 확신에 찬 태도로 주제를 다루며, 누구도 쉽게 접근하지 않는 영역에도 거침없이 발을 들인다.

그는 유교 사회가 마치 15세기 초 불교에서 유교로 변화했던 것처럼, 이제 기독교로 전환되는 것은 아닌지 의문을 제기한다.

제2편, 제3편 글에서는 기독교가 성공한 이유를 분석한다. 그는 유교가 지식인 계층에 국한되어 있고, 보수적인 중국적 전통 안에 머물러 있어 대중이 정신적·영적 만족을 얻지 못했다고 지적한다. 반면, 유교가 일반 민중의 목소리를 반영하지 못한 것과 달리, 기독교는 영혼의 갈망을 채울 무언가를 찾던 시대적 흐름 속에서 등장했다고 설명한다.

그는 유교와 기독교의 접근 방식을 비교하며, 선교사들이 현지 언어로 된 쉬운 문서를 활용해 사람들에게 다가갔다는 점을 강조한다. 또한, 그는 "수백 년, 아니 수천 년 동안 지적 능력을 충분히 발휘하지 못했던 사람들이 기독교를 통해 과학과 문학, 창조와 자연법칙에 대한 이해를 넓혔으며, 이 세상에서의 위안과 평안, 내세의 희망을 발견했다"라고 말한다.

그는 동학, 백백교, 궁궁을을단 등 지난 100년 동안 등장한 다양한 민간 종교 운동을 예로 들며, 유교가 제공하지 못한 영적 빛을 한국 사회가 갈망하고 있었다는 증거로 제시한다.

또한, 만약 한국인들이 원래부터 확고한 신앙을 가지고 있었다면 기독교가 이렇게 쉽게 자리 잡기 어려웠겠지만, 기존 신앙이 뚜렷하지 않았기 때문에 기독교를 자연스럽게 받아들일 수 있었다고 주장한다.

그는 일본과 비교하며, 일본에서는 기독교가 오랜 시간 전해졌음에도 불구하고 한국처럼 강한 영향을 미치지 못한 이유를 설명한다. 그는 일본에는 신도라는 고유한 종교가 있으며, 유교와 불교의 요소가 결합된 형태를 이루고 있어 기독교가 뿌리내리기 어려웠다고 분석한다.

그는 이렇게 말한다. "기독교인들은 자신들의 반도에서 신앙이 중국이나 일본보다 더 크게 발전한 이유가 하나님의 특별한 은혜와 자신들의 신앙이 잘 정립되었기 때문이라고 한다. 이런 말을 들으면 부끄러움을 느낄 수밖에 없으며, 이런 자만심에서 나오는 무지를 그저 안타깝게 여길 뿐이다."

그는 이어서 조선 말기의 어두운 모습을 그린다. "모든 악이 증가하고 확산되었으며, 속임수, 질투, 술과 여자, 노비 매매와 관직 거래, 억압과 착취가 만연했고, 가난과 죽음, 고통이 사방에 가득했다."

그 시대의 타락한 삶에 환멸을 느낀 사람들은 종교를 갈망했고, 이때 기독교가 등장했다. 동학은 사람들에게 만족을 주지 못했지만, 수천 년 동안 시험을 거친 기독교는 그들의 필요를 충족시켰다.

그는 조선 사람들이 단군 시대부터 신과 내세에 대한 지식을 갈망해왔다고 주장한다. 이러한 두 가지 생각은 이 민족과 함께 태어났으며, 그 질문에 대한 해답을 기독교에서 찾았다.

제4편, 제5편, 제6편 글에서는 한국 교회의 특성을 설명하고 있다.

그는 전국 곳곳에 수많은 목사, 장로, 지도자들이 퍼져 있으며, 숫자만 놓고 보면 그들 스스로 교회를 운영할 수도 있을 것이라고 말한다. 기독교인들 중에는 서양이나 일본에서 공부한 사람들도 있지만,

그는 기독교가 그들의 뼛속까지 스며들었는지 의문을 제기한다. 이는 단순한 시험으로 판단할 수 있는 것이 아니라, 그들이 만들어내는 문학과 설교의 내용을 보면 어느 정도 짐작할 수 있다고 한다.

"만약 그들이 뜨겁고 살아 있는 신앙을 가지고 있다면, 그들이 쓰는 시와 노래에서 드러날 것이다. 하지만 그런 흔적이 없다면, 그때는 어떻게 할 것인가? 성 아우구스티누스의 신앙은 결코 억눌릴 수 없는 것이었다. 하지만 나는 아직 조선인들 사이에서 그런 신앙을 본 적이 없다."

그는 수백 명의 목사들이 설교를 하지만, 그들의 진정성을 증명할 만한 인쇄된 설교집이나 신앙 고백서가 남아 있지 않음을 지적한다.

그는 한국 교회의 신앙이 과연 진실한 것인지에 대한 의문을 제기하며, 아직까지 교인들이 직접 쓴 성경 주석서가 없다는 점을 문제 삼는다. 30년 동안 30만 명이 개종했음에도 불구하고 성경을 해석하고 설명하는 책이 단 한 권도 나오지 않았다는 것은 매우 이상한 일이라고 본다.

그는 외국 선교사들이 제공한 빈약한 문헌, 이를테면 주일학교 교재 같은 것들이 교회 내 모든 계층에서 유일한 참고서로 사용되고 있다고 말한다.

교인들은 이러한 주석과 해설이 성경을 이해하는 유일한 방법이라고 무비판적으로 받아들이며, 루터와 교황조차 서로 다른 해석을 가졌다는 사실을 잊고 있다. 이들은 이 도움 자료를 절대적으로 신뢰하며, 마치 유교에서 주자(朱子)와 정자(程子)의 해석을 따르듯이 무조

건적으로 수용한다. 그는 한국 교회의 기독교가 현대 사회와 동떨어져 있으며, 300년 전 청교도들의 신앙 방식과 다를 바 없는 낡은 형태라고 비판한다. 교리는 실천과 사회적 책임보다 더 중요하게 여겨지고, 이성과 사실보다는 개인적인 영적 경험과 신비적인 사건들이 강조된다.

이들은 '동정녀 탄생', '예수의 기적', '승천과 재림'과 같은 개념을 거리낌 없이 이야기하며, 천국과 지옥, 신앙에 따른 보상과 처벌, 기도를 통한 병 치유 같은 주제를 신앙의 핵심으로 여긴다. 또한, 자신들의 신앙을 따르지 않는 사람들을 구제 불가능한 이교도로 간주하고, 종교 외적인 학문이나 연구를 무시하는 태도를 보인다.

만약 누군가가 기존의 신앙에서 벗어난 독자적인 견해를 내세우면, 과거 유교에서 사문(邪門) 학파가 배척당했던 것처럼 곧바로 이단으로 낙인 찍히고 쫓겨난다. 그는 "한국은 억압적인 유교에서 벗어났지만, 이제는 또 다른 형태의 억압적인 기독교에 사로잡혔다"라고 지적한다.

제6편 글에서 그는 기독교인을 세 부류로 나눈다.

첫째는 교회가 칭찬하는 정통 신자들이다. 그들은 가르침을 그대로 받아들이며, 스스로 생각하거나 의지를 가지려 하지 않는다. "오직 하나님의 뜻"이라고 말하면서도, 정작 그 뜻이 무엇인지 찾으려는 노력은 하지 않는다. 오랜 세월 교회에 쌓인 형식적인 신앙이 한국 기독교인들에게 전해졌고, 이들은 깊은 고민이나 목표 없이 습관적인 신앙생활을 이어간다. 기도하고, 일요일과 수요일에 교회에 나가며, 편지에는 "주님의 은혜" 같은 말을 적는다. 결혼식이나 장례식이 있을 때는 목사를 부르고, 병이 생기면 기적적으로 치료되길 기대한다. 결국 그는 기독교의 하나님을 과거에 믿었던 산신이나 부엌의 신과 같은 존재로 여기며, 단지 기독교의 하나님이 더 강력하다고 생각했기 때문에 그를 따를 뿐이라고 저자는 말한다. 이것이 정통 신자의 모습이다.

둘째는 교육받은 신자들로, 신앙에 대해 많은 질문이 있지만 의심받을까 봐 감히 묻지 못하는 사람들이다. 그는 모든 종교에 비합리적이고 미신적인 요소가 있다고 스스로를 위로하며, 그저 흘러가는 대로 신앙을 이어간다. 솔직하게 말한다면, "나는 신앙이 전혀 없거나, 있다 해도 다른 사람들과는 다르다"라고 할 것이다.

셋째는 교회에 다니는 습관이 생겨서 계속 다니는 사람들이다. 교회에서 비슷한 사람들을 만나 친구가 되어 유지하지만, 사실 신앙에 대한 진정한 고민이나 확신은 없다.

제7편 글에서는 교회의 태도를 다룬다. 저자는 과거 유교 신자들이 유교를 유일한 종교라고 여겼듯이, 기독교인들도 기독교만이 절대적 진리라고 믿는다고 지적한다. 그들은 비기독교인을 상종할 가치도 없는 이교도이자 타락한 죄인으로 간주하며, 현세에서의 축복과 번영을 하찮게 여긴다. 이들은 기도, 성경 읽기, 설교만이 하나님이 관심을 두는 일이라고 생각하며, 교회의 일반 신자들조차 신학을 공부하고 목사가 되는 것을 최고의 목표로 삼고, 다른 직업은 경멸한다. 또한, 영국과 미국의 번영이 오로지 기독교 덕분이라고 여기며, 현대

과학은 이에 아무런 영향을 미치지 않았다고 믿는다.

그는 한국 교회의 태도에 세 가지 심각한 문제가 있다고 지적한다.

첫째, 교회는 자신을 지나치게 높이고 타인을 쉽게 정죄하는 경향이 있다. 교인들이 내부적으로는 서로를 사랑하지만, 그럴수록 외부 사람들에게는 더욱 무관심해진다. 이는 과거 유교 사회의 폐쇄적인 모습과 다를 바 없다.

둘째, 유교 사상가들이 성리학 외의 학문을 배척했던 것처럼, 교회 역시 성경 이외의 모든 문학과 사상을 무시하거나 경시한다.

셋째, 현실 세계를 하찮게 여기면서도 그 혜택을 누리며 살아간다. 교인들에게는 은행이나 공공시설보다 예배당이 훨씬 중요하고, 일요일에 운행하는 기차나 배를 부정적으로 본다. 심지어 나라와 타인을 위해 희생하는 군인조차 교회의 비판을 받는다. 정부와 그와 관련된 모든 것도 마찬가지 취급을 당한다.

미국 대통령이나 독일 황제가 하나님을 찾는다 해도, 실제로 그들의 국력은 기독교 신앙이 아니라 현대 과학에 기반하고 있다.

주: 위 내용은 지난달 매일신보에 연재된 일곱 편의 기사를 공정하게 요약한 것으로, 전국에서 수천 명이 읽은 바 있다.

(『코리아 매거진』, 제2권. 12월호(1918))

CONTENTS

I. Homer Bezaleel Hulbert (1863-1949)

1. KOREAN FOLK-LORE	166
2. THE ORIGIN OF THE KOREAN PEOPLE.	172
1) THE ORIGIN OF THE KOREAN PEOPLE. I.	172
2) ORIGIN OF THE KOREAN PEOPLE. II.	179
3. KOREAN SURVIVAL	183
4. Korean Fiction.	206
5. George C. Foulk.	212

II. George Heber Jones (1867-1919)

1. Discussion	220
2. Sul Ch'ong,	226
3. CH'OE CH'I-WUN: HIS LIFE AND TIMES	240

III. James Scarth Gale (1863-1937)

1. A KOREAN'S VIEW OF CHRISTIANITY.	264
2. KOREAN LITERATURE 1.	273
1) HOW TO APPROACH IT	273
2) Why READ KOREAN LITERATURE ?	276
3. TAN Goon.	280
4. KOREAN LITERATURE.	295
5. CHRISTIANITY IN KOREA	306

I.
Homer Bezaleel Hulbert
(1863–1949)

I. Homer Bezaleel Hulbert
(1863-1949)

1. KOREAN FOLK-LORE

In order to give an intelligent idea of Korean folk-lore, it will be necessary for me to premise it with a rapid sketch of the most probable theory as to the origin of the Korean people. This will give us a background against which to group the more salient facts of Korean lore. How or when the ancestors of the Chinese race migrated from the Iranian plateau, and found their way across the vast mountain ranges into China, is the merest matter of conjecture. Sure it is, at least, that it occurred in the very remotest antiquity, before the first idea of a true alphabet had been evolved. Subsequently, another race swept eastward until it reached the apex of the Himalayas and the Altaic ranges. These were the progenitors of the great Turanian family. This horde did not cross the mountains but split into two great streams ; one of which flowed toward the south and peopled the peninsula of India, and the other swept northward toward Siberia, where, splitting again, one part went westward toward the Urals and beyond, while the other went eastward into Mongolia, Manchuria, and finally to the shores of the Pacific. It was by some branch of this family that northern Korea was thinly settled. But let us now turn to that other branch of the same family, which peopled India. In the course of time the Sanscrit-speaking people arose somewhere to the north and east of India, and moving eastward impinged upon the earlier settlers of that great peninsula. The result was inevitable. The superior civilization of the Sanscrit-speaking race rapidly drove out or subjugated the Turanian element. Then began a grand flight. The Turanian peoples fled eastward across the Bramapootra and Irrawady into Burmah or else south ward into the Deccan, where some found refuge in the hill country, where they live to-day Others went over into Ceylon, and from there across to the Malay peninsula and the adjacent islands.

But they did not stop there. They swarmed along the coast of what is now Siam and Annam, into the Philippine islands, into Formosa, into the island of Quelpaert, and finally to the shores of southern Korea. It is not the province of this paper to go into the discussion of the merits of this theory. It has been my privilege to collect and translate the first rare Korean manuscript histories of Korea, and they show, as plainly as words can show, that Korea was colonized from the south. The northern settlers from Manchuria crept southward and the southern colonists crept northward, until the two met at the Han river.

This is the grand fact which divides Korean legendary lore into two distinct branches, the northern and the southern. But in the course of the centuries there has come a blending of the two, so that it is impossible at present to make a clear line of demarkation between them. It is the province of comparative folk-lore to decide which of them show a southern origin, and which show a northern origin.

In Korean folk-lore, there are thirteen principal types, and I desire to illustrate each of them by a characteristic tale ; for it is only in this way that we can gain a bird's-eye view of the whole subject. The thirteen types deal with :

1. The miraculous origin of the ancient heroes.
2. Communications between the inhabitants of dry land and mermen.
3. Divine beings walking upon the earth.
4. The changing of men into beasts and of beasts into men.
5. Simple myths.
6. Omens of evil.
7. Aid given by the dead to the living.
8. Fabulous animals.
9. Virtue's reward.
10. Aid given by animals to men.
11. Prophecies fulfilled.
12. Stratagems.
13. Miscellaneous.

Korean tradition mentions three kinds of origin for the ancient heroes. The first is by Divine Incarnation as illustrated in the legend of the Tangun.

In primeval times, when Korea was a vast wilderness, a wonder was seen.

On the slopes of Pak Tou San, the hoary-headed, a bear and a tiger met and held a colloquy.

"Would that we might become men," they said.

Even as they spoke, they heard the voice of the Supreme Ruler, who said : " Here are twenty bunches of garlic for each of you. Eat them, and keep yourselves from the light of the sun for twenty days, and you shall become men."

They ate, and retired into the recesses of the cave to spend the allotted time in darkness ; but the tiger, by reason of the fierceness of his nature, could not endure the long restraint and wandered forth too soon, whereby his nature was rendered fiercer than before. The bear, with greater faith and patience, waited the allotted time and then stepped forth into the sunlight, a perfect woman.

Meanwhile, another wonder was seen in Heaven. The son of the Supreme Ruler, tiring of the delights of Heaven, asked his father to allow him to go to earth and become ruler of an earthly kingdom. Permission was given, and earthward he fared to seek an earthly form.

As the woman sat beside the stream under an ancient cedar, the only thought in her heart was that of maternity. "Would that I had a son," she said.

At that moment there passed her on the wind, the spirit of the Supreme Ruler's son seeking earthly form. It beheld her there, lone-sitting by the stream. It circled round her, breathed upon her, won her, and her cry was answered. She cradled her babe in moss beneath that same ancient cedar, and when in after years the wild people found him sitting there in holy contemplation, they made him their king. He ruled two thousand years and then went back to his Father.

The second form of origin of ancient heroes is from the egg. This is by far the commonest and most characteristic mode, and is common to both the northern and southern branches of Korean lore.

This is well illustrated in the legend of the origin of the first king of Silla, the southern kingdom that arose about 200 B. C.

The chiefs of five of the scattered tribes of southern Korea met and decided to form a central government which should cement the tribes into a closer union. But the greatest obstacle was the fact that they could decide upon no one to put upon the throne. They were all too modest. As this question was being anxiously discussed, the attention of the company was drawn toward a neighboring mountain, on whose wooded slope was seen a gleaming object like a star. With one accord they drew near to the mountain, and beheld a white horse seated upon a round, gleaming object. As they approached, the horse with a loud cry, rose into the air and disappeared. There lay the gleaming egg, for egg it was. They reverently picked it up and carried it to the town. as it did not open of itself, they tried to break it with sledges, but it withstood their blows. They desisted, when suddenly of its own accord, the egg split open, disclosing s handsome child. A regency was proclaimed until he should come of age, when he ascended the throne as the first king of Silla.

The third form of hero origin is not so common, but it is one of the most cherished traditions of the people.

In the island of Chay Ju (the modern Quelpaert), when as yet it was only a tangled forest, the ground split open, revealing a fathomless abyss piercing to the very centre of the earth. From this abyss there arose, in slow succession, three sages of venerable appearance. Without a word they struck off through the forest, until they reached the slopes of the lofty Hal La San. Entering a grotto there, they beheld three stone chests. Each man approached his chest and lifted the heavy cover, and to the eyes of each were revealed, a colt, 8 calf, a kid, a dog, and a woman, besides sundry kinds of seed grain. Each sage took his colt, his calf, his kid, his dog, and his woman, and went forth and made a home for himself.

This tale not only gives the origin of the people of Quelpaert, but it is a commentary on the status of woman in early Korean times.

(The International Folk-lore Congress of the World's Columbian Exposition, Chicago, July, 1893, Chicago: Charless H. Sergel Company, 1898.)

https://babel.hathitrust.org/cgi/pt?id=inu.39000005714576&seq=358

2. THE ORIGIN OF THE KOREAN PEOPLE.

1) THE ORIGIN OF THE KOREAN PEOPLE. I .

The data to be used in the discussion of the origin of any race or people are largely inferential. It is not mainly written history that gives us our materials excepting as we can read between the lines, but it is to archaeology, philology, craniology, numismatics and the like that we must look for our more particular data. Folklore oftentimes affords better material for such a study than written history for whereas the latter is writ ten by an individual and cannot but be prejudiced the former is the spontaneous product of a race or nation and con not by any possibility deceive us.

I therefore lay emphasis upon the natural as contradistinguished from the artificial sources of information. The artificial sources include all written histories, monumental inscriptions, proclamations, letters and all other direct statements made by men. The natural sources include myths, legends, traditions, monuments (independent of their inscriptions) archaeological remains, language, dress, music. physiognomy, food, games and all other things which by comparison can give us circuinstantial evidence-in other words, inferences.

This being granted it is evident that until both the history, the folk lore, the monuments, the language and all these sources have ·been exhausted the final word on such a subject as the origin of a race cannot be spoken. Furthermore it is evident that satisfactory results can be attained only by the combined effort of many students interesting themselves as specialists in the different lines of investigation above indicated. Those who travel largely in the country should make note of monuments aud their inscriptions; residents in the provinces should note dialectic variations: physicians should note peculiarities of physiognomy or craniology and thus in time a mass of material will be collected from which accurate deductions can be drawn. It is thus evident that what follows is but a skimming of the sur face, an arrow shot at random into the air, whose only aim is to excite discussion and- arouse an interest that shall result in a closer study of the facts lying about us.

The first ray which pierces the darkness of Korean antiquity is the legend of the Tan Gun. A bear was transformed into a woman who, being pregnant by a divine being, brought forth a child who in later years was found seated under a tree, on Tã Pák San, by the people of the nine wild tribes then inhabiting northern Korea, These nine tribes were Kyon-i U-i Pang-i Hyun-i Pǎk-i Hong-i Chök-i P'ung-i Yang-i There is nothing to show that these wild tribes differed in any essential respect from the other northern tribes, They were presumably a branch of the great Turanian family which spread over. northern Asia, eastward to the Pacific and westward as far as Lapland if not further. These were the people whom Ki Ja found when he arrived in B. C. 1122.

The great changes which he effected obliterated many of those peculiarities by which, had they survived, ·we might have gained a clue to their origin. At that time they were more than half savages, living largely by the chase, practically houseless in summer, and in winter living in caves or roughly covered holes in the ground. Until more facts are brought to light we must conclude that they were of northern origin. This would seem the more probable since the slight description we have of them corresponds closely with the description of other tribes which, later, swept down from beyond "Old white Head," Päk Tu San, and ravaged the borders of Kokuryu.

The whole period from 1122 B. C. to about 100 B.C. is passed over with the single remark that during that time forty one sovereigns sat upon the throne of Choson. This helps to identify the date of Ki Ja, for the end of the dynasty being approximately known as having occurred about 100 B.C. forty generations would about cover the interval of 1022 years.

At this point the whole scene shifts to the southern part of the peninsula when Ki Jun, the last of the ancient Choson dynasty fled southward before the treacherous Wé Man.

The events which led up to this flight are soon stated. The former Han dynasty assumed the reins of government in China about a century before Christ. The general whom the Han emperor placed over the kingdom of Yon proving treacherous, an army was sent against him and he was obliged to fly northward where he found a place of safety among the wild people of the Hyung-No tribe. Another of the Yon princes, Wé Man by name, fled eastward to the borders of Choson, the Am-nok river. Ki Jun gave him asylum and constituted him the guardian of the northern border. We-Man betrayed this trust by marching on P'yeng Yang, the capital, ostensibly to protect the king from an imaginary Chinese army. Ki Jun discovered the treachery just in time to escape with a few followers by boat on the Tã Tong river which flows near the wall of P'yeng Yang.

He fared away southward to found a Kingdom and landed in what is now the province of Chùl-la and settled at Keum Ma Kol "the place of the golden horse," now known as Ik San.

The only interest we have in this account centers in the people whom Ki Jun found in Southern korea.

We have no evidence that Ki Jun even knew of the existence of these peoples. The earlier history of Korea is utterly silent as to them and neither tradition, legend nor myth make any reference to them. Ancient Choson never reached further south than the Han river and probably not as far as that, and we shall see that there is evidence that no communication had existed between that kingdom and the people of the south.

All that history tells us about thess people can be summed up in a few words but the inferences are striking. We are told that. (1) They understood agriculture, and the use of cotton and flax. (2) They had no walled towns. (3) They lived in seventy six settlements or communities each entirely independent of the others. (4) A sort of patriarchal government prevailed among them (5) The size of the communities varied from five hundred to ten thousand houses, aggregating a hundred thousand houses. (6) The houses were made of sods with the door in the roof. (7) The men used silk for clothing but neither silk, gold nor silver were highly valued. (8) Beads were in great demand and were fastened to the hair and strung about the face and ears. (9) The men were fierce and brave and were notorious for their habit of shouting at the top of their voices. (10) They were very skillful in the use of the spear and the bow, and they wore straw sandals. (11) The names of the different communities are given.

This is literally all that is told us in the native histories and on these points there is perfect agreement. The Tŏng Guk Tŏng Gam, one of the greatest of Korean histories gives the above account and likewise the Tong Sa Kang Yo which is a resumé of the five great histories, viz. Tŏng Sa Ch'an Yo, Ui Yé Ch'am Nok, Tŏng Sa Hué Gang, Tŏng Guk Tŏng Gam, and Tŏng Sa Po Yu, in which are summed up almost all that histories have to say.

Let us examine some of the most obvious inferences from the foregoing account.

In the first place the very fact that those people were so carefully described is a strong indication that they were utter strangers to Ki Jun' and his followers who found their dwellings, their dress, their government and their habits so radically different from what they had been accustomed to. If these people had been any thing like the wild tribes of the north with which Ki Jun was doubtless more or less familiar they would have excited little interest and would not have secured such a minute description on the page of history,

Second, if there had been any intercourse between Chosen and the South it can scarcely be imagined that they should not have learned the value of gold if not for its own sake at least for its exchange value.

Third, their use of beads differentiates them in a marked manner from the people of the north. The use of beads as of tattooing, is confined almost exclusively to tropical countries where they serve in the place of clothing. One of the strongest arguments other than linguistic for the southern origin of the Japanese is the prevalence of the habit of tattooing for how could it have originated in the north where it would be quite useless as ornamentation and quite insufficient as clothing? There are strong reasons for believe that southern Koreans tattooed but the severity of the climate has caused the habit to die out. However, at the present day a vestige of the habit remains in the custom of drawing under the skin of the wrist a silk cord dipped in a coloring fluid.

I have a southern Korean in my employ who has this mark. It may be objected that Hamel and his fellow captives may have taught it but it is very improbable that a custom introduced by foreigners like that would take root in a country the severity of whose climate takes away the main motive for such ornamentation.   Fourth, the form of government prevailing in the South was a cause of remark to the fugitive Chosonese. No centralization, no great chiefs, but on the other hand isolated communities, each a political integer and most remarkable of all an utter absence of fenced towns.' These facts all demanded attention from Ki Jun and his companions.

The seventy-six communities were divided into three great groups called the Sam Han "Three kingdoms," called respectively Ma Han, Chin Han, Pyön Han. Ma Han was probably the largest and comprised approximately the northern part of Chūl-la province and the whole of Ch'ung Chong province. Pyön Han occupied the southern part of both Chūl-la and Kyūng Sang provinces while Chin Han occupied the northern part of Kyung Sang and perhaps a little of Kang Uön.

Some have supposed that Chin Han was so named because of the refugees from the Chin rule in China who settled in eastern Korea but a comparison of the characters will show that it is not so for separate characters are used. The use of these three names does not necessarily infer any political union of the numerous communities under these three heads for we are not told of any such union, while on the other hand we are told that the communities were independent of each other. This nominal three fold division probably arose from some difference in origin antedating their arrival on the shores of Korea.

It is extremely fortunate that the names of these communities have been preserved to us for they will afford us valuable material for ethnological study. Let us briefly examine these names which are here given for the first time, so far as I am a ware, to the English reading public.

(*The Korean Repository*, Vol. II. June, 1895, pp. 219-224.)

2) ORIGIN OF THE KOREAN PEOPLE. II.

The Korean language of today is the language of South Korea This is a logical deduction from the following facts of Korean history. At the beginning of the Christian era we see Korea divided between three powers. Kokuryu in the north, Pak Jé in the southwest and Silla in the south-east. Păk Jé was made up of the former Ma-han and part of Pyön-han, Silla was made up of the former Chin-han and the remaining part of Pyön- han. They were thoroughly southern- that is, the vast bulk of the people were from the original southern settlements which were described in the former paper. Kokoria the northern kingdom was always at war with China or with the wild tribes of the north and east and when at last she was over thrown by the combined arms of China and Silla vast numbers - 38300 families, were taken by the Chinese and carried en masse to what Koreans call Kang Hoe* in Southern China. At the same time more tban 10000 people followed the Chinese army back to China accompanying their deposed king. The whole of Kokoria was handed over to Silla as Bak Jé had been and for the first time in history the whole of the peninsula was dominated by a single power. Silla administered the government of the peninsula, her language became the language of the peninsula and when a few centuries later the Kingdom of Korea arose it was from the body of Silla that it drew its birth so that it is well within the bounds of historical reason to say that the language of Korea today is the language of Southern Korea.

Now where did the language of Southern Korea come from? Language is a growth. an evolution, not an invention. It is not subject to caprice. It holds within itself the marks and scars of all the race struggles. Like the geologic periods its language strata give evidence which is prima facie and without appeal. Did the Korean language come from China? In answer let us hriefly recapitulate the characteristic features of the Turanian languages. (a) They are agglutinative rather than inflectional. The dialects of China today are neither. (b) They are characterized by the free use of suffixes rather than prefixes. Chinese has neither. (c) In the Turanian languages the order of the sentence is invariably subject, object, predicate. In Chinese it is commonly not so.

Let it be noticed that in every feature the Korean of today is plainly Turanian. On the other band the Chinese dialects taken as a group have not yet reached the stage which Prof. Max Muller calls "phonetic decay," it is still a primitive language. It is quite inconceivable that had the Chinese ever been a highly developed language it should have retrograded to its present simplicity. It is likewise hard to believe that had Korean been an offshoot of the Chinese it should have left its progenitor so far behind in the race of linguistic development. The progenitors of the Chinese seem to have scaled the mountains, which lie between China and the reputed birthplace of the race. at a period anterior to the invention of alphabetic symbols and anterior to the beginning of the distinctively pastoral age. This race migration being followed by the pastoral age, the Chinese were cut off from communication with the West by the impossibility of bringing flocks over the great mountain barriers. The next great swarm of humanity to leave the Iranian uplands was what we call the Turanian peoples. Splitting at the apex of the Kuen Liun and Himalayas part went north into the Tartar plains and Siberia and part went south into the jungles of India. The next great exodus was of the Sanscrit speaking race which went India ward driving before their superior civilization the Turanian peoples. These latter fled southward into the Deccan, across to Ceylon and still further across to the Malay Peninsula and the adjoin ing islands. The question arises ; was Southern Korea peopled from the north or was this the last wave of the great emigration of Southern Turanians breaking on the shore of Southern Korea? When we see the immense distance its seems impossible but examine the map of the coast islands of China and you will see that from the Malay peninsula to Korea one could go from island to island without touching the mainland and almost without going out of sight of land. We know that the ancient Sultans of Annam claimed their descent from the Telugus of Southern India: we know that the native Formosars are closely allied to the Malays; we know that the island of Quelpart south of Korea has been from time immemorial thé breeding we know that the native Formosars are closely allied to the Malays we know that the island of Quelpart south of Korea has been from time immemorial thé breeding place of the dwarf ponies which find their only counterpart in Singapore and the neighboring islands. We know that the peculiarity of the people of Quelpart as of the native tribes of Formosa is the superior physique of the women over the men. We know that tradition says that the three sages of Quelpart found three chests floating in from the south east containing each a dog, a calf, a colt and a woman These are mere straws but they, together with the facts brought out in the first paper, show more than a possibility that Korean may have come from the South. But we must basten to see what light, if any, language will throw upon this problem. In the study of the question the following works are the ones which have been most frequently consulted. Adam's Manchu Grammar, Remusat's Recherches sur les languages Tartares, Caldwell's Comparative Grammar of the Dravidian Languages," Klapproth's Chrestomathy, and various Korean histories. I choose the Dravidian languages of India as the basis of comparison from the South because there has been so little written of a thorough nature that is accessible on the Malay dialects and Formosan.

(*The Korean Repository*, Vol. II. July, 1895, pp. 255-257.)

3. KOREAN SURVIVAL

We had the pleasure a short time since of listening to an able presentation of the subject of "China's Influence upon Korea" by the Rev. Jas. S. Gale. It would be difficult if not impossible to bring together a more complete array of the facts which argue the existence of such influence. But the impression left by the paper was that there is nothing in Korean society that is not dominated by Chinese ideas. If this is true, we have in Korea a condition of affairs that must be acknow ledged to be unique; for Korea is a nation of over twelve mil lion people who have preserved a distinct national life for more than two thousand years, and it would be strange indeed if there remained in the Peninsula nothing that is peculiarly and distinctively. Korean. If Korea's subjection to Chinese ideals was complete in the days of the Tang dynasty and has continued ever since, there would be no one so hardy as to point to anything in the country and claim for it a native origin and survival after a lapse of fifteen hundred years. And yet, at the suggestion of our President, I have under· taken to present the other side of the picture and to point out what remains that is distinctive of Korea and differentiates her from China. In this sense it is merely supplementary to what we have already heard on the subject.

The observations that I have to make divide themselves into two portions: first a short historical resumé, and second some natural deductions.

Korean tradition tells us that the first civilizer of Korea was the Tan-gun (檀君), a purely native character, born on the slopes of

Tă-băk Mountain (太白山). The wild tribes made him their king. He taught them the relations of king. and subject;, he instituted the rite of marriage; he instructed them in the art of cooking and the science of house-building; he taught them to bind up the hair by tying a cloth about the head. This tradition is universally accepted among Koreans as true. They believe his reign to have begun a thousand years before the coming of Keui-ja. We place no confidence in the historical value of the legend, but the Koreans do ; and it is significant that according to the general belief in Korea the Tan-gun taught two, at least, of the most important of the Confucian doctrines, namely those concerning the government and the home. And from these two all the others may be readily deduced. The legend also intimates that the much respected top-knot, at least in all its essential features, ante- dated the coming of Keui-ja.

If the legendary character of this evidence is adduced against it, the very same can be adduced against the story of Keui-ja, at least as regards his coming to Korea. The Chinese histories of the Tang dynasty affirm that Keui-ja's kingdom was in Liao-tung (遼東). The histories of the Kin and Yuan dynasties say that Keui-ja's capital was at Kwang-nyung (廣寧) in Liao-tung. A Keui ja well is shown there. to this day and a shrine to him. A picture of this great sage hung there for many years, but it was burned in the days of Emperor Sé-jong of the Ming dynasty. Even a Korean work entitled *Sok-mun Heun-tong-go* (續文獻通考), states that Keui ja's capital was at Ham-p'yung-no (咸平路) in Liao-tung. The Chinese work Il-tong-ji (一統志), of the Ming dynasty, states that the scholars of Liao-tung compiled a book on this subject entitled Sŭng-gyŭngji (盛京志), in which they said that Cho-sŭn included Sim-yang (潘陽, i.e. Mukden), Pong- ch'ŭn-bu (奉天府), Kwang-nyŭng and Eui-ju (義州), which would throw by far the larger portion of Cho-sŭn beyond the Yalu River and preclude the possibility of Keui-ja's capital being at Pyung-yang. I believe that P'yŭng-yang was his capital, but the evidence cited shows that it is still an open question and if the Tan-gun story is excluded because of its legendary character-the Keui-ja story must be treated likewise. We have as many remains of the Tan-gun dynasty as of the Keui-ja. The Tan-gun altar on Kang-wha, the fortress of Sam-nang (三郎) on Chun-dung Mountain, the Tau-gun shrine at Mun-wha and the grave of the Tan-gun at Kang-dong attest at least the Korean belief in their great progenitor.

When Keui-ja came in 1122 B.C. he brought with him a mass of Chinese material, but we must note the way in which it was introduced. From the first he recognised the necessity of adapting himself and his followers to the language of the people among whom they had come. The Chinese language was not imposed upon the people. He determined to govern through magistrates chosen from the native population; and for this purpose he selected men from the various districts and taught them the science of government.

The Chinese character was not introduced into Korea at this time as a permanency, The square character had not as yet been invented and the ancient seal character was as little known even among the upper classes as the art of writing among the same classes in Europe in the Middle Ages. The total absence of literary remains, even of inscriptions, bears evidence to the fact that the Chinese character played no part in the ancient kingdom of Cho-sun.

The Keui-ja dynasty was overthrown by Wi-man in 193 B.C., but neither Wi-man nor his followers were Chinese. We are distinctly told that he was a native of Yun (燕), a semi-barbarous tribe in Manchuria. His coming, therefore, could have added nothing to the influence of China upon Korea. Only eighty-six years passed before Wi-man's kingdom fell before the Emperor Mu(武帝), of the powerful Han dynasty. and was divided into four provinces. But we must ask what had become of the Keui-ja civilization. The conquering emperor called the Koreans "savages." Mencius himself speaks of a greater and a lesser Mak (貊), meaning by greater Mak the kingdom of Cho-sún. This is considered an insult to the Keui-ja kingdom, for Mak was the name of a wholly barbarous tribe on the eastern side of the Peninsula and the reference implies that Cho-sun was also savage. The celebrated Chinese work, the Mun-hon Tong-go (文獻通考). almost our only authority on the wild tribes of Korea at the time of which we are speaking, shows that almost the whole of northern Korea was occupied by the tribes of Ye (穢), of Mäk (貊),of Nang-nang (樂浪) and Ok-jŭ (沃沮). The kingdom of Wi man comprised only a portion of the province of P'yŭng-an. The evidence is made still stronger by the fact that the Emperor Mu gave the name of Nang-nang (樂浪), to the whole of north-western Korea, clean to the Yalu River. It seems plain that he considered the trans-Yalu portion of Wi-man's kingdom its most important part.

It was not to be expected that Chinese could long continue to hold any portion of Korea. It was too far from the Chinese base, and the intractability of the semi-barbarous tribes made the task doubly difficult. So we are not surprised to find that within a century the whole of northern Korea fell into the hands of Chu-mong (朱蒙), a refugee from the far northern kingdom of Pu-yu (夫餘). Tradition gives him a supernatural origin, but his putative father was a descendant of the oldest son of the Tan-gun. So here again we find no indication of Chinese influence. From almost the very first this new kingdom of Ko-gu-ryǔ was China's natural enemy, and while there were intervals of peace, for the most part a state of war existed between Ko-gu-ryǔ and the various Chinese dynasties which arose and fell between 37 B.C and 668 A.D. The Mun-hon Tong-go describes the manners and customs of Ko gu-ryǔ in detail. It says nothing about Confucianism, but describes the native fetichism and shamanism in terms which make it plain that northern Korea had very largely reverted to its semi-barbarism-if indeed it had ever been civilized. Her long wars with China at last came to an end when the latter, with the aid of Sil-la, brought her to bay in 668 A.D.

We must now turn to the south where interesting events were transpiring. In 193 B.C. Wi-man drove Keui-jun out of P'yŭng-yang. He fled by boat with a handful of followers. landing finally at the site of the present town of Ik-san, At that time the southern part of Korea was occupied by three congeries of little states. The western and most powerful of these groups was called Ma-han (馬韓), the southern group was Pyön-han (卞韓) and the eastern group Chin-han (辰韓). These names were already in use in southern Korea long be fore the coming either of Keui-jun or the Chinese refugees from the Chin empire across the Yellow Sea. Keui-jun un doubtedly brought with him a civilization superior to that of the southern Koreans and so he found little difficulty in setting up a kingdom. This kingdom did not, however, include the whole of Ma-han. At first it probably included only a few of the fifty-four independent communities which composed the Ma-han group. He had with him only a few score of followers and he found in Ma-han a people differing from his own in language, customs, laws and religion. It is inconceivable that during the short period that this kingdom survived it could have exerted any powerful influence upon the general population of the Ma-han group. It was only a few years after Chu-mong founded Ko-gu-ryŭ that his two sons moved southward and settled well within the borders of Keui-jun's little kingdom and within two decades, by a single short campaign, they overthrew Ma-han and set up the kingdom of Pak-je(百濟). Thus we see that Pak-je was founded by people that were in no wise connected with the Chinese or influenced by Chinese traditions.

But some time before this the kingdom of Sil-la had been founded in the south-eastern portion of the Peninsula. We are credibly informed that at the time of the building of the great wall of China large numbers of Chinese fled from China and found asylum in southern Korea. Landing on the coast of Ma-han they were apparently considered unwelcome visitors, for they were immediately deported to the eastern side of the Peninsula and given a place to live among the people of Chin han. They did not found Chin-han. The names of all the independent settlements of that group are preserved to us and none of them has a Chinese name. Chin-han had existed long before the coming of these Chinese. There is nothing in the records on which to base the belief that these Chinese immigrants had anything to do with the founding of the king dom of Sil-la. The chiefs of five of the native communities agreed to unite their people under a single government, but the name they gave the kingdom was not Sil-la but Sü-ya-bul (徐耶伐), a purely native word. The name Sil-la was not applied to the kingdom until some centuries later, that is in 504 A.D., during the reign of King Chi-deung. It was in the same year that the horrible custom was discontinued of bury ing five boys and five girls alive when the body of a king was interred. The title of the king was Kü-sǔ-gan (居西干), a purely native word. The word "wang" was not introduced till the name Sil-la was. The names of all the government offices and all official titles were pure native words. These are also preserved to us in the Mun-hon Tong-go which I have already mentioned. We have now noticed the origin of the three states which divided the Peninsula between them at about the beginning of our era and we find that in none of them was there any considerable Chinese influence manifest. Indeed it was not until five hundred years later that even the barbarous and revolting custom of burying people alive was discontinued, and even then it was discontinued only because a king on his death-bed gave most stringent orders that no children were to be buried alive with him.

There was at the same time a certain admixture of Chinese blood in Korea. In human society as in the vegetable kingdom we find that a wise admixture of the different species of a family produces the very best of results. The admixture of Celtic, Teutonic, Scandinavian and Norman blood produced the powerful combination which we call English. So the slight infusion of

Chinese blood in Sil-la helped to produce a civilization that was confessedly far in advance of either Päk-je or Ko-gu-ryŭ,

But the kingdom of Sil-la was without a system of writing, and consequently adopted the system that the Chinese had brought with them. There can be no doubt that these Chinese brought many new ideas, which, being entirely foreign to the Koreans, had no corresponding words in their vocabulary. The Koreans therefore adopted the names along with the ideas. But in borrowing from the Chinese vocabulary the Koreans did it in no slavish way. They attached Korean endings to the Chinese words, compounded them with Korean words and in truth assimilated them to the genius of Korean speech as thoroughly as the Old English did the Romance dialects brought over by the Norman conquerors. Korean etymology and syntax differed so widely from the Chinese that Korean scholars despaired of blending the two, and in order to render a Chinese text intelligible they found it necessary to intro duce the Korean endings. This was done by means of a system called the Ni-t'u, which was described some years ago in the Korean Repository.

As a medium of writing the Koreans adopted the Chinese character and they still continue to use it. There has never risen a man in Korea to do for his country what Chaucer, Dante and Cervantes did for theirs, namely, write a classic in the native tongue and begin the good work of weaning the people away from a foreign system which restricts the benefits of erudition to the meagrest minority of the people. And yet Korea has not been wanting in men who recognised the need of a change. The first of these was Sul-ch'ong (薛聰), to whom reference was made in the paper read last month as being one of Korea's great men. It is true ; but the foundation of his greatness lies, it seems to me, in his attempt to make popular education possible in his native land. He it was who invented the Ni-t'u (吏套), which was a half-measure and therefore doomed to failure. But such as it was it was entirely anti-Chinese, at least in this respect that, by weaning the Koreans away from the Chinese grammatical system, the first step would be taken towards weaning them away from the whole system. He labored under far greater difficulties in this matter than did those who took the first steps toward freeing the English people from their bondage to the Latin, This difficulty was the entire lack of any phonetic system of writing in Korea. The highly inflected language of Korea is wholly unfit to be expressed in terms of the rigid, unyielding characters of China. The English on the other hand not only had a phonetic system similar to that of the Continent but they had almost identically the same alphabet. Such being the case it is small wonder that Sül-ch'ong failed.

Another great scholar of Sil-la was Ch'oé Ch'i-wun (崔致遠). At an early age he went to China, where he took high honours in the national examinations. He travelled widely as far as Persia, it is said-and then came back to Korea to give his countrymen the benefit of his experience. But it soon became evident that the jealousy of his fellow-courtiers would let him do nothing. He was forced to flee from the court and find refuge among the mountains, where he wrote an interest ing biographical work. It is natural enough that the Chinese mention him with enthusiasm because of his achievements in China. The Koreans owe him little except the lesson which he taught, that a Korean who denationalizes himself can hope to have little influence upon his fellow-countrymen.

Down through the history of Sil-la we find a constantly broadening civilization and a constant borrowing of Chinese ideas of dress, laws, religious and social observances. This is freely granted, but what we do not grant is that this borrowing made the Korean any less a Korean or moulded his disposition into any greater likeness to the Chinese than a tiger's fondness for deer moulds him into any likeness to that animal.

It was during the early days of Sil-la that Confucianism and Buddhism were introduced into Korea. Before the be ginning of our era Chinese influence had been stamped out of the whole north and west of Korea and it was only with the impetus that Sil-la gave to the study of Chinese that this religion took firm root in Korean soil. I shall take up the matter of Confucianism and Buddhism later, and only mention them here to emphasize the date of their introduction.

Sil-la finally, with the help of the Chinese, gained con trol of nearly the whole of the Peninsula, but for many years there was a sharp dispute between her and China as to the administration of the northern provinces. It was only when Sil-la assumed control of the whole Peninsula that the people began to be moulded into a homogeneous mass.

In the tenth century Sil-la fell before the Ko-ryŭ (高麗) dynasty and the palmy days of Buddhism were in sight. During the next five hundred years Chinese infuence in Korea was almost exclusively along Buddhistic lines. It was during this period that the law was promulgated requiring every third son to become a monk, and that the pagoda was erected in this city. But, as I shall attempt to show later, Buddhism cannot be cited as Chinese influence in any proper sense,

With the beginning of this dynasty in 1392 happier days were in store for Korea. Sweeping reforms were instituted. King Se-jo (世祖) ordered the casting of metal types in 1406, thus anticipating the achievement of Gutenberg by nearly half a century. These were Chinese characters, but the same king ordered the construction of a phonetic alphabet that would make possible the education of the masses. This command resulted in the composition of an alphabet which for simplicity and phonetic power has not a superior in the orld. It was a system capable of conveying every idea that the Korean brain could evolve or that China had to lend. It would be as absurd to say that the Korean requires the Chi nese written language with its widely divergent grammar as to say that the Englishman needs the Latin written language with all its grammatical system. But the alphabet never became popular among the upper or educated class. The reason is two-fold. In the first place, this upper class had been so long accustomed to a system that appealed to the eye rather than to the ear that the change was too radical. It would be like asking a painter to stop expressing his ideas on canvas and do it on the piano instead. The whole technique of the art must be relearned. The artistic spirit might enable him to do it, but the effort would be too great a strain on the patience to render his acquiescence probable. In the second place, the use of the Chinese character was an effectual barrier between the upper and the lower classes. The caste spirit, which has always been pronounced in Korea, was fed and strengthened by the use of Chinese; for only a leisure class could hope to learn the "Open Sesame" to learning. The retention of the Chinese character grew out of no love for Chinese ideas, but from intellectual inertia on the one hand and caste prejudice on the other.

Since the beginning of this dynasty there have been no considerable borrowings from China.

This closes the historical part of our theme, and now, in commenting upon it, I shall make use of a comparison which, though not exact in all particulars, is sufficiently so for our purposes. I shall attempt to show that the influence of China upon Korea has been almost identical with that of Con tinental Europe upon the inhabitants of the British Isles. Not that there is any similarity between Korea and England, any more than there is between China and Continental Europe, but that the law of cause and effect has worked in identically the same way in each case.

I, I have granted that there has been admixture of Chinese blood in Korea. This admixture terminated over a thousand years ago, for the Manchu and Mongol invasions left no traces in the Korean stock. But we find precisely the same process occurring in England at approximately the same time. The admixture of Norman blood in England was indeed far greater than the Chinese admixture in Korea.

II. I have granted that the language of Korea has been modified by Chinese admixture, but the modification has been identical both in kind and in degree with that which the Romance languages exerted upon English. The changes which occurred among the Korean tribes between the years 200 B.C. and 100 A.D. may fitly be compared with the changes which took place in England at the same or a little later period, namely from the beginning of the Roman con quest. The influence of Norman-French upon English did. not begin till somewhat later than the influence of Chinese upon Korean, but it was of the same nature. It is necessary then to inquire what was the kind of influence which the Chinese exerted over the Korean.

(a) At the time when this influence commenced Korea already possessed a highly inflected language, which differed radically from the Chinese in its phonetics, etymology and syntax, and this difference is as great to-day as ever. If we turn to the British Isles we find that at the time of the Norman conquest there existed in England a highly inflected language which differed widely from that of the conquerors and that the distinction has been maintained in spite of all glossarial innovations.

(b) The influence of the Chinese upon the Korean, as of the Norman upon the English, consisted almost solely in the borrowing of new terms to express new ideas and of synonyms to add elegance and elasticity to the diction. In both cases the legal, ecclesiastical, scientific and literary terms were borrowed, while the common language of ordinary life remained comparatively free from change. The difficulty of writing in pure Korean without the use of Chinese derivatives is precisely the same as that of writing in pure English without the use of Latin derivatives. Of course there are many Chinese terms that have no Korean equivalent, just as there are many Latin derivatives that have no Anglo-Saxon equivalent. But we must remember that there are thousands of common Korean words that have no Chinese equivalent. The whole range of onomatopoetic or mimetic words, in which Korea is particularly rich, has never been reduced to Chinese nor sought a Chinese synonym. In our English vocabulary there are only 28,000 Anglo-saxon roots. I feel sure that an exhaustive list of Korean words would show a larger proportion of native roots than this.

(c) Ideas come first. words afterwards, and the Korean who has grasped the idea needs only to borrow the phonetic symbol of the idea. No written character is necessary. The fact that the whole New Testament has been intelligibly ren dered into Korean and written in the native alphabet is sufficient answer to all who say that the Korean requires the Chinese character to enable him to express even the most rec ondite ideas.

III. I have granted that Korea has borrowed largely from the religious systems of China. I have shown that the Confucian cult was introduced into Korea a little after the beginning of our era. It was at this same time that Christianity was first introduced into England, But Christianity effected a far more radical change in England than Confucian ism did in Korea. The ancient Druidical rites of prehistoric England correspond very well with the fetichism of the wild tribes of Korea, but though Christianity put an end to the whole Druidical system Confucianism never was able to dis place the fetichism of Korea. It exists here to-day and forms the basis of Korean religious belief. It exercises an influence upon the Korean masses incalculably greater than Confucian ism. The fetichism of Korea is not a Chinese product, It is described by the writers who tell of the ancient tribes of Korea, and what they say corresponds closely with what we know of Korean superstitions to-day, There were the full moon and the new moon feasts. There was the worship of animals and of spirits of numberless kinds. The owens which the Koreans dreaded long before the coming of the Chinese were the same as those which frightened the ancient Chaldeans, Persians, Romans, namely, eclipses, meteors, wail ings, wild animals in the streets, showers of various articles of a most unexpected nature,

Much stress is naturally laid upon Confucianism, but what is Confucianism? A formulation of those simple laws of conduct which are common to the entirè human family. The love of parents is instinctive to the race. It is common even among animals. Conjugal faithfulness, loyalty to rulers, the sacredness of friendship- these are things that all men possess without the suggestion of Confucianism and they existed here before Confucianism was heard of. The Koreans accepted the written Confucian code as naturally as the fledge ling takes to its wings. They had never formulated it be fore and so they naturally accepted the Chinese code.

But I would ask what influence Confucianism has actually exerted upon Korea. It has dictated the form of cere- monial observances and has overspread the surface of Korean social life with a veneer that appeals wholly to the eye, but which finds little sanction in the judgement. Which one of the Confucian precepts have the Koreans observed with even a reasonable degree of faithfulness? Not one. Their Confucianism is a literary shibboleth a system of casuistry which is as remote from the field of practical ethics as the system of Machiavelli was remote from the field of genuine diplomacy. In Korea Confucianism has moulded merely the form of things and has left the substance untouched. To prove this I would ask to whom or what does the Korean have recourse when in trouble of any kind ? Every one conversant with Korean customs will answer that it is to his primitive and inborn fetichism or to that form of shamanism to which Korean Buddhism has degenerated. And this brings us to the subject of Buddhism.

Korea received Buddhism not from China but merely by way of China. In origin and philosophy Buddhism is an Indian product and can no more be cited as Chinese influence than Japanese Buddhism can be cited as Korean influence. We must look farther back to trace the genesis of that influence. China was merely the physical medium through which Indian ideas were transmitted to Korea and thence to Japan.

Buddhism flourished in Korea from about 400 A.D. to 1392 A.D. At that time an opposing current set in which pushed it into the background, but it would be a great mis take to think that the principles and philosophy of Buddhism are extinct. They have been pushed to the background, but they still remain in their modified form the background of the Korean temperament, as I shall show later.

IV. I shall grant that Korea has received her scientific ideas from China, but in the same way that the English received their fundamental scientific notions from the Continent. The astronomical system of Copernicus, the medical systems of Galen and Hippocrates, the mathematical systems of Euclid and Archimedes and the philosophical systems of Plato, Spinoza, Descartes and Kant-these form the back ground of English science. In the same way Korea received her astronomy, astrology, geomancy and necromancy from China.

V. I shall grant that Korea received her artistic ideals from China, but in the same sense that the English have always looked upon Phidias and Praxiteles, Correggio and Raphael, Mendelssohn and Bach as unapproachable in their own spheres.

VI. I shall grant that Korea has borrowed her literary ideals from China. But among all the forms of poetry, whether epic, didactic or lyric, whether ode, sonnet, elegy or ballad, which one of them has originated in the British Isles? It is all merely a matter of form, not of substance.

VII. I shall grant that the Koreans have . copied the Chinese in the matter of dress. But is it not a notorious fact that the whole of Christendom has been dictated to in this matter for centuries by a coterie of tailors and modistes in Paris? To-day Korea is more independent of China in the matter of dress than is England of the Continent.

VIII. I shall grant that Korea has acknowledged the suzerainty of China for two thousand years or more. In like manner the English people continued for centuries to pay Peter's pence, but the submission was only a superficial one. Korea had been overawed by the prestige of Chinese literature just as England had been overawed by the papacy, but even as the English people were moved to this more by reverence for authority in the abstract than by the personality of the Roman pontiff so the Koreans were kept bound to China more as a grateful source of intellectual enlightenment than as a political dictator. The Roman pontiff never pressed his tem poral claims into the domain of English politics without the people of England becoming restive, and even so the Chinese never pressed their claim to suzerainty over Koren to its logical limits without the people of Korea becoming restive.

These are some of the points of similarity between China's influence upon Korea and the influence of Continental Europe upon England, and I beg to submit the proposition that if the mere borrowing of foreign ideas brings the borrower into complete conformity to the lender we have a right to say that England is as subservient to Continental ideas as Korea is to Chinese. But no one would dream of saying that England has shown any such subserviency. With all her adaptation of foreign ideas England is a distinct and separate national unit. The same is true of Korea. Her borrowings have not merged her personality nor the characteristics of her people into any likeness to the Chinese.

The Chinese are utilitarian, phlegmatic, calculating, thrifty, honest through policy, preferring a steady moderate profit to a large but precarious one. The Korean on the other hand, is a man of sanguine temperament, happy-go-lucky, hand-to-mouth, generous when he has the means, unthrifty, honest (when he is honest) not so much from policy as from contempt of dishonesty. This open-handedness of the Korean explains in part the very small amount of mendicancy here as compared with China.

Again, the Korean is passionately fond of nature, and is never so happy as when climbing his native hills or walking beside his streams. There is in him a real poetic vein which I fail to find in the Chinese either through my very slight personal acquaintance with them or through what I read of them in books.

The barrenness of Chinese literature has not got into the bones of the Koreans. Their temperament is such as to throw it off as a healthy mind throws off an attack of mel ancholy. This is possible because the Korean study of the classics is a matter of custom or habit and not a matter of enthusiasm or love. He studies them because he is ashamed not to know them. Testimony may differ as to the status of Korean scholarship, but it is the belief of some among us that the average grade of that scholarship is exceedingly low. Among the so-called educated class in Korea the vast majority know just enough Chinese to read their notes to each other and to spell out the easy Chinese that the daily paper affords, but I am not prepared to admit that more than the meagrest fraction even of the upper class could take up any ordinary Chinese book and read it with passable fluency at sight.

The Korean temperament is a mean between that of the Chinese and that of the Japanese. He is more a child of impulse that the Chinese but less than the Japanese. He combines the rationalism of the Chinese with the idealism of the Japanese. It is the idealism in the Japanese nature that makes the mysticism of the Buddhistic cult such a tremendous power. The Korean is a less enthusiastic Buddhist, but he has in him enough idealism to make it sure that the philosophy of Buddhism will never lose its hold upon him until he comes in contact with the still deeper mysticism of Christianity, In all this he is at the widest remove from the Chinese. I have been informed by one of the most finished students of Chinese, a European who for twenty-seven years held an important position in Peking, that there was not a single monastery within easy distance from that city where there lived a monk who understood even the rudiments of Buddhism. This is quite what we might have expected, and to a certain extent it is true of Korea. The native demon ology of Korea has united with Buddhism and formed a composite religion that can hardly be called either the one or the other, but running through it all we can see the under lying Buddhistic fabric, with its four fundamentalsmysticism, fatalism, pessimism and quietism, That these are in herent in the Korean temperament I will show by quoting four of their commonest expressions. "Moragesso"-I don't know-is their mysticism. "Halsu öpso"-It can't be helped is their fatalism. "Mang hagesso"-going to the dogs is their pessimism, and "Nopsita"-Let's knock off work is their quietism.

If we enter the fruitful field of Korean folk-lore we shall find a mixture of Confucian, Buddhistic and purely native material. We should note that the stories of the origin of Korea's heroes are strikingly non-Chinese. Hyŭk-kŭ-só, the first king of Sil-la, is said to have originated from a luminous egg that was found in the forest on a mountain side. For this reason the kingdom was for many years called Kyé-rim or "Hen Forest. The second king of Sil-la was Suk-tul-ha, who is said to have originated from an egg among the people of Ta-p'a-ra in northern Japan. The neighbours determined to destroy the egg, but the mother wrapped it in cotton and, placing it in a strong chest, committed it to the waters of the sea. Some months later a fisherman at A-jin harbor in Sil-la saw the chest floating off the shore. He secured it and upon lifting the cover found a handsome boy within. He became the second king of Sil-la and in reality the founder of the line of Sil-la kings. Chu-mong, the founder of Ko-gu-ryŭ, was also born from an egg in far-off North Pu-yu. His foster-father wished to destroy the egg, but found it impossible to do so even with a sledge-hammer. The mother wrapped it in silks and in time it burst and disclosed the future hero. Origin from an egg is thus found to be a striking trait of Korean folk-lore. The transformation into human shape of animals that have drunk of water that has lain for twenty years in a human skull is another favourite theme with Korean story-tellers. Buddhistic stories are very common and probably outnumber all others two to one. This is because Buddhism gives a wider field for the play of the Korean imagination. The stories of filial love and other Confucian themes comprise what may be called the Sunday-school literature of the Koreans and while numerous they hold the same relation to other fiction, as regards amount, that religious or ethical stories hold to ordinary fiction at home.

It remains to sum up what I have tried to say.

(1) None of the Korean dynasties, since the beginning of the historical era, has been founded through the interven tion of Chinese influence.

(2) The language of Korea, in that particular which all philologists admit to be the most distinctive of any people, namely, in the grammar, has been wholly untouched by the Chinese, and even in the vocabulary the borrowed words have been thoroughly assimilated and form no larger proportion of the whole vocabulary than do borrowed words in English or in many other languages.

(3) In spite of the adoption of so many Chinese customs the temperament and disposition of the Korean remains clearly defined and strikingly distinct from that of the Chinese.

(4) The religion of the vast majority of the Korean

people consists of a perfunctory acceptance of Confucian teachings and a vital clinging to their immemorial fetichism, the latter being modified by the Indian Buddhistic philosophy.

(5) The one physical feature that differentiates the Koeran from other men in his own eyes and which forms his most cherished heirloom from the past - which in fact is his own badge of Korean citizenship-the top knot, is, according to his own belief, a purely Korean survival; while the Korean hat. the second most cherished thing, is also confessedly of native origin.

(6) Every story borrowed from China can be matched with two drawn from native sources and the proverbs of Korea are. overwhelmingly Korean, Even in borrowing they Koreanized their borrowings, just as the greatest English poet drew the plots for most of his non-historical dramas from European originals. In a country where illiteracy is so profound as here folk lore exerts. a powerful influence upon the people, and the very fact that the Korean resembles the Chinese in nothing except superficial observances shows that Chinese literature has taken no vital hold of him.

(7) When it comes to tabulating those Korean things that are purely native and which have come down through the centufies untouched by Chinese influences the task is Impossible because 'there are so many such things. They abound in Korean architecture, music, painting, medicine, agriculture, fetichism, marriage and burial customs, sacrifices. exorcism, games, dancing, salutations and jugglery.

The Korean's boats, carts, saddles, yokes, implements, embroidery, cabinets, silver work, paper, ji-gis, po-gyos, pipes. fans, candle-sticks, pillows, matting, musical instruments, knives, and in fact the whole range of ordinary objects are sui generis, and the constant mention of these objects all down the course of

Korean history shows that they are Korean and not Chinese.

In closing, I would call attention to the fact that in 'carefully studying Korean life and customs it is very easy to pick out those things which are of Chinese origin. Mr. Gale, in his valuable paper, pointed out many of them with great 'distinctness; but this very fact is a refutation of the statement that Korea has been overwhelmed and swallowed up by Chinese ideas. If Korean life were such an exact replica of the Chinese as we have been led to believe, would it not be very difficult thus to pick out the points of resemblance and place them side by side with the points of difference?

I would ask anyone who has travelled both in China and Korean whether, in walking through the streets of Seoul, he is struck with any sort of resemblance between the Koreans and the Chinese. They do not dress like the Chinese, nor look like them, nor talk like them, nor work like them, nor play like them, nor worship like them, nor eat like them, nor bury like them, nor marry like them, nor trade like them. In all the large, the common, the outstanding facts of daily life and conduct the Korean is no more Chinese than he is Japanese, In his literature he courts the Chinese, but the gross illiteracy of Korea as a whole detracts enormously from the importance of this argument.

It must be confessed then that, all things considered, the points of similarity with the Chinese are the exception and that the survivals of things purely native and indigenous are the rule.

(*Transactions*, Vol. I . 1900)

4. Korean Fiction.

A few weeks ago there appeared in a prominent Shanghai paper an article on Korean Literature, the first sentence of which reads as follows; Korea is a land without novels and further on we read that during the last thousand years there has been no regular novelist in Korea. It is not our purpose to question the literal accuracy of these statements, but they are likely to cause a grave misapprehension which would be unfair to the Korean ·people. These statements if un modified will inevitably leave the impression that the art of fiction is unknown in Korean impression that would be the farthest possible from the truth.

To say that Korea has never produced a regular novelist is quite true if we mean by a novelist a person who makes his life work the writing of novels and bases his literary reputation thereon. If, on the other hand, a man who, in the midst of graver literary work, turns aside to write a successful novel may be called a novelist then Korea has a great number of them. If the word novel is restricted to works of fiction developed in great detail and covering at least a certain minimum number of pages Korea cannot be said to possess many novels but if on the other hand a work of fiction covering as much ground as, say, Dickens' Christmas Carol may be called a novel then Korea has thousands of them.

Let us cite a few of the more celebrated cases and dis cover if possible whether Korea is greatly lacking in the fictional art.

The literary 'history of Korea cannot be said to have opened until the days of Ch'oe Ch'i-wun (崔致遠) in the seventh century A. D., the brightest light of early Korean literature. He is óne of the few Koreans whose literary worth has been recognized widely beyond the confines of the peninsula. But even then at the very dawn of letters we find that he wrote and published a complete novel under the name of "Kon-yun-san Keui" (崑崙山記). This is the fanciful record of the adventures of a Korean among the Kuen-lun Mountains on the borders of Thibet. It forms a complete volume by itself and if translated into English would make a book the size of Defoe's *Robinson Crusoe.* The same man wrote a work in five volumes, entitled Kye-wŭn P'il-gyung (桂苑筆耕) which is a collection of stories, poems and miscel laneous writings. Many of the stories are of a length to merit at least the name of novelette.

At about the same time Kim Am (金巖) another of the Silla literati wrote a story of adventure in Japan which he called Ha-do Keui (蝦島記). This is a one-volume story and of a length to warrant its classification as a novel.

Coming down to the days of Koryŭ we find that the well known writer Hòng Kwan (洪灌) wrote the Keui-ja jŭn (箕子傳) a collection of stories dealing with the times of Keui-ja. This of course was pure fiction though the fragmentary character of the stories would bar them from the list of novels proper.

Kim Pu-sik (金富軾) the greatest, perhaps, of the Koryŭ writers, to whom we owe the invaluable *Sam-guk-sa* (三國史) wrote also a compléte novel in one volume entitled *Puk-chang-sung* (北長城) or "The story of the Long North Wall." This may properly be called an historical novel, for Korea once boasted a counterpart to the Great Wall of China and it extended from the Yellow Sea to the Japan Sea across the whole of northern Korea.

About the year 1440 a celebrated monk nämed Ka-san (枷山)

wrote a novel called "The Adventures of Hong Kil-dong." ·Not long after that the monk Ha-jong (海宗) wrote another entitled "The Adventures of Im Kyŏng-op."

Coming down to more modern times and selecting only a few out of many, we might mention the novel by Yi Mun- jong (李文宗) written in about 1760 and bearing the Aristophanean title "The Frogs," or rather to be strictly correct "The Toad."

Then again in about 1800 Kim.Chun-tăk (金春澤) wrote four novels entitled respectively Ch'ang-son Kam-eui Rok (昌善感義錄), Ku-on-mong (九雲夢), KKeum-san Sa Mong-hoi-rok (金山寺會夢錄), Sa-si Nam-jŭng Keui (史氏南征記). or by interpretation"The Praise of Virtue and Righteousness, "Nine Men's Dreams," "A Dream at Keum-san Monastary," "The Sa clan in the Southern wars." Ten. years later we have novel from the pen of Yi U-mun (李宇文) entitled "The Adventures. of Yi Hä-ryong." In this enumeration we have but skimmed the surface. A list of Korean novels would fll many numbers of this magazine. That they are genuine romances may be seen by the names "The Golden Jewel," "The story of a Clever Woman," "The Adventures of Sir Rabbit" and the like.

While many of the Korean novels place the scene of the story in Korea others go far afield, China· being a favorite setting for Korean tales. In this the Korean writers have but followed a custom common enough in western lands, as the works of Bulwer Lytton, Kingsley, Scott and a host of others bear witness.

Besides novels written in Chinese, Korea is filled with fiction' written only in the native character. Nominally these tales are despised by the literary class, which forms a small fraction of the people, but in reality there are very few : even of these literary people who are not thoroughly conversant with the contents of these novels. They are on sale everywhere and in Seoul alone there are at least seven circulating libraries where novels both in Chinese and the native character may be found by the hundreds. Many of these novels are anonymous, their character being such that they would not bring credit upon the morals of the writer. And yet however debasing they may be they are a true mirror of the morals of Korea to-day.

The customs which prevail in Korea, as everywhere else in Asia, make it out of the question for anyone to produce a "love story" in our sense of the term, but as the relations of the sexes here as everywhere are of absorbing interest we find some explanation of the salacious character of many Korean novels. And just as the names of Aspasia and other helairai of Greece play such an important part in a certain class of Greek literature, just so, and for the same reason, the ki-săng or dancing-girl trips through the pages of Korean fiction.

So much, in brief, as to written Korean fiction : but we have by no means exhausted the subject of fiction in Korea. There remains here in full force that ancient custom, which antedates the making of books, of handing down stories by word of mouth. If a gentleman of means wants to "read" a novel he does not send out to the book-stall and buy one but he sends for a kwang-da or professional story-teller who comes with his attendant and drum and recites a story, often consuming a whole day and sometimes two days in the recital. Is this not fiction? Is there any radical difference between this and the novel? In truth, it far excels our novel as ân artistic production for the trained action and intonation of the reciter adds au histrionic element that is entirely lacking when one merely reads a novel. This form of recital takes the place of the drama in Korea; for, strange as it may seem, while both Japan and · China have cultivated the histrionic art for ages, Koreans have never attempted it.

Fiction in Korea has always taken a lower place than other literary productions, poetry and history being consider ed the two great branches of literature. This is true of all countries whose literatures have been largely influenced by China. The use of the Chinese character has always made it impossible to write as people speak. The vernacular and the written speech have always been widely different and it is im possible to write a conversation as it is spoken. This in itself is a serious obstacle to the proper development of fiction as an art for when the possibility of accurately transcribing a conversation is taken away the life and vigor of a story is largely lost. Dialect stories and character sketches are practically barred. And besides, this subserviency of Chinese literary ideals to the historical and poetic forms has made these people cast their fiction also in these forms and so we often find that a genuine romance is hidden under such a title as "The Biography of Cho Sang-geun" or some other equally tame. It is this limitation of the power of written language to transcribe accurately human speech which has resulted in the survival of the professional story-teller and it is the same thing that has made Korean written fiction inférior and secondary to history and poetry. In this as in so many other things Korea shows the evil effects of her subserviency to Chinese ideals.

But the question may be asked, To what extent is fiction read in Korea as compared with other literary productions? There is a certain small fraction of the Korean people who probably confine their reading largely to history and poetry but even among the so-called educated classes the large majority have such a rudimentary knowledge of the Chinese character that they. cannot. read with any degree of fluency. There is no doubt that these- confine their reading to the mixed script of the daily newspaper or read the novels written in the native character. But the great mass of the people, middle and lower classes, among whom a knowledge of the native character is extremely common, read the daily papers which aré written in the native character when they can afford to buy them or else read the common story-books in the same character. It is commonly said that women are the greatest readers of these native books. This is said because the men affect to despise the native character, but the truth is that a vast majority even of the supposedly literate can read nothing else with any degree of fluency, and so they and the middle classes are all constant readers of the stories in the native character. By far the greater part of what is read today in Korea is fiction in one form or, another.

It is a hopeful sign that there is nothing about this native writing which prevents its being used as idiomatically and to as good effect as English is used in fiction today and it is to be hoped that the time will soon come when someone will do for Korea what Defoe and other pioneers. did for English fiction namely, write a standard work of fiction in Korean.

(*The Korea Review*, July, 1902)

5. George C. Foulk.

We had occasion, a short time since, to recall the work done in the early. days of Korea's foreign intercourse by Baron von Mollendorff. Another man who was intimately connect ed with some of those events and who for a time exercised a powerful influence on Korean affairs was Ensign Geo. C. Foulk of the U. S. Navy. It will be of interest to those who desire to understand the factors which were included in the problem of Korea's opening to review some of the events of the late Mr. Foulk's career in Korea.

Geo. C. Foulk was born in Pennsylvania in the early sixties and at the early age of fourteen entered the U. S. Naval Academy at Annapolis. His extreme youthfulness would seem to have cast some doubt upon the wisdom of this move but the result justified the venture, for four years later be graduated at the head of his class. The ease with which he mastered every subject that engaged his serious attention amounted almost to precocity.

Soon after his graduation he was ordered to the Far East on the China station. The alertness of his mind proved not to be confined to the mere scholastic and technical part of his profession but in actual practice he soon brought himself to the favorable notice of his superiors and he became, in a sense, a favorite with the Admiral in whose staff he was acting as assistant flag-lieutenant. Besides the ordinary routine of the profession he acquired the Japanese language with marvelous rapidity for he was a born linguist. It was while thus connected with the Asiatic squadron that he made the acquaintance in Nagasaki of the young. lady, a Japanese, who later became Mrs. Foulk. Such was his proficiency in Japanese that when he returned to Washington in 1883 he was attached to the Korean embassy which arrived in Washington in the autumn of that year headed by Min Yong-ik. He was detailed by the naval department to accompany this embassy in a trip through the country for the purpose of examining educational and other institutions. It was under these favorable circumstances that he became acquainted with Koreans and began to acquire their language. Several-in fact at this time all-of the members of that embassy were favorably inclined toward a progressive policy in Korea and a strict limitation of the Chinese claim of suzerainty. Mr. Foulk naturally became a warm partisan of Korea's independence and he undoubtedly helped to confirm these men, especially So Kwang-bom, in their ambition to see Korea follow the lead of Japan.

It was in June 1884 that the embassy arrived in Seoul accompanied by Mr. Foulk who was of course a confidential friend of these progressive men. Mr. Foulk was now attached to the U. S. Legation as naval attachè and was directed by the government to make an extended trip through the four important towns which are supposed to guard the approaches to Seoul. His rapid acquisition of the language and his deep interest in Korea made him an eminently fit man for this work. The entire success with which he fulfilled this mission is shown in the printed report which is published in the Foreign Relations of the U. S. It is one of the clearest, fullest and most readable articles ever published on Korea. Considering the very short time he had been in the country it is rather remarkable that he should have so fully grasped the situation and given us an account which even to-day would gain nothing at the hand of a reviser.

Returning from this journey be found matters in Seoul in a very unsettled condition. Some of the friends of reform had seceded to the conservative wing and the pro-Chinese element was in power. The fact is that some of the liberal leaders described the condition of things accurately when they told Mr. Foulk that it was a case of kill or be killed. It is quite natural that Mr. Foulk should have underrated the lengths to which party feeling will go in Korea, for he evidently thought this was rather wild talk, but it was not. The only thing that could have saved those progressive leaders' lives was either flight or fight. They tried the latter first and being unsuccessful they tried the former but the fate of Kim Ok. kiun shows that even flight did not obviate the peril. Mr. Foulk evidently sympathized most thoroughly with the progressives and within proper limits gave them every encouragement in his power. He had a wide acquaintance with Korean officials and exercised a remarkable degree of influence over them. This can be accounted for on the following grounds. His was an eminently sympathetic nature. You could not sit down and talk with him without feeling that he was putting himself in your place, and that for the time being he was thoroughly interested in your affairs. His unassuming manner and hearty, open-handed courtesy won everybody that came near him. The abandon with which he threw himself into the fight for reform shows the unselfishness of his nature, for he must have seen from September 1884 that the cause of the progressionists was a losing one.

He was in frequent communication with the King and was entrusted with many confidential missions by His Majesty who at that time was by no means hostile to the plans of reform which the progressive leaders were drawing up. Probably. no other foreigner ever enjoyed so unreservedly the confidence of His Majesty. Military instructors were wanted and Mr. Foulk was entrusted with the work of securing them from America. School- teachers were wanted and it was through him that they were secured by the aid of the Educational Bureau at Washington. A government stock-farm and breeding station was contemplated and Mr. Foulk had charge of the arrangements.

Mr. Foulk clearly foresaw the storm which broke on December 4th 1884, but he realized neither its violence nor the nearness of its approach, for only a month before it happened he started out on an extended tour of the country at the order of his chief. If he had been at all conscious of the peril that was so imminent he would have postponed or given up this trip, for as it turned out his life was in extreme peril after the breaking out of the émeute. He was far in the south at the time, and when news came that the progressive leaders were killed or had fled to Japan, Mr. Foulk's prospects were extremly gloomy. Far in the interior of the country, surrounded by forces which he could not estimate, ignorant of what excesses the people might run to-the very uncertainty must have been exceediugly trying. His verbal description of his journey toward the capital after the émeute, the pursuit by enemies, his. wanderings among the mountains from well- founded fear of following the main thoroughfares and his final escape will remain for many a year in the writer's memory.

It may well be imagined that after the émeute his well- known sympathy with the progressives made him an object of great suspicion to the officials in power and yet it is remarkable to see how he was still trusted and how his advice was still sought after by Korean officials. The King seems to have retained much of his liking for the youthful Naval Attaché who now by the retirement of the U. S. Minister, Gen. Foote, became Charged Affaires ad interim, an interim that continued for eighteen months. He is perhaps the youngest man that was ever entrusted with the duties of Minister from United States to a foreign country.

The plans that had been laid for advances along educational lines, both military and linguistic, which had been frustrated or held in abeyance by the outbreak of 1884 were again brought to the fore and through the efforts of Mr. Foulk were carried to a successful issue. In the autumn of 1886 the Government English School was founded and put in the care of three men selected by the Educational Bureau at Washington, aud shortly after three military instructors arrived from America. Stock was secured for a government farm and other improvements were contemplated. On the whole it would appear that Mr. Foulk, though known to be unalterably in favor of Korean independence and a progressive policy, was trusted in large measure even by those who disagreed with him as to the wisest course to pursue.

The reason for this raises one of the most interesting points in connection with the opening of Korea. It must be remembered that in the late seventies, when hostitities of a most decided nature had been declared between the late Regent and the Queen's party, it was the latter which urged and in 1876 secured the signing of, a treaty with Japan. It was the Min family and faction that took the lead in every reform, At that time the Min family had not adopted the friendly attitude toward the Chinese into which events finally forced them. They favored the foreign. treaties and a progressive policy. But' after a time-and here is the crucial point--a party sprang up that threatened to take the leader ship in these reforms out of the hand's of the Min faction.' These men Kim Ok-kiun, So Kwang-bom Pak Yong-hyo and the like were men of a different political party from the Mins. They were active, intelligent, energetic but it must be acknowledged that had the conservatively progressive tendencies of that Min party in 1880, for instance, been given free scope and the introduction of reforms not been taken out of their hands by extreme radicals like those above named the progress would have been much more rapid. The personal element undoubtedly entered very largely into the problem that the extremists were trying to solve. To say that Kim Ok-kiun and others of his kind were actuated by purely un selfish and patriotic motives would be as false as to say that there was no desire for progress and no patriotism in the op posing faction. The Mins had occupied a commanding position for years, they had broken down. the exclusive policy of the ex-regent and had opened the country. They were instituting reforms gradually; when there arose a clique, (for its numbers would not allow of its being called a party) who wanted to hurry the government into changes for which she was not only not ready but which the people would have been sure to reject. This new party threatened to take everything out of the Mins' hands and assume control. It is not to be wondered at that the Min party immediately looked about for means of upholding their prestige. There was one means and only one. They threw themselves into the arms of the Chinesé, gave up the reforms, opened up anew the whole question of Chinese suzerainty and introduced the era that inevitably led up to the Japan-China war. No one could blame them. It was simply a misfortune. That the Min faction was not the enemy of reform is evinced by their action after the émente in carrying out some of the progressive plans formulated. by their vanquished opponents and doing it through a man who was known to have been in full sympathy with the radical progressionists. It is thus that good intentions some times bring forth bitter fruit because of the means that are used for carrying them out. When we view the change of face of the Min party between 1878 and 1883-from the viewpoint here given we see readily why Min Yong-ik drew back. from the progressionists and lined up with the pro-Chinese party. He wanted progress. but he wanted it to be instituted and carried out through his own family and party. Nothing could be more natural, Had the Mins been retrogressive from the start the action. of the radicals would have taken on a different color. but it became a struggle to see which side should lead the reforms. And as has happened so many times in Korean history. this working at cross-purposes, with the personal equation ever to the front, made sad work of reform.

(*The Korea Review*, August, 1901)

II.

George Heber Jones
(1867–1919)

II. George Heber Jones
(1867-1919),

1. Discussion

In attempting to identify those customs and institutions of the Koreans which are not traceable to China, and which may be said to be original with the Peninsular people, and to have persisted through the centuries of Chinese influence to the present day, we are confronted at the outset by the question of the origin of the Korean people. Without attempting to enter into a discussion of this very interesting phase of the question, I would say that it seems agreed on all sides that the aboriginal Korean did not come from China. That is to say-there was an original stock here upon which Chinese influence came to work, and in relation to that stock Chinese influence was foreign. Mr. Hulbert is therefore correct in contending that there are among the Koreans many customs and institutions which are purely Korean and do not belong to the category of Chinese influence. There was a time when this Chinese influence did not exist here. The Koreans were then "simon-pure," as the saying is. They had their own social and political economics, and were developing along the line of forces which were original with themselves. But we must also agree with Mr. Gale that there was a time and a point at which Chinese influence came in, and a period during which it gradually spread itself over the face of Korean society and impressed it with many of its features. We must also agree with Mr. Gale that this period has been a long one and the work very thorough. The Chinese influence had its beginning with the Keui-ja dynasty, but when Keui-ja came to Korea he found here a settled populace existing under the rule of the Tan-gun chiefs. Then when Keui-jun, the last of the Keui-jun kings, fled south, he found numerous communities out of which he organized his principality of Ma-han. As history develops we hear of other peoples inhabiting the Peninsula, such as the Mak, Yé, Ok-chǔ, and Eum-yu tribes, all possessing customs and peculiarities of their own. These peoples were confessedly not Chinese, and the customs and habits which they originated have either persisted through the centuries, or have been modified or have been utterly obliterated. Many of them have been obliterated. The So-do or "thieves' city," a place of refuge for criminals among the Han peoples, to which they might flee from the vengeance of those they had wronged, and which is a remarkable reminder of the Cities of Refuge of the Old Testament, has not existed for many centuries. The custom of burying people alive in the tombs of royalty was discontinued in Sil-lain the 6th century A. D. The Ok-chü custom of preserving the skeletons of the dead in the trunks of burial trees has also disappeared. These and many others are the customs of savage tribes, which naturally gave way to the better order that Chinese influence introduced.

Among the customs and institutions of today which have not come from China, but seem to be entitled to the term "Korean survivals," the spirit or Shaman worship of the Koreans is one of the chief. The traces of Shamanism are to be found in the very dawn of Korean history. Tan-gun, the first worthy mentioned, claimed descent from Che-sŏk, one of the chief Shaman demons.

The early kings of Sil-la took the Shaman title of seers or exorcists for the royal designation. As far as we know this has always been the Korean's religion, and while we would not deny that China has its demon worship, yet, at the same time, we would claim that the Koreans did not have to go to China for their system, but that it existed from pre-Keui-ja days and has persisted to the present time.

In this connection I would mention another "survival" of some interest, namely, the fetish system which is a part of Korean Shamanism. The old shoes and battered hats and torn costumes and broken pots which are the emblems of its demons, seem to belong to Korea. This is mentioned as being a special feature, distinguishing the aborigines of South Korea from the Chin emigrants who came to the Peninsula in the days of the Great Wall Builder, and mention is also made at that time of theshrine just inside the door, where, to this day, the Korean keeps the emblems of the gods of luck. Along the same line are the Süng-whang-dang, or shrines along the way-side and in mountain defiles, composed ofloose stones. These, I am told, are certainly not Chinese.

Turning now to the Korean social system, we notice that one of its most prominent features is the caste idea which is firmly held to among the Koreans-a feature which stands them up in direct contrast to the Chinese. The gulf which separates the Korean sang-nom from the yang-ban is a wide one. The low-class man may not enter the aristocrat's presence without permission, and then the favor, if granted, must be recompensed with humiliating observances, which would seem to indicate that the yang-ban regards himself as of separate origin and clay from the coolie. We call this Yangbanism, which is another word for Caste. It certainly does not point us to China. It is not to be deduced from the teachings of the Confucian sages, though these have inspired the Korean with such a high estimation of the worth of learning that he has been willing, in order to recognize literary talent, to mitigate some of the severities of the Caste system. The poor, blooded aristocrat, tracing his ancestry back to a superior and conquering family or clan, moves in a circle of society to which the tainted low-class man can never hope to find entrance. No intermarriage is possible among them. Certain of the middle grades of the social scale may furnish the yang-ban with concubines but never with a wife, and there are some grades among the lower classes from which he would not take even a concubine. Men from the lower classes may, by sheer merit, force themselves high up in official preferment, but under the system which prevailed until 1895, and which was distinctively Korean, there were lines of civil service from which they and their descendants were for ever barred by the accident of their low birth. This certainly is not Chinese. While there is a vast difference between the Caste idea of India and that of Korea, yet its manifestation in the latter country points away from and not to China.

Under this general heading of Caste in Korea we must place the honorifics of the language. These constitute one of the most complicated and knotty problems confronting the student. And yet, to the Korean, they come as easy as breathing the air. To him, they are not simply a habit or frame of mind learned from some outside source, but they constitute an element of personality and the keynote of his entire philosophy of life, which neither Confucius nor

Sakyamuni have educated out of him.

Another Korean "survival" may be found in connection with the architecture of the country. For instance, in China the chief building material is brick. Brick meets the eye wherever it turns there. Now I suppose that as good brick can be made of Korean clay as of Chinese clay, and yet the Koreans have remained loyal to their native mud. The constituent materials of which the Korean houses are built have survived all the rude shocks of Chinese influence and are to-day, as in ancient times, of unbaked mud. We are told that in the times of Tan gun the aborigines lived in pits in the ground in winter time and in the trees in the summer. And to-day it would not be difficult to find a score or more of families in Seoul or Chemulpo who have simply dug a pit or hole in the ground, covered it with a thatch-roof with a hole for an entrance, and are living in it unembarrassed to any appreciable extent by this literal return to their original source. Then take the mud hut which is the universal domicile here and contrast it with the pits alongside, and it does not require a very vivid imagination to see in the hut simply the pit or hole in the ground taken out of the ground, set up above the surface, and braced with sticks and straw so that it will stand. The Korean house, as far as the average type is concerned, is not Chinese

Whether there are any pure Korean "survivals" in the Korean costume I am unable to say, but they themselves claim that the wristlet worn by them is not Chinese. It would be interesting to know whether this claim will stand the test of investigation. While on this point, how ever, I would say that I am inclined to think that the green cloak worn by the women as a veil over their heads, which has caused some one to liken them to animated Christmas trees, is not Chinese.

From earliest times the Koreans have been noted among the Chinese for their fondness for fermented and distilled drinks. We find this weakness mentioned in the native histories of the aboriginal tribes, and it seems to be in a special sense a Korean custom. The Korean has certainly not gone to China for his beverages, else tea would have come into use here, Neither did the Korean go to China to learn how to make alcoholic drinks. He has certainly possessed that knowledge as long as we find any trace of him.

In this connection the Korean's fondness for hot flavours in his food might be mentioned. Pepper is a favourite condiment with him and in this he stands in direct contrast with the Chinese. Among his foodstuffs investigation would doubtless reveal many interesting and remarkable "survivals," And so with ordinary life. Did we know more about the Korean and his history, and how he regards the customs and institutions which are his, we would find many things of which he alone is the ingenious contriver. In conclusion I would mention the Korean method of ironing, which the Koreans claim is their own or at least did not come from China. How true this is I cannot say, but I mention it as representing the native idea in the matter.

(*Transactions*, Vol. I . 1900, pp. 47–50.)

2. Sul Ch'ong
FATHER OF KOREAN LITERATURE.

In the list of the really great literati of Korea, as so recognized by the scholars of the present dynasty and enrolled in the calendar of literary saints known as the Yu-rim-nok(the "Forest of Scholars"), there are two names selected from the ancient kingdom of Sil-la: Sŭl Ch'ong and Ch'oe Ch'i-wun. And as Sil-la is thus chronologically the first kingdom acknowledged to have possessed men worthy of the name of literati, these two names necessarily head the list of the famous scholars of Korea. In their order, Sŭl Ch'ong comes first and then Ch'oe Ch'i-wun. It is the purpose of this sketch to tell something about the first named of these worthies.

Sŭl Ch'ong was the first man to hand down to posterity in Korea a lasting fame as a scholar. That there were other literati before him versed in scholarship we have every evidence Sul Ch'ong himself must have had a teacher. Many of these men may have been the equals or even the superiors of Sul Ch'ong, but fate in Korea has been unkind to them, and we know very little about them, their names having either altogether disappeared, or else are given scant notice in the notes to Korean histories with fragmentary quotations from their writings. As far as the estimate of the present-day scholarship of Korea is concerned, as shown in the canonized worthies of Korea's literary past, the father of letters with them is Sul Ch'ong. Now, this of course runs us into a problem of the first magnitude-that of the date of the beginning of Korean literature, the discussion of which we reserve for the close of our sketch.

As to the year of Sul Ch'ong's birth, we have no definite statement, but we know that he rose to fame in the reign of King Sin-mun of the Sil-la dynasty, who occupied the throne A. D. 681-692. The period in which he flourished was therefore about the end of the seventh century of the Christian era. Sul Ch'ong was born to celebrated parentage. His father was named Wŏn Hyo. He had early taken orders as a Buddhist monk and had risen to the rank of an abbot. This, in a nation in which the established religion was Buddhism, was a post of some importance. That Wŏn Hyo was a learned man is clear. It is stated that he was versed in the Buddhist writings, which were known in Korea both in the Chinese character and Pali. Some of Sul Ch'ong's originality and thirst for learning may undoubtedly be traced to his father, the old abbot. After remaining a monk for some time, Wŏn Hyo abandoned the Buddhist priesthood. No reason for this course is given, but it may be that already the ferment of the Confucian writings was beginning to make itself felt, and the old abbot was one of the many who advocated the adoption of the China Sage and his ethics. Certainly, the son became the source and fountain of the present dominance of Confucian civilization among the Korean people. That the abbot was not only a learned man but also something of a celebrity seems clear from the fact that, having abandoned Buddhism, he further divested himself of his vows by forming a matrimonial alliance with the reigning house. His wife, the mother of Sul Ch'ong, was the princess Yo-suk. Some extraordinary influence must have been back of the fortunes of an unfrocked monk by which he could disregard his vows and marry into the family of the King. This princess was a widow.

Of the early training of Sul Ch'ong, we have no account, but in all probability, he grew up at Court, taking his studies under his father. From him, he may have imbibed that love of the Chinese Classics which led him to open a school for the explanation of them to the common people. He was placed in high posts at the Court in recognition of his fearlessness of statement and his extensive acquirements. Four things have contributed to his fame.

The Mun-hon-pi-go is authority for the statement that he wrote a history of Sil-la. If so, all traces of it, with the exception of the bare mention of the fact, have disappeared. This is to be regretted, like many other things which have happened in Korea, for it would have been most interesting to be able to look in on that famous little kingdom through the eyes of such a man as Sul Ch'ong. But the work is gone, and we have only the tantalizing statement of the fact that it once existed.

The second thing on which the fame of Sul Ch'ong rests is the "Parable of the Peony." This is preserved for us in the Tong-guk T'ong-gam, and as it is an interesting piece of parabolic teaching, I venture to give it.

It is said that one day, King Sin-mun of Sil-la, having a few leisure moments, called Sul Ch'ong to him and said:

"Today, the rain is over, and the breeze blows fresh and cool. It is a time for high talk and pleasurable conversation, to make glad our hearts. You will therefore narrate some story for me which you may have heard." To the royal command, Sul Ch'ong replied:

"In ancient times, the Peony, having become king, planted a garden of flowers and set up a red pavilion in which he lived. Late in the spring, when his color was brilliant and his form lordly, all the flowers and the buds came and, doing obeisance, had an audience with him. Among these came the lovely Chang-mi, whose beautiful face blushed pink and her teeth were like jade. Clad in garments of beauty and walking with captivating grace before the king, she found opportunity to secretly praise his great fame and high virtue and Making use of all her wiles sought to make him her captive."

"But then came Old White Head (the chrysanthemum), a man of lordly mien, clad in sackcloth, with a leathern girdle and a white cap on his head; who, leaning on his staff, with a bent body and halting step, approached the king and said: 'Your servant, who lives outside the wall of the royal city, is given to musing on things. His Majesty, surrounded by his servants, shares with them excellent food, but in his napkin, he carries a good medicine. Therefore, I said to myself, even though one possesses silk and grass-cloth in abundance, it is not wise to cast away the cheap weeds. But not knowing Your Majesty's thought about this, I have come to inquire.'"

"The king replied to this: 'My lord's speech is full of wisdom, but it will not be easy to obtain another beautiful Chang-mi.' Then the old man continued: 'When the King has near him old lords he prospers, but when he is intimate with beautiful women, he perishes. It is easy to be of one mind with beautiful women, but it is hard to be friendly with the old lords. Madame Ha-heui destroyed the Chi dynasty of China, and Madame So-si overthrew the O dynasty. Mencius died without being accepted by his generation, and the famous General P'ung-dang grew old, and his head whitened with the snows of many winters, but he could not succeed in his plans. From ancient times, it has ever been so, what then shall we do?'"

"Then it was that King Peony acknowledged his fault, and we have our proverb: 'King Peony confesses he has done wrong.'"

To this parable of Sul Ch'ong, King Sin-mun listened with intense interest. It laid bare the foibles of Kings with such an unsparing hand that the very boldness of the story attracted him. Whether it had a personal application in his case or not, we are not told. At any rate, Sul Ch'ong was ordered to reduce the parable to writing and present it to His Majesty so that he might have it as a constant warning to himself. It showed great cleverness on the part of Sul Ch'ong to make the story hinge on the peony, for the flower was new in Korea at that time. Of its introduction into the peninsula, the following interesting story is told. During the reign of Queen Sŏn-duk A. D. 632-647 T'ai Tsung, second emperor of the Tang dynasty, sent to the Sil-la Queen a painting of the peony and some of its seeds. On receiving it, the Queen looked it over and said: "This is a flower without perfume, for there are no bees or butterflies about it." This statement was received with amazement, until, on planting the seeds and obtaining a specimen of the flower, the Queen's observation was found to be correct. The interest about the flower in Korea was therefore enhanced by this incident, and the King was the more prepared to make the application that Sul Ch'ong evidently intended. The parable of Sul Ch'ong has been handed down from generation to generation as a piece of uncommon wisdom to guide Kings and has had commentators and exponents even in this dynasty. It is regarded as one of the literary treasures of Korea.

The third thing for which the memory of Sul Ch'ong is cherished, and which is his greatest claim to fame from the Korean standpoint, is the work he did in introducing the common people to the Chinese Classics. The times were favorable to the Chinese Sage in Korea. The great Tang dynasty was on the dragon throne in China. The warlike Paekche and Koguryŏ people were attacking Sil-la on all sides so that the southern kingdom was driven to seek aid from Tang. This was granted, and the Tang alliance cemented the relations between Korea and her great neighbor. The Tang year style was introduced, for Korea had at that time her own chronology. Communication between the two became frequent and cordial, and the young men of Sil-la, even scions of the royal house, went to Tang for their education. The result could hardly be otherwise than an increase in the influence of China among the Sil-la people and the introducing of many things from that land. In this, we may have a hint of the motives which underlay the action of Sul Ch'ong's father, the old abbot, in laying aside his vows as a monk and taking unto himself a wife. The philosophy of China probably became a matter of partisanship, and its advocates carried the day for the time being in Sil-la, and the downfall of Buddhism began.

Probably no man contributed more to this than Sul Ch'ong, and in this fact, we find the origin of the peculiar sanctity in which he is held among the Koreans. The record of the canonized scholars of Korea, above mentioned—The Forest of Scholars—tells us that "Sul Ch'ong began to explain the meaning of the Nine Classics, or sacred writings of the Confucian Cult, in the Sil-la colloquial. He thus opened up their treasures to future generations and conferred inestimable blessings on Korea." The explanation of this statement appears to be that up to that time, the Sil-la people had carried on the study of the Classics in the language of Tang, and that it was not until the time of Sul Ch'ong that a man arose who attempted to put them in Korean colloquial. This is a most interesting fact. For we here strike the period when, in all probability, the transformation of the Korean language truly began— a transformation that has so enriched it with Chinese terms and idioms. Sul Ch'ong was, in his way, a sort of Korean Wyckliffe. Lacking a native script in which to reduce the Classics to the vernacular, he got no further than oral instruction of the people in their tenets, but that was an advance of vast importance as evidenced by the stress laid on it in the eulogies of Sul Ch'ong in Korean history. Had he had a medium for writing, he would, like Wyckliffe, have stereotyped the Sil-la form of the Korean vocabulary and saved many words for us that are lost today. And Wyckliffe had his Lollards, who went about reading the Bible to the common people in the tongue they could understand. So Sul Ch'ong set the vogue in Korea of the verbal explanation of the Classics in the language of the people. He popularized the Sage of China in Korea, and in less than twenty-five years, the portraits of Confucius and the seventy-two worthies were brought from Tang to Korea, and a shrine to the Sage was erected—where one day, Sul Ch'ong himself was destined to occupy a place as a saint. Thus, this son of a Buddhist ex-abbot became an epoch marking force in the introduction of Chinese civilization among the Koreans. And it seems conclusive to the writer that it is from this time rather than from the time of Ki-ja, that we must date the real supremacy of the Chinese cult in Korea. That is, the civilization which Ki-ja gave Korea must have suffered an eclipse and gone down in the barbarian deluge which had Wi-man, On-jo, and other worthies of Korean history for its apostles. Without setting up the claim that Sul Ch'ong was the actual founder of Chinese civilization in Korea, it does seem clear that he was something more than the apostle of a Confucian renaissance in the Peninsula. Certainly, in Sul Ch'ong's own kingdom of Sil-la, the national history up to his time bears little trace of Confucian ethics. Up to A. D. 500 the su-jang, or burying alive of servants and followers with the dead had continued and was only discontinued at that late date. It is said that at royal funerals, five men and five women were always interred alive to accompany the departed spirit. This certainly points to a barbarism not compatible with Confucianism. Buddhism had been the established religion for two hundred years, and if any traces of Confucian civilization had existed, it would had been buried beneath the Indian cult. During its supremacy it was the civilizing force in the country and to it is to be attributed such amelioration of the laws and customs of the people as the abolishing of the cruel custom of burying alive, a custom that would suggests only mid-African savagery. Finally, if the Confucian cult had prevailed in Sil-la before Sul Ch'ong, it would have produced scholars whose names would have been preserved for us by the Confucian school, which has undoubtedly dominated Korea for the last 500 years. As no names are given to us, we are led to the conclusion that Sul Ch'ong was, in a special sense, the one who inaugurated the reign of Confucian philosophy in Korea. And Confucius is the propulsive force in Chinese civilization. The great conquering power of China in Asia in the past is traceable, not to the prowess of her arm, though under some of the dynasties this has been great; nor is it to be found in manufacturing skill, though at this point some of the people of the Chinese empire are very industrious and clever. But it has been the Code of Confucius.

This great Code is made up of something more than simply the Five Cardinal Precepts guiding human relationships; it also contains a philosophy, political and social, specially adapted to the stage in the development of tribes coming out of a segregated state of existence, in which they demand something that will bind them into a national whole. Confucianism supplied this. It is well adapted to that stage of political existence where a people are in a transition state from a tribal and patriarchal form of government to pronounced nationality. Hence, its attractiveness to Asiatic peoples. Several other features might also be mentioned of almost equal importance but the one indicated gives us a gauge to measure the value of Sul Ch'ong's service to his country. He set in motion those forces which have done more to unite the scattered and different tribes in the Peninsula into one people than the political sagacity of Wang-gŏn, founder of the Ko-ryŏ dynasty, or the military genius of Yi T'ae-jo, founder of the reigning line of monarchs.

With Sul Ch'ong began that school of scholars who have written all the Korean literature we have today, and have compelled us, in a way, to accept their views on the history and principles of the Koreans, and to become in a sense their partisans.

The fourth and last claim of Sul Ch'ong to fame is based on

his invention of the I-du, or interlinear symbols, to facilitate the reading of Chinese despatches. As this curious system, the first attempt of Korea to grapple with the difficulties which grew out of her adoption of Chinese, has been very fully described by Mr. Hulbert in the pages of the Korean Repository(Vol. 5, p. 47.), I would refer the reader to that interesting article. Suffice it to say that Sul Ch'ong, in his endeavor to popularize Chinese in Sil-la, found it necessary to invent symbols which would stand for the grammatical inflections of the Sil-la language, and which, introduced into a Chinese text, would make clear the grammatical sense. The system contained, in all, as far as we can ascertain today, 233 symbols. These symbols were divided into the following groups: two of them represented one-syllable grammatical endings, ninety-eight of them stood for two-syllable endings, fifty-two of them for three-syllable endings, forty-six of them for four-syllable endings, twenty-six of them for five-syllable endings, five of them for six-syllable endings, and four of them for seven-syllable endings. One stipulation in connection with the system was that it was obligatory on all lower-class men in speaking, or rather writing, to a superior. Whether, as invented by Sul Ch'ong, it contained more than 233 symbols and some of them have been lost, or whether it contained less than 233 but has been added to in the course of time, we cannot now say. But it is a matter for congratulation that so many of the symbols with their equivalents have been preserved to us, for they will prove of much value in a historical study of the grammatical development of the Korean language. It remained in force until the time of the invention of the Korean alphabet in the 13th century and even later.

We now come to a crucial question in connection with the whole history of Sul Ch'ong: Is he entitled to be called the Father of Korean Literature? If not, why then is he the first scholar deemed worthy of remembrance and all before him consigned to oblivion?

It seems clear to the writer that there have been two schools of scholarship in Korea, which, for lack of a better classification, may for the present be known as the Buddhist School and the Confucian School. The writer would adduce the following reasons for this classification.

(1). No one acquainted with the facts can take the position that the writing of books in Korea began with Sul Ch'ong in Sil-la. In that country itself, previous to Sul Ch'ong, we have every reason to believe that there were learned men who must have produced works on history, religion, poetry, and romance. Some of their names have come down to us. Kim Ch'un-ch'u, who afterward reigned in Sil-la as King Mu-yol, and his son Kim In-mun were both mentioned for their skill in making verses in Chinese. Earlier in the dynasty, a special school was established under the auspices of Buddhism, where the youths of Sil-la listened to lectures on filial piety, respect, loyalty, and faithfulness, by monkish professors. Out of their number must have come the men we hear mentioned as writing up the archives of the nation and producing works on various subjects.

(2). Turning from Sil-la to the other two kingdoms which shared the peninsula with Sil-la, viz., Paekche and Koguryŏ, we find traces of literature among them which are not mentioned in the canonical records of scholarship. In Koguryŏ, we know of one work which reached the large size of 100 volumes. Under the influence of Buddhism, Paekche had many scholars, some of whom won lasting fame by giving Buddhism and letters to Japan. Why is it that worthies of Koguryŏ, who could produce the "Yugeui"(above mentioned), and those of Paekche, who became the tutors of a foreign nation, nowhere find mention in the annals of the present school of literateurs in Korea, while Sul Ch'ong and Ch'oe Ch'i-wun are the only ones of all that long period accorded recognition? Surely the reason must be that they are regarded as belonging to a different school from the one which now dominates Korea.

(3). It is to be noticed that the discrimination in the canonical records is altogether in favor of writers who belong to the Confucian School of philosophy. Buddhism had a long reign in Korea. And its character, as far as learning is concerned, has been the same in Korea as elsewhere. Supported by the gifts of the government and the people, the monks had little else to do but study, and that they did so is clear from the character of Sul Ch'ong's father. Did these men produce nothing worth handing down to posterity? Did no scholars exist among them? It seems only reasonable to suppose that they did exist and that they wrote on history, religion, biography, philosophy, and ethics, and these, with their successors down to A. D. 1392, would constitute the Buddhist School. But where are their works? This is not such a difficult question to answer. In the first place, at the very best, the works produced need not to have been numerous. It is not the intention of the writer to give that impression. The writers of the Buddhist School may have been the authors of much that is strange and inexplicable in Korean history of today. Then the slow, painful process by which books were reduplicated by hand would not be favorable to the multiplication of copies of their works. This would make it easy for these works, during the period of neglect ushered in by the supremacy of the Confucian School, to disappear or be utterly lost.

If we should recognize this classification and acknowledge the existence of these two schools in Korean literature and thought, the Buddhist School would, to a great extent, ante-date the Confucian School, though there was a time when they were co-existent, and a time when, during the reign of the Koryŏ dynasty (10th to 14th centuries) Buddhism again became uppermost and the Confucian School suffered a partial eclipse.

The Confucian School, which is dominant in Korea today, began with Sul Ch'ong. He was the one who set in motion the forces from which evolved the present school of thought in Korea. Now we note that the Confucian School has produced nearly all the literature which we possess worthy of the name in Korea today. In history, philosophy, ethics, law, astronomy, biography they are the workmen upon whom we are forced to rely. It has not been a continuous school. Only two scholars in Sil-la are specially noted, and thirteen in the Koryŏ dynasty, a period of four hundred years until we reach the present dynasty, A.D. 1392. But they kept the lamp of their school burning and laid the foundations of the present complete conquest of the Korean mind by the Chinese Sage.

At the head of this school unquestionably stands Sul Ch'ong, the son of the ex-Buddhist abbot. And to the extent to which literature and learning has emanated from that school, he is the Father of

Korean Letters. This enables us to fix the beginnings of Korean literature in the seventh century of the Christian era, for while the personal contributions of Sul Ch'ong to the literature of today are insignificant still he was the one who put in operation the forces from which the literature has been evolved.

And the school which he founded has not been ungrateful to his memory. His final reward came when he was canonized as a Confucian Saint and enshrined with the tablets of Confucius to share with the Sage the worship of Korean literati. This occurred during the reign of the Koryŏ king Hyŏn-jong, in the year 1023, and the title of Marquis of Hongnu was conferred on him.

(*The Korea Review*, March, 1901)

3. CH'OE CH'I-WUN: HIS LIFE AND TIMES

The dominant literary force in Korea for the past five hundred years has been Confucianist in its philosophy and teachings. Such literary activity as has prevailed has been influenced and controlled by the sages of China. This tendency in Korea's literary development has given origin to a school of writers, numerous and industrious, who have enjoyed royal patronage, and have thus been able to exclude all rival or heretical competitors and to mould to their own standards the literature of the Korean people.

Though we have mentioned this school as belonging particularly to the present reigning dynasty, it is only in the sense that its supremacy as a school dates from the founding of the dynasty (A.D. 1392). It long antedates the period indicated, and though it is difficult to say who was the founder of it, still, as far as the present writer has been able to discover, that honor seems to belong to the Sil-la scholar, Sul-ch'ong(薛總), who lived in the eighth century of the Christian era.

Our reason for suggesting that Sul-ch'ong is the founder of this school in Korea is as follows: It has been the policy of the Confucian school in Korea, following the example set by the great parent school in China, to canonize those of its most famous members who have made some noteworthy contribution to the development of Confucianism in Korea. This canonization consists in the enshrinement, by imperial edict, of a tablet to the recipient of the honour in the great temple to Confucius, the Sŏng Kyun Kwan(成均館) at Seoul, the spirit of the disciple thus being permitted to share in the divine honors paid to the Sage.

At the same time, imperial letters patent are issued conferring a posthumous title on the recipient, usually of a princely or ducal order. Sixteen Koreans have thus far been so honoured, four in the epoch from Sul-ch'ong to Chŏng Mong-ju(about 600 years), and twelve during the present dynasty, a period of 500 years.

In making out this list, it is reasonable to believe that the scholastic authorities would place at its head the one man who, in their estimation, was entitled to be considered as the Founder of the Confucian school in Korea. To have ignored him would have been to put a low estimate upon the introduction of the Confucian school of thought and philosophy to Korea. And as in their estimate this unique honour appeared to belong to Sul-ch'ong, his name heads the list of the illustrious Sixteen. Later scholars, upon investigation, may be led to dispute this, but it appears to be the unbiassed judgment of former times.

If this conclusion is adopted, it will be wise to mark certain inferences which are not necessarily to be deduced from our assigning the headship to Sul-ch'ong. First of all, it does not mean that previous to Sul-ch'ong, Confucianism was unknown as a literary force in Korea. This by no means follows. As has been shown in Mr. Gale's very able paper, from the time of Ki-ja, the writings which form the base of Confucianism were known among the peninsular people. Works were written in Chinese ideographs by Korean scholars, and customs and institutions were adopted from the great kingdom across the sea. But a distinction may be made historically between Chinese civilization in itself and Confucianism. Chinese civilization, even today, is a composite in which Buddhist and Taoist elements, and survivals from savage and barbaric life have a part as well as Confucianism. And for the first few centuries after the death of the Sage, Confucianism had a chequered history in its land of origin, occupying a far different place from what it does now. So that, as appears to have been the case in certain periods between Ki-ja and Sul-ch'ong, Chinese civilization was the vehicle to bring to Korea philosophies and economies vastly different from those for which Confucianism stands. In illustration of this, we would instance Buddhism. Therefore, in dating the introduction of Confucianism as a school of thought from Sul-ch'ong, we do not touch the question of the introduction of Chinese civilization; neither do we deny the presence of Confucian influence previous to Sul-ch'ong. Only the latter was an influence exerted from without, a foreign influence, an exotic. It was the aim of Sul-ch'ong, Ch'oe Ch'i-wun, An-Yu, and their fellow schoolmen to make the exotic indigenous.

The list of the sixteen canonized scholars of Korea is of much historical interest, as it puts us in possession of the verdict of a very important section of native litterateurs the comparative importance of the labours of Korean scholars in the past. We must not fall, however, into the error of thinking that these are Korea's only scholars. Their eminence is due to the fact that they best fulfilled the standard set up by the Confucian school for canonization.

This list is as follows:
1. Sul-ch'ong ················· 薛聰
2. Ch'oe Ch'i-wun ··········· 崔致遠
3. An-Yu ····················· 安裕
4. Chŏng Mong-ju ············ 鄭夢周

5. Kim Kong-p'il　⋯⋯⋯⋯⋯⋯⋯⋯　金宏弼
6. Cho Kwang-jo　⋯⋯⋯⋯⋯⋯⋯　趙光祖
7. Yi Hwang　⋯⋯⋯⋯⋯⋯⋯⋯⋯　李滉
8. Sung Hun　⋯⋯⋯⋯⋯⋯⋯⋯⋯　成渾
9. Song Si-yŏl　⋯⋯⋯⋯⋯⋯⋯⋯　宋時烈
10. Pak Se-ch'ai　⋯⋯⋯⋯⋯⋯⋯　朴世采
11. Chung Yŏ-ch'ang　⋯⋯⋯⋯⋯　鄭汝昌
12. Yi Eun-jŭk　⋯⋯⋯⋯⋯⋯⋯⋯　李彦迪
13. Kim In-hu　⋯⋯⋯⋯⋯⋯⋯⋯　金麟厚
14. Yi I　⋯⋯⋯⋯⋯⋯⋯⋯⋯⋯⋯　李珥
15. Kim Chang-saing　⋯⋯⋯⋯⋯　金長生
16. Song Chun-kil　⋯⋯⋯⋯⋯⋯　宋浚吉

With this introduction, we proceed to consider the life, labours, and times of the second savant named in this list-the Sil-la scholar, Ch'oe Ch'i-wun.

He was born in troubled times. During the period A. D. 862-876, Kyŏng-mun(景文王) was King of Sil-la; but of the events of his reign, we know very little, many of the histories simply mentioning his name and the dates of his accession and death. All authorities agree that it was the period of Sil-la's decline. A long line of forty-seven monarchs had already sat on the throne of Sil-la. The neighbouring kingdoms of Paik-je (百濟國) and Ko-gu-ryŭ (高句麗國), which had once divided the peninsula with Sil-la, had more than two hundred years previously been obliterated from the map by the Sil-la armies, aided by the Tang, and Sil-la had held sole sway over all clans bearing the Korean name. And now Sil-la, torn by internecine strife and faction, had become the prey of ambitious mayors of the palace and was slowly verging to her final fall.

It was about this time that two men were born in Korea who were destined to climb high the steeps of distinction, and yet whose careers present many contrasts. One of these was Ch'oe Ch'i-wun, and the other Wang-gŏn(王建), founder of the Koryŭ(高麗) dynasty. It is indeed an interesting fact that these men were contemporaries and acquainted with each other. The man-child of the Wang family was born amid the pine forests of Song-ak, and legend, which ever paints in mysterious colours the birth and childhood of Asiatic dynasty founders, relates many strange stories of the marvellous portents and omens which heralded his entrance into this world. These stories would have been in all probability transferred to Ch'oe Ch'i-wun had he, instead of Wang-gŏn, proved the Man of Destiny for Korea and obtained the throne, for which he had received a splendid training.

Ch'oe Ch'i-wun was born in the year A. D. 859, the scion of one of the influential families of Kyŏng-ju(慶州), the capital of Sil-la. Of his ancestry, we possess very little information. But it seems clear that his family, like that of Sul-ch'ong before him, belonged to the Tang partisans in Korea, who had lost confidence in Buddhism-still the state cult in Korea—and who looked westward across the Yellow Sea for light and salvation. As a mere lad, Ch'oe grew up in contact with those educational forces set in operation by Sul-ch'ong a century earlier, which were already beginning to mould and shape the literary life of Korea. We pause for a moment to consider them.

At this time the tide of the Confucian cult was rising in Korea. The close connection which had existed for centuries between the Tang and Sil-la courts had undoubtedly prepared the latter to give a favorable hearing to the Chinese Sage, though Sil-la still held to Buddhism as the state religion. As far as we can gather from the history of the times, Confucianism had not become the dominant cult in Korea. It had influenced the thought and life of the people, it is true, but this influence it exerted from without, from its distant center in China rather than from the vantage point of a settled location in Korea itself. The forces, however, which later, under An-Yu(安裕), were to bring the Confucian cult bodily to Korea and plant it there were already at work. As a sign of the times, we are told in the Mun-hon-pi-go (文獻備考) that in 864, five years after the birth of Ch'oe Ch'i-wun, the King of Sil-la personally attended at the College of Literature and caused the canonical books of China to be read and explained in the royal presence. And with this, we may correlate another statement that, sixteen years later, in 880, A. D. the following books were made the basis of education in Sil-la, viz.:

The Book of History	書傳
" " " Changes	周易
" " " Poetry	詩傳
" " " Rites	禮記
Spring and Autumn Annals	春秋
Former Han History	漢書
Later Han History	後漢書
The History 史記 by Sze Ma-ts'ien (司馬遷)	

Are we not justified in regarding the presence of the sovereign at public lectures on the sacred books of China as of some significance? We are inclined to believe that it marked the inauguration of a movement which was to place education in Korea on a Confucian rather than a Buddhistic basis. And in this connection, it is interesting to note that the Mun-hon-pi-go says: "At this time lived Ch'oe Ch'i-wun, who had gone to China and there become an official." Thus showing that Ch'oe's influence became a potent factor in the movement to popularize Chinese literature in Korea.

Returning to the chronicle of Ch'oe's life, we find that at the time the king was lending the royal presence to public lectures on Confucianism, Ch'oe, a mere lad of five years, was just beginning his studies. For seven years, he continued them under such teachers as could be found in the Sil-la capital, but these at the very best must have been unsatisfactory. At the most, he could hardly hope to obtain more than a start in Chinese literature. Then it was that his father ordered him to proceed to the land of Tang, and there, at the fountain head of Chinese learning, complete his education. The causes which led him to take this step are not given, and yet it is not difficult for us to surmise them. It was not an unknown thing for a Korean to go abroad, even in those early days. Beginning with the custom of sending hostages to reside in foreign Courts. which had been done in Korean relations both with China and Japan when this became no longer necessary, a few Koreans had voluntarily crossed the seas to these lands in search of adventure or education. Of recent years, however, these had been confined to members of the royal house. It may have been that Ch'oe's father was a leader among the Tang partisans in Korea and took this radical step to mark his devotion to the Chinese.

But better still, it seems to me, is the explanation that the lad had already displayed such large promise that high hopes were based on his ability, which hopes could only be realized by an education abroad. Certainly, the tradition that the father, in parting with the boy, gave him a limit of ten years in which to finish his studies and secure the Doctor's degree, failing which the penalty was to be disinheritance this tradition certainly seems to agree with the latter view. At any rate, great was the confidence of the father in the son and high the value he set on a Chinese education when he was willing to send him at such a tender age to a foreign land.

Let us glance at the China to which young Ch'oe was introduced. The Tang dynasty still held sway over the land one of the most powerful, brilliant, and wealthy dynasties that ever ruled China. We may not be able to assent to the dictum of a noted writer that China was at this time probably the most civilized country on earth, but it seems true that under the leadership of the House of Tang she reached one of the highest levels in the development of her culture.

It was a period of great military activity. The Tang generals had carried the prowess of the Chinese arms far to the westward, almost to the borders of Europe. They had conquered the savage tribes to the north, annihilated the warlike Koguryŏ in the northeast, and spent one campaign on the southern end of the Korean peninsula, helping Sil-la crush Paekche.

Literature was not neglected. The history of the dynasty is marked by a great revival of the Confucian cult, a complete and accurate edition of all the classics being published. We are told that a school system was inaugurated, and learning was highly developed. Nationalism showed itself in a reviving interest in the past history of the peoples of the empire, and some of the most illustrious historical writers of China belong to this dynasty.

It was during the Tang dynasty that Christianity first made its appearance within the bounds of the Chinese empire. The Nestorians were permitted to settle in the land and propagate the faith, and during this dynasty, they reached the zenith of their development, their converts numbering many thousands. At the same time, Arab traders obtained a footing, introducing to the East the commerce and science of Europe and bringing the two continents into closer relations.

This is but an indication of some of the influences which were at work in the empire, but these few things -the widely extended conquest of foreign lands by the Tang armies, the revival of Confucianism and the resultant renaissance in literature, the spread of Christianity, and the inauguration of commerce with Europe-all united to give currency to new ideas and to force the nation to higher levels of civilization. What a change for a barbarian lad like Ch'oe, thus suddenly transported from his own land—which was no larger than an ordinary prefecture of China, where all was stagnation and gloom with no signs of new life—to such an immense theatre as the capital of China and to be thrust out into the current of such a forceful life as then prevailed there.

Young Ch'oe took his departure for China in the year 870. It is probable he took a boat from one of the ancient ports on the southern end of the peninsula, either Busan or Gimhae, or he may have crossed the mountains into the territory of Paekche—for that land now belonged to Sil-la—and found passage in one of the many trading junks that frequented Gunsan. From here, he would secure a quick passage across the uneasy Yellow Sea to the land of Tang. He may have gone in the train of some embassy from Sil-la to Tang, or, which is more likely, he went as the protégé of some Tang ambassador to Sil-la, who, at the instance of the father, had assumed charge of the lad. Be this as it may, his subsequent career would indicate that his introduction to Tang must have been under very favorable auspices, for honors came thick and fast upon him.

From the accounts of his life, it seems clear that young Ch'oe, from the very first, spent his life in the Tang capital at Chang'an (長安) or Si'-ugan (西安).

Situated in Shensi, in the far interior, it is probably the most historically significant city in China. Located near one of the branches of the Yellow River, Ch'oe's party would probably reach it only after many weary weeks of travel in a junk. The following description of the city in modern times is of considerable interest:

The city of Si'-ugan is the capital of the northwest of China and next to Beijing in size, population, and importance. It surpasses that city in historical interest and records, and in the long centuries of its existence, it has upheld its earlier name of Chang'an, or 'Continuous Peace.' The approach to it from the east lies across a bluff whose eastern face is filled with houses cut in the dry earth, and from whose summit the lofty towers and imposing walls are seen across the plain three miles away. These defenses were too solid for the Mohammedan rebels and protected the citizens while even their suburbs were burned. The population occupies the entire enceinte and presents a heterogeneous sprinkling of Tibetans, Mongols, and Tartars, of whom many thousand Moslems are still spared because they were loyal. Si'-ugan has been taken and retaken, rebuilt and destroyed since its establishment in the twelfth century B. C. by the Martial King, but its position has always assured for it the control of the trade between the central and western provinces and Central Asia. The city itself is picturesquely situated and contains some few remains of its ancient importance, while the neighborhood promises better returns to the sagacious antiquarian and explorer than any portion of China. The principal record of the Nestorian mission work in China, the famous tablet of A. D. 781, still remains in the yard of a temple. Some miles to the northwest lies the temple Ta-fu-sz, containing a notable colossus of Buddha, the largest in China, said to have been cut by one of the emperors of the Tang in the ninth century. This statue is in a cave hewn out of the sandstone rock, being cut out of the same material and left in the construction of the grotto. Its height is 56 ft. The proportions of the limbs and body of the sitting figure are, on the whole, well-balanced, with the Buddha represented with the right hand upraised in blessing. Both the figure and garments are richly covered with color and gilt.

Into this wonderful city the young Korean lad was introduced, and the effect on him could not have been very different from that which would be the case in any boy in modern times It is certain that he gave himself to study, and the time limit set by his father, with the heavy penalty attached, proved to be an effective motivation. That he improved his opportunities is clear from the extended and valuable character of the literary remains which have come down to us and which date from the years he spent in China. He developed into a thorough Tangite. Removed from Korea and the Korean environment in the tender years of childhood, his character was formed by the educative forces of China. such time as he could spare from his studies was spent in taking in the marvelous scenes about him. He became throughly saturated with Confucian philosophy. He saw Buddhism in a new light. It may be that some account penned by him to his father in Korea, describing the Buddhist cave at Si'-ugan and its colossusl statue of Gautama, may have been the inspiration from whence came Korea's colossal Buddha at Eun-jin. He must often have stood in the presence of the Nestorian Tablet and read its testimony to monotheistic belief and Christian ethics. How powerful all these forces must have been in his character! To his mind the Chinese court at Chang'an must have been, when compared with Korea, a veritable fairy land. Thus as years passed the Korean hills and the Korean life faded far away into dim recesses of memory. But though we call this education, it was at the same time also a foreignizing process which must have changed the Korean into a thoroughgoing Chinese. And in this may possibly be the secret of his failure to inspire his countrymen with confidence when he returned to them a comparatively young man.

Ch'oe took his degree of Doctorate at the Civil Service Examinations in 875, after six years of faithful study and when but eighteen years of age. As we look back over his career it is evident that this was a crisis in his life. Had he then returned to Silla, as was the original intention of his father in sending him to Tang, and applied himself to the solution of some of the problems of his native country, he might have rivalled aud even eclipsed the fame of that other young Korean with whom we compared him at the beginning of this sketch. It might have fallen to Ch'oe to set up a strong government, to guide the weak monarchs of Silla along the path of successful administration, or. failing in this, it might have been his fortune, rather than Wang-gtin's. to create out of the ruins of Silla a new and more glorious kingdom. But the opportunities were too great, and the call to remain in Tang too loud for him to turn back to Silla, He elected to remain in China.

The Emperor Hi-tsung'(僖宗) had ascended the Dragon Throne the year previously [874-888] and with this Emperor Ch'oé became a great favourite. It is possible they had grown up together as students. The Emperor immediately bestow ed on the young Korean a Court appointment-that of Si-u- sa (侍御史) a kind of special commissioner in the palace. This was followed shortly afterward by the appointment as Na- kong-pong (內供奉)or Imperial Court Chamberlain. Surely it was a remarkable achievement for a young Korean to rise in six years to be the Court favourite of the all-powerful Emperor of China. Certainly some unusual influence must have been back of Ch'oe to secure him these high posts in the Tang Court, yet there must have been much bitterness mingled with the cup of his joys, for the Emperor's career was an ill-starred and disastrous one,

For some years China had been in a very depressed and unsettled condition. Floods had prevailed in certain sections and brought widespread ruin. Other regions had suffered from terrible drought and the people were in a pitiable condition. As is usually the case in such times, robbers and brigands rose every where and inaugurated a reign of terror. Widespread brigandage gradually developed into organized insurrection, the leader in rebellion being one Waug-sien. He died in 878, but was succeeded by a more capable leader named but was succeeded by a more capable leader named Whang-chan (黄棗)- Raising his standard in the south, he besieged and reduced in rapid succession Canton and the principal cities of Hu-kwang and Kiang-si. He broke the imperial power and defeated and scattered the imperial armies everywhere. There was nothing to stay his terrible march north and in a short time Whang-ch'ăn was in possession of the two imperial cities of Lo-yang and Si-ugan. The Emperor barely escaped from Chang-an with his life. He was accompanied in his flight by his faithful Korean minister Ch'oe, who mever, deserted him. In securing possession of Chang-an (Si'-ugan), the rebel Whang-ch'an proclaimed himself еτperor and ascended the dragon throne of the Tangs with the dynastic title of the Great Tsi.

The usurper was not destined to reign long. The Tang emperor fleeing for his life from his blood-thirsty foe issued an appeal to the loyal people of the country. And while the pseudo-emperor Whang-ch'ăn in Chang-au was beheading all relatives of the imperial House of Tang, and flooding the streets of the capital with the blood of inoffensive people, the movement which was to overthrow bim was slowly getting under way. And in this taovement our Korean Ch oe Ch'i- wŏn was playing a most honourable part. Among those who responded to the fugitive emperor's appeal was Li Keh-yung, chief. of the Sha-to tribe of Turkomans who lived near Lake Balkash. He was very old and very famous, but the snows of many winters had failed to dampen the fire of his warlike heart. Over thirty years previously he had rendered impor tant service against the Tibetans, for which he had been re warded by the House of Tang with permission to assume the honourable family name of Yi (Li). He now hastened to the succour of the unfortunate Hi-tsung, coming at the head of 40,000 of his tribesmen. They wore a black costume and were very savage in warfare, which won for them the title of "Black. Crows."

In the campaign which the Black Crows undertook against Whang-ch'an, Ch oé Ch'i-wun served with distinction, acting as adjutant-general to their chief. In fact it is said that from his fertilè brain emanated the plans which shattered the rebel power and restored to the Tang emperor the heritage he had almost lost. Legend of course has not lost the opportunity to cast a balo around the exploits of the Korean in this connection. It is said that when Chang-an was attacked by the Black Crows, Ch 'oe Ch'i-wun addressed a letter to the usurper within its walls, couched in such terrible terms that as he read it be unconsciously crept down from his seat and crouched like a terrified beast on the Boor! The power of the rebel was destroyed and he met his fate at the hands of his nephew, who slew him in order to curry favour with the House of Tang. We have thus gone fully into the course of this rebellion because it is reputed to have been the most terrible ever known to Chinese annals. It lasted for five years, 880- 884- Popular tradition says that in its course no less than 8,000,000lives were lost. And though we may reject this number as preposterous, still the terrible loss of life during the Taiping rebellion indicates how enormous may be the destruction wrought by warfare in a populous region like South and Central China.

Restored to his throne the Emperor Hi-tsong took up his residence in Chang-an. The rewards which fell to his faithful

Korean vassal mast have been of a high and honourable character. Among other things he was made Vice- President of the Board of War. Thus this Korean lad who had come from the hills of Kyeng-sang walked the courts of Tang, a man whose word swayed the destiny of millions. Surely history offers very few careers more strange and marvel lous than that of Ch'oe Ch'i-wun. For a short time Ch 'oe enjoyed his honours in China. Amid the busy cares of state he found time to write some treatises. Determining to return to Korea in 886, the Court of Tang conferred upon him the rank of ambassador and commissioned him as Imperial Envoy in the peninsula. He was then but twenty-eight years old according to Korean count. The native biographies describe Ch'oe as returning to his native land with high purposes and plans in her behalf. He believed that the prestige of his achievements in China and the imperial authority with which he was clothed would secure for him a paramount influence in Silla and enable him to institute reforms and bring order out of confusion. He was doomed to disappointment, and it proved particularly galling to his imperions nature. But Silla's sad plight was beyond his power to amend. He only met with opposition and unfriendliness).

King Heun-gang (憲康) was en the throne-a man to whom music and dancing were more congenial than the responsibilities of state. In the Court the king's sister Man (曼) held sway, leading a dissolute life. Ch'oe was given am ap pointment, hat hatred and jealousy were his reward. It is said that King Heun-gang returning from one of his pleasure excursions met a freak of a human. being at a sea-port. This freak could sing and dance, so he became a great favorite of the king's. Later four other "freaks" suddenly appeared in the road before the royal cart in which the king was proceeding on a pleasure jaunt. They are described as hideous in appearance and repulsive to look upon. They danced, singing a ballad the refrain of which was

Chi-ri ta-do

To-p'a, To-p's.

The king failed to note the prophetic warning contained in these words, which declared the overthrow of his capital To-p'a - While men of this character who could pander to the king's whims were installed in the king's presence, a statesman and a scholar like Ch'oe Ch'i-wun was driven by royal indifference and neglect or even hostility into exile.

Silla had already sunk too low ever to rise again. Insurrection was rife in the provinces. The power of the royal government over the outlying clans, ever light. had really been destroyed, and adventurers were rising throughout the land spreading terror aud confusion. Among the factors creating disorder in the land aud bringing ruin on Silla, one of the chief was an outcast offspring of the king, named Kung-ye, whose deeds of violence and cruelty were of a most atrocious nature. Many circumstances thus united to render futile the career of Ch'oé ou his return to Silla. The death of his imperial patron Hi-tsung in 888, shortly after his return to Silla, must have, in view of the intimate bond between them, sent Ch'oe into retirement for a time. The scandalous immorality of the Court, dominated as it was by the effronteries of the lascivious Princess Man, and the terrible disorder and confusion abroad in the land, made it impossible for a man like Ch'oé to obtain a hearing.

Hardly any notices exist of his public acts. Once it is said he appealed to Tang to aid Silla to put down the internal insurrections from which she was suffering. Then again dur ing the reign of Princess Man he addressed a memorial con taining ten suggestions for the conduct of state affairs. These met with the same treatment that Korean royalty had ever ac corded him, polite courtesy and indifference, veiled in terms of royal gratitude and inaction, more deadly to a patriotic soul than ont-spoken antagonism.

Therefore, in all the accounts which we have of Ch'oé's life after his return to Silla, he comes before us as the scholar and recluse. It is said that "he buried his surpassing talents amid the mountain cemeteries." He retired to his ancestral bome at Kaya-san. and there gave himself up to literary pursuits, being confessedly the most learned and finished scholar of his times.

This was the period of his literary activity. He was an essayist, poet and historian, and his pen being a diligent one he must have produced many works which are lost to us. From the scattered notices contained in Maurice Courant's monumental Bibliographic Corémne we have collected the fol lowing notes.

(1) Poems. The Odes of Remarkable Litterateurs. The *Hyun Sip cho si* (賢十抄詩) contains a selection of Ch oe Ch'i- wan's poems. This work, compiled about 900 years ago, contained odes from those poets who took precedence in the first rauk. Ten examples are given from each writer. This would indicate that Ch'oe was a poet of more than ordinary merit. Our knowledge of this work is derived from the *Tai tong-un-ko* (大東韻考), no copy having came down to us. Of the poets thus preserved six were litterateurs of Tang and only four were Koreans, viz.: Ch'oe Chi-wun, Pak In-

pom (朴仁範) Ch'oe Söng-a (崔承祐) and Ch oé Kwang-yu (崔匡裕). These men were all educated in China, the last three having probably been influenced to that course by the example of Ch'cé Ch'i-wün.

Ch'oe Ch'i-wǔn also presented on his return from China in 886, to Kiug Heun-gang, a copy of his poetical works in three volumes. These have disappeared.

(2) *The Chung-san-pu-Koné-jip* (中山覆膏集). This was a work of five volumes written while in China, which we only know about incidentally as part of his writings presented by Ch'oá in 886 to the King of Silla. As it is lost to us we have no means of ascertaining its character.

(3) *The Silla Su i-jun* (新羅殊異傳). Narratives of the wonders of Silla. The character of the work can be gathered from its title. It is cited by the Tai-tong-un-ko, but I know of no existing copy. This is to be regretted. as it would be of great value to the student of archaeology

(4) *The Ch'oe Ch'i-wun Mun-jip* (崔致遠文集 The collected work of Ch'oé Ch'i-wun. This was the collection preserved by his family, but has become scattered aud some of the works have been lost. We owe our knowledge of it to the Tai-tong-un-ko.

(5) *The Che-wang-yun Tai--ryak.* (帝王年代畧) The Chronicles of Emperors and Kings. This was a work on General History, and though lost to us, it is inentioned in the Tai-tong un-ko, and fragments of it may be recovered from such historical works as the *Yul-yo-geui-sul* (燃藜記述)

(6) *The Kei-wun-p'il-kyung-jip* (桂苑筆耕集). This title may be translated The Furrows of a Chinese Pen in a Garden of Cinnamon

Trees. It extends to twenty volumes and makes up the collection of twenty-eight volumes (the other two being his poems and the Chung-san-pu-che-jip) which Ch'oé presented to King Heungong in 886 on his arrival as Tang ambassador at the court of Silla. This work has survived the ravages of time and has been pre served to us. We are indebted to an old patrician family, named Hong, of Seoul, for a modern edition of it. Hong Suk- ju, who rose to the post of Prime Minister of the Left, caused a copy of the "Furrows" to be printed in 1834. From the preface we learn that Hong also tried to secure a copy of the Chung-san p to publish it at the same time but was unable to find any trace of it. The edition of the Furrows was based on a manuscript copy which had been preserved in the Hong family for centuries. It consists of reports, letters, and various other documents, official and private, of Ch'oe and is of great value as the testimony of a keen eye witness of the events of his times. A copy of the 1834 edition is found in the Bibliothèque de l' Ecole des Langucs Orientales Vivantes at Paris.

The romantic career of Ch'oe Ch'i-wun, rivalling as it does the fancies of fiction, prepares us for his end. for he disappears from our view not into history but into legend. The common belief is that after his retirement into Ka-ya-san he gave himself up to the pleasures of literature and music. His days were spent in literary delights with a few kindred spirits. He was an accomplished player on the Ku mun-go or Seven-Stringed Lute. and this instrument plays a large part in the legends of his hermit life. Legend. how ever, takes its wildest flight in asserting that he secured the Magic Jade Flute of Silla. Upon this he played until the powers of death and dissolution were charmed and compelled to halt at the threshold of his mountain retreat and to respect the sacredness of his person. It it thus said that he never died but was transformed into a spirit and disappeared into the blue ether above, taking with him the Magic Flute of Jade.

He secured a prominence in Korean literary life which can never be taken from him. His predecessor, Sul-ch'ong, left so few literary remains that collections of early Korean literature begin with Ch 'oe rather than with Súl-ch'ong. Thus the great Tong-mun-sun (東文選), Selections from Korean Compositions (54 vols.), compiled by Su-chung (徐居正) in 1478, begins Korean literature really with Ch'oe. This was also the case with an earlier work of similar character by Ch'oe-hai, called the Tong-in-mun (東人文) which be gins Korean literature with Ch'oé. The fact that these collections of Korean literature begin with Ch'oe Ch'i-wun would seem to confirm the tradition that he was the first Korean writer to produce books in the Chinese characters, a tra dition, however, which we are hardly prepared to accept. But an examination of his works certainly introduces us very nearly to the fountain head of Korean literature. We must close our sketch with a legend. Kung-ye(弓裔), the one-eyed monster who had been spawned by King Heui gang, after a career of blood and rapine in which he had alienated all followers by his acts of atrocious cruelty, was approaching his fall. Among his officers the greatest in fame and best beloved because of his courage and generosity was Wang-gün, the "man child of Song-ak." Gradually the hopes of the people began to centre around Wang-gün and it was felt that he was undoubtedly the Man of Destiny for Korea. The prophetic eye of Ch'oe Ch'i-wün fell upon the rising general and from his retreat in Ka-ya-san he sent to

Wang-gun one of those literary enigmas which pass for in spired utterances among Asiatic peoples. It was a stanza of two lines as follows

곡	계	鵠	鷄
령	림	嶺	林
청	황	青	黃
송	엽	松	葉

Translated freely this means "The leaves of the Cock Forest are sear and yellow. But the pines on the Snow Goose Pass are fresh and green."

This is a poetical metaphor which ou the face of it by a flight of fancy is easily translated. Ke-rim (Cock Forest) is the ancient poetical name of Silla. That its leaves are sear and yellow means that the time of its decay and death has arrived. Kok-yuug (Snow-Goose Pass) was the ancestral home of Wang, and the freshness and vigour of its pines indicate the prosperity of the young general.

Among Ch'oé's descendants have been many litterateurs, some of them rising to high distinction. It was in the year A. D. 1021 that Hyun-chong, eighth monarch of the Korea dynasty, immortalized the memory of Ch oe by decreeing him a place in the Confucian Temple with the title Marquis Mun ch'ang.

(Transactions, Vol. III. 1903)

III.

James Scarth Gale

(1863-1937)

III. James Scarth Gale
(1863-1937)

1. A KOREAN'S VIEW OF CHRISTIANITY.

(Note:-The author of the following article was An Chung-bok, who lived from 1712 to 1791 A. D. His nom de plume was Soon-am (Gentle House), and it is said that he took it from a desire to please God. Because he was a specially religious man, the King appointed him Preceptor of the Crown Prince. He took no examinations and had no desire to win a name as graduate, though he was fully equipped to be the first in his class.

His published works are : History of Korea, The Story of Mok-ch'un County, Divine Things, Religion, Guidance in Study, How to Read History, Notes on Choo-ja, Marriage Rites, and Miscellaneous Works).

The earliest substantial introduction of Christianity into Korea was that of 1784 when a baptized convert returned with the tribute embassy from Peking and began active propaganda. The stories of these earliest years read like a tale of Sir Launfal, or the knights of the Middle Ages. Korea was astounded at the bravery and unselfish zeal of these new converts, a something entirely new in her experience of faiths and beliefs; and she watched them with mingled feelings of fear and wonder. Among the notes of onlookers is one essay by An Chung-bok who gives his views of the merits of Christianity as compared with the old national cult, Confucianism. These notes will be of interest to any one who desires to see as the Oriental literate sees. The answers given to the questions suggested are very much the same as would be given to day by any well-posted Confucian scholar. It was in the year 1785 that Mr. An wrote the essay, and he was then 73 years of age.

He goes on to say, "Books containing Western teaching arrived here in the last years of King Sun-jo. Officials and ministers saw them and took note, but they understood them to be like the books of the Taoists and Buddhists, and so set them aside as mere objects of curiosity. These books dealt not only with religion, but contained works on astronomy and geometry, and were first obtained when the envoy went to Peking.

"In the years Ke-myo (1603) and Kap-jin (1604) Chris tianity became popular with a certain class of young men, who contended for it, saying that God Himself had come down to earth and given His commands through angels. Alas, in a single day their hearts were changed and turned away from the writings of the Chinese Sages! It was like the boy who graduates in the Classics and then comes home to call his moth er by her first name, a sad state of affairs indeed !

"And now I desire to give my opinion of what is written in these Christian books. Christianity has been in China for a long time, and the rumor of it we have heard for many years. I wish you to know that it does not find its beginning now.

"There is a book called Distant Messages, by a priest Aleni, (arrived in China about 1597) which says, 'Judea was a part of ancient Rome. It is also called Palestine, the land where God visited the earth.'

"Matteo Ricci, (arrived in China 1582) in his book called Truths about God, says, 'In the 2nd year of Emperor Wun-soo (A. D.), and on the 3rd day after the winter solstice, God chose a virgin and by means of birth came and dwelt among men, His name being called Jesus. This name Jesus means Saviour. He taught for 33 years on that western frontier of Asia, and then He ascended again to heaven.'

"I shall now proceed by question and answer :

"Was the worship of God known to the Far East in the early ages ?

"Yes. The Book of History says, 'God gave man his con science, so that if he preserve it clear and undefiled, he will find the way of peace.'

"The Book of Poetry says, 'King Moon safeguarded his heart and so served God acceptably.'

"Again it says, 'In fear of the majesty of God, one can preserve his faith under all circumstances.'

"Mencius says, 'To set one's energies to the training of the heart, that is the service of God.'

"Again we ask If the religion of the literati is indeed the service of God, why do they oppose the teaching of the foreign missionary ?

"I answer, The foreign missionary claims to worship God also, and in that respect we are at one, but we do so in a right and proper way, while his is a wicked and deceitful way and so I oppose it.

"But these Western missionaries, who guard their bodies in all chastity, prove something that the most zealous of us literati fail to do. In their knowledge and understanding of the principles of nature too, they surpass us. They can measure the heavens and reckon up the seasons; make all sorts of delicate instruments of wonderful precision; can make great guns that are able to shoot to the 9th heaven and over- span 80 li. Is this not wonderful ? Whenever they enter a country they immediately learn its language and soon speak it. They find, as well, the country's latitude and longitude. They are indeed wonderful beings equal to the Sages and the Genii. Why then do you not trust them ?

"I answer, If we speak of the world as a whole, Western nations lie on the other side of the Kol-yoon Mountains, and so occupy a place midway in the earth. They are strong and vigorous peoples, large and imposing in stature, and rich with treasures that spring forth from the soil. They are like the stomach that contains the centres of vitality, and the food from which sustenance comes.

"China, on the other hand, lies toward the south-east quarter, and gathers into itself the light and warmth of the world. It is the heart, and those who are born there are truly the spiritual and holy ones of earth, the real saints like Yo, Soon, Oo, T'ang, Moon, Moo, Choo-kong and Kong-ja (Confucius). If we illustrate it from the body, I should say that as the heart is in the breast, and constitutes the spiritual abode among the members, so is China. I therefore conclude that China's religion is the true religion, and that the Western religion, notwithstanding the fact that it claims to be truth and holiness, is not true.

"Some again might ask, 'What do you mean by this ?'"

"I reply, 'The heart reflects the nature of God, therefore if we keep it and the conscience clear, and do not forget the divine commands, this is true religion and true service. Why should we, night and morning, as do the missionaries pray to God to pardon all our past sins and save us from hell ? Is this not the same as the prayer of the witch and the sorceress ? To prostrate oneself five times a day before God, and to keep one day in seven for fasting and afflicting the soul, do you call that rendering God service ?'

"Others might make this inquiry, 'There are three great religions, Confucianism, Buddhism, and Taoism, but the Western missionary gives to his teaching the special name Religion of God, (Ch'un-joo-kyo). What does he mean by that?'

"I reply, 'The Religion of the Sages is the one and only Religion, why do you say there are three ? Three is a later word of those who do not know. Buddhism is a religion from the West, that breaks right across the law of the family. Taoism, also, is a cult that pertains to the non-earthly, and has no relation to the things that be. How can you mention them in the same breath with Confucianism ? For the Western missionary to call his teaching the 'Religion of God' is most foolish, not to say blasphemous. The region of the West has had so called religions arise within it like quills upon the por cupine. A careful reading of the Chun-teung Nok will prove this to anyone.'

"Western missionaries think if they claim for their teach ing the name of the Supreme Ruler of the universe, that no one will dare to oppose them on account of this all-prevail ing name. It is like using the name of the Emperor in order to compass one's own private ends. A very clever trick in deed !

"The Religion of the literati puts the Sage in the place of God, to work for God in the governing of the people ; to re ward the good, and to punish the evil. Thus it makes God all in all, and shows that the literatiact according to His divine decrees. How can the mere calling it the 'Religion of God' make it Truth and Holiness?

"Again it may be asked, 'Are there no others who speak of God but the Western missionaries?'

"I reply, 'Yes, there was once a man called Meuk-ja (450 B. C.) a Chinaman, who wrote a book entitled The Will of God, (Ch'unji Pyun), in which he says, 'Those who follow the will of God know only love for all mankind, and by love seek others' profit. Doing so, they will find their reward. But men, who run counter to His will, hate each other, and in their friendship seek only selfish gain. Unquestionably they will find their punishment.'

"The noted kings of the early ages Oo, Tang, Moon, Moo followed God and were rewarded; while Kul, Choo, Yoo and Yaw opposed it, and were punished. Anyone who looks above and serves God, who looks midway and treats with reverence the spirits, who looks down in service toward other men, will love, as God Himself loves, and will be blessed, as God can bless.' This is what Meuk-ja means when he speaks of following God. He means to love others as oneself, and to seek others' profit just as one's own. The Western mission aries' exhorting us to put away enmity, and love all others is just the same as Meuk-ja's Kyum-ai, 'loving another as one self.' Their enduring hardships, too, and practising self-denial are just the same as Meuk-ja's Sang-keum, 'taking the hard way.' The only difference is, that while Meuk-ja speaks of God, he talks of the present and visible world, while the missionaries talk only of a world to come. Comparing their words with Meuk-ja's, theirs are very much harder to accept, and harder to believe. The missionaries' talk of a world that is to come, is like that of the Buddhist; while their command to love others and to deny oneself is no better than Meuk-ja's Kyum-ai and Sang-keum.

Is this, pray, what students of Confucius and Choo-ja should learn? Now the Chinese so-called literati while opposing the heaven and hell of the Buddhist and the Taoist, never question this at the hands of the foreign missionary, but at once respond, 'This is the Truth of God.' The Sages of China are very high, and very great and yet they never pretend to equal God Himself. How foolish are these foreign missionaries to speak of their founder in such extravagant and unreasonable terms?

"Again I am asked 'The name Jesus is said to mean the Saviour of the world. Now does the same thought underlie the teachings of the Sages?' I reply, The thought conveyed by the name Jesus as to the saving of the world, pertains to an unseen world, and by means of the rewards of heaven and the pains of hell, urges men on to good action; but the religion of the Sages pertains to this present life, and seeks to enlighten men in virtue. Even though we admit that there are such places as heaven and hell, we still know that if men do what is right in this life and refrain from evil, heaven will assuredly be their portion; while, if they turn from good, and do evil, unquestionably hell will be theirs. Therefore men, while in this life, should diligently and faithfully seek after goodness and hold the conscience clear that God has given them. What purpose can be served for good action by constantly referring to a life to come?

"Chang-ja says that Buddha rose superior to life and death, which means that he turned his back upon all others and thought only of himself. The missionary, who prays to be saved from hell, is also a one-sided religionist who thinks only of himself.

"'Do good and turn away from evil and all will be well with you,' says the missionary.

"These words too, are misleading. The good that we ought to do, and the evil that we ought not to do, are known to everybody, ignorant and learned alike. For example I think of a man, a very wicked man, and another says of him 'How good you are !' He likes it; but if anyone says of him 'Alas how bad!' he gets very angry. So we see that even the wicked man knows the difference between good and evil. How then could there be any religion that says, 'Do evil and turn away from the good ? Therefore from olden times heretics have always made it their plea that their religion meant the doing of good, and the turning away from evil. These foreign missionaries are by no means the only ones who say that. But, as I said before, their religion does not deal with the present world, but with the heaven and hell that are to come, a thing most foolish and contrary to the mind of the Sages. The Sages speak of the present life as to what is best concerning it, and their words are frank and above board. For this reason Confucius did not speak of miracles or spirits. If he had begun talking of such things, he could have stirred men's minds up to all manner of excess. We see many examples of this in Chinese history. People have come forward calling themselves the Merciful Buddha etc., whose records are definitely recorded in the historical books. In our own country in the year Moo-in (1756) a noted witch appeared calling herself by this title. People gathered to her from all parts of the country, saying that Sakamoni had come to life, and bowed and did her honor. She said that all worship of spirits should be given up, and gave as the reason that she, the Buddha, was once more alive and on earth, and that no others should be worshipped but she only. The people, following her orders, burned and destroyed their prayer altars and the dishes that they had used. In two or three months the whole of central Korea had come to follow this woman. The king seeing this, sent a Commissioner Yi Kyung-ok and had her beheaded. Even after that, for several months matters did not quiet down. People's hearts are so easily stirred but so hard to restore to reason; easy to influence, but hard to awaken to understand. The mission ary says, 'We must serve God with all the heart and never cease from it." This he claims agrees with Confucianism. He also says, 'You must keep the body under, and be sparing of food and be temperate in all things, just as Confucius taught self-denial.' Therefore though the teachings and practice of these religionists differ from those of the Confucianist, the matter of doing good is the same in both, and one seemingly ought to commend it. But the world is so cunning and evil, and peoples' hearts so hard to fathom, that if but one strange person appear and say 'God has come down to earth in the East; God has come down to earth in the West,' no end of people will be attracted by this kind of nonsense and believing it will be carried away."

(*The Korea Magazine,* Vol. Ⅰ. June, 1917)

2. KOREAN LITERATURE 1.

1) HOW TO APPROACH IT

If anyone desires to make a study of Korean Literature he must work through the medium of the Chinese character. The fact that there is little or no literature written in the Eunmun makes it necessary in the first place; and in the second, Eunmun books that exist, are all heavily charged with Chinese words and combinations, so that they are if anything more difficult than the pure Chinese itself.

To work through the Chinese character, does not necessarily mean that one should be a Chinese scholar. It is the humble opinion of the writer that there are but few real Chinese scholars among the foreigners of the East, and yet much work is done by many of these through the medium of Chinese. To be able to read the ideograph with its combinations, and to construe, are not the most difficult matters of attainment. It is the understanding of the endless references to Chinese history and mythology that is impossible for a foreigner to become master of, unless he begins study, as does the Oriental, with childhood and continues it on into middle life. It need not therefore discourage any student of the East to think that he is not a Chinese scholar, for if he has a knowledge of the colloquial, and bends his energies to the attainment of whatever is possible in the way of Chinese, he can, with the aid of a good pundit get at the thought that underlies Korean literature. As pertains to so many other aspects of Oriental life, he must see through the teacher's eyes, and read by the aid and assistance of the teacher's brain.

To attempt, therefore, anything like an examination of Korean literature the student requires at his elbow a scholar of the old school. A modern literary graduate knows little or nothing about the classic books which his fathers have written. As little are they a part of his life as they are of the foreigner's.

All Korean literature, if we except Buddhist books, are written in what is called Chinese wenli, or Confucian classic style, and only a thoroughly versed man of the old school can make anything of them.

The first question then would be: Have you such a man available ? Remember that the kwago (Official examination) was given up in 1894, that is 23 years ago, and that the great incentive to the study of the character ceased to act from that date. There are those who have become scholars since, but they are so few and far between that it is very unlikely that the foreigner will ever meet them. Supposing then that the man sought for had just arrived at the threshold of knowledge when the kwago ceased to be, he must have been at least 23 years of age at that time. The two twenty threes make forty six. Remember then that there will be little chance of finding a good scholar less that forty-six years of age. Many can read and shuffle along in a way that looks quite skilful to the un trained Western eye, but they will not be scholars. When you seek a literary assistant make forty-five years the mini mum of your choice.

A good scholar, such as the land brought forth in abun dance in the old days, can read any page you open, always excepting Buddhist literature, which belongs to another world of thought, and requires its own special study and preparation. Whether it be a monument by the roadside, or a musty book printed before the days of Chaucer, he will read through its mysteries as deftly as a good player awakens to life the harp-strings of the piano, telling you all the story and revealing a world of interest born of old China, that surely must appeal to any intelligent Occidental.

With such a scholar, and they are to be found still among the first Christians, the student is prepared to undertake some thing in the way of investigating Korean literature.

The writer would say that this is written for the benefit of those who like this kind of recreation. To many, investigation of this sort would prove an insuperable bore. Let not such a person bother his head with it but try something else more congenial. To those, however, who like to wander through the mental vistas of Asia and see what strange and mysterious forms people them, it will be no bore but a dream of wonder and delight.

However, it takes time and patience, and for any substantial attainment some regular hour must be set apart each day. The writer has found that an hour in the morning before breakfast reads many pages in the course of the year. To others an hour in the evening would be much better. Suit your own whim as to time, but some time regularly employed is an absolute necessity to even moderate attainment. Some bent in that direction in the first place; a good Korean scholar to aid in the second place; and a set hour of the day in the third place, will supply the means for your reading what Korea has written in days gone by.

In paper II the writer proposes to say something about Why Read Korean Literature?

(*The Korea Magazine*, Vol. I . July, 1917)

2) Why READ KOREAN LITERATURE ?

After all is said and done, the mental world is the real world. As a man thinketh in his heart so is he. If, then, we would really know a people, we must know their inner thoughts.

Is it possible to live from day to day through a period of years without coming to know the thinking processes of the race we live with ? The writer, judging from himself, thinks it is. He had lived with the Korean for nearly a score of years, had sat with him on the floor, and eaten his rice with chopsticks and spoon, without really knowing anything about the mental world in which his friend and neighbor dwelt. Perhaps it may have been due to a slow and unreceptive spirit on his part. He would think not, however, for others of quicker minds seemed just as wholly unacquainted as himself. They were just as ignorant as he of what great men Koreans walked with, of the great women they talked of, what religious ideas they held, what their poets dreamed of, what endless catacombs of superstition their souls wandered through, what palaces they had built in fairy land, what their logie was and how they added two and two together.

The Korean is a very secretive and silent man. He has learned from sad experience that it is not safe to speak all one's inner thoughts. Little by little he has suppressed these till he has become wary and reserved, and tells you little or nothing of the inner life that belongs to him.

A scholar who has been by the writer's elbow for ten years remains as great a mystery as ever. He speaks of nothing concerning himself. By a system of cross question and answer you might extract certain statements from him, but that would only prove the truth of what is said, namely, that the Korean tells not willingly the secrets of his soul to any foreigner. He tells them to his bosom friends only. The man with whom he walks along the street, as he holds his hand, he tells him. He never tells us.

What he loves most to see, he does not speak of ; what his ears delight to hear, is no special concern of ours. We know them not. We may think we do but a little closer con sideration of the question will convince the most ardent doubter that it is not so.

Broadly speaking the Korean is to the foreigner what he thinks the foreigner would like him to be. Hence if the foreigner would know what the Korean is, he must find it not from the man himself, but only from what the man has writ ten down concerning himself, and which he never dreamed the foreigner would one day look upon and read.

For example the writer had no idea, though he had lived with the Korean for a score of years, of the part the Taoist genii and the fairies play in his world. They are now, that acquaintance has been made, friends of the most subtle grace and charm, always good and kind and yet wholly of the earth non-earthy. As I have read what the Korean has written I have lived with these sin-sun (fairies) in their palaces, have partaken of their choicest fare, have listened to their voices, sweetened and mellowed by age. Yes I have lived with these fairies, heard their music and seen the soft winsome workings of their way.

On the first surprise of this acquaintance I reprimanded my secretary for not telling me before, and his answer was, "Why everybody knows of them, why should you be told ?"

"But," said I, "I did not know of them, and never dreamed that they existed.

"Now I may say, since being introduced to Korean Literature, that I have gone time and again to the Crystal Palace that sleeps in the bottom of the sea, as well as to the Chilly Halls (Kwang-han Chun) of Queen Hang-a in the moon. In one I have met the Dragon King and in the other Wul-lo, the gentle old fairy, who sits under the cassia tree and weaves those threads together that unite lovers in marriage. those threads together that unite lovers in marriage. No Korean ever talks readily of these things, especially to an un spohisticated creature such as he finds the foreigner to be.

Again there is a whole world of prayer and sacrifice to be introduced to. How great it is can be judged from the large place it occupies in the writings of the literati. What do they think of God, the great creator, a being infinite, eternal, and unchangeable in His wisdom, power and goodness? This surely is worth knowing something of, and yet if the reader be like the writer, he may have passed these twenty years without knowing that the Korean ever thought of God.

Their ideas of society too, are of interest, especially in these days of social upheaval, through they cannot be learned from the lips but only from the pen.

The thousand and one things that they talk of with their friends but cannot speak of to the foreigner are all found faithfully recorded in their writings.

As regards his travels too, what would a Korean see or note down if he went to Peking, for example, or to Tokyo ? Will the reader with his knowledge, be able to imagine such an itinerary? I think not.

As a man thinketh in his heart so is he. The Korean's heart is reflected in his literature as in no other way. One may be an experienced missionary, may do excellent work, and be able to bring Orientals to his way of thinking, without having glimpsed the mental world in which the Oriental lives. He may interest the East and yet be in no sense qualified to interpret it. Still a correct interpretation of the East has its value. Its worth is evident even here and now, and also it has a part in acquainting the great world at home with the great continent of Asia. In view of the changing conditions to-day it is surely clear that the West and East are destined to come closer and closer into contact. The door of acquaintance is as yet exceptionally narrow, and can only be widened by each student interested getting into touch with what Asia thinks in heart. Therefore we say, if you have opportunity read her books and acquaint yourself with her literature.

(*The Korea Magazine*, Vol. I. August, 1917)

3. TAN Goon.

Perhaps Tan-goon's is the most mysterious and the most interesting of all the religious influences of Korea. There has been some attempt in recent years to revive his religion, if such a religion ever did exist, but it seems a mere mechanical effort. Still, the fact of Tan-goon remains, and will remain. Without attempting to draw any conclusions, or to express any opinion regarding him, we give the following quotations from various Korean and Chinese books, that have to do with his mysterious course on earth.

"Whan-in, Whan-oong, and Whan-gum are the Triune Spirit. Sometimes he is called Tan-in, Tan-oong and Tan goon. In the year kap-ja of Sang-wun (2333 B. C.) and the 10th moon and 3rd day Whan-gum changed from a Spirit into a man and came with his heavenly sceptre and his three seals. He descended to the T'ai-baik Mountains and stood beneath the sandalwood trees. There he made known the divine truth and taught the people. The multitudes were greatly moved by his presence, and crowded about him, as men gather on market days, so that he was called the Divine Market Keeper."

THE TRIUNE SPIRIT-GOD

"Whan-in is God (Ch'un); Whan-oong is the Spirit (Sin); and Tan-goon is the God-man (Sin-in). These three constitute the Triune Spirit (Sam-sin)." (Ko-keum Keui).

"Sa-ma Sang-yo said to King Moo-je of Han, 'May your Majesty be humble-minded and gentle in all your ways lest you lose the blessing of the Triune Spirit (Sam-sin), for this Triune

Spirit is God (Sang je). (Han-su written by Pan-go 50 A. D.).

THE TEACHING OF TAN-GOON

"There was no king in Korea at first, till a God-man (sin in) came down with three thousand followers and made his appearance underneath the sandalwood trees on T'ai-baik Mountains. He was named Sin-si (The Divine Market Keeper) on account of the crowds that gathered to his side. They made him king and called him Tan-goon."

(Hai-dong Ak-boo; T'ai baik Tan-ga.)

"Tan-goon preached the word of God (Sin-sul) and taught men that there are three great spirits, one the master of the winds, one the giver of rain, and one lord of the clouds; and that these three together have charge of the 366 affairs that rule in the world of men.

(Ko-keui).

"When Tan-goon set up his kingdom he took cognisance of grain supply, of life and death, of punishments, of sickness and health, of good and evil, of the relation of the sexes, of parents and children, of kings and courtiers, of dress, food, houses, head-gear and civilization in general.

(Ko-keui).

"There is a kingdom to the North called Chosen, whose people God has taught. They live by the sea and love their fellow men."

(San hai Kyung, said to have been written by Paik Ik 2200 B.C.)

"The men of Korea dress in red clothes, with white silk girdles and black caps; while the women wear mottled clothes, and look very pretty. The sexes meet but observe the strictest forms of decorum. They speak good of one- another and never evil. When they see others in trouble they risk their lives to render the needed assistance, so they are called 'good men,' 'righteous men,' 6a happy people.' They never use uncomely or indecent speech, and they readily laugh. When one gives them a passing glance they seem a simple people to the eye."

(Sin-i Kyung written by Tong Pang-sak 120 B.C.)

"Confucius' fifty-third descendant, Wan, Prince of Yun sung, had a second son, whose name was Kong-so, that graduated about the year 1340 A.D. and became a doctor of the Hallim. Kong-so came with Princess Tai-jang, who was a daughter of Prince Ho-wi, and had her married to King Kong-min of Korea. As he was leaving his native place he thought of what his great ancestor Confucius had said, namely, I should like to go by sea and live with the East Barbarian.' He said to himself, 'The reason they say that Korea is the land of honest hearts and good behaviour, is due to the fact of its having had divine and holy kings like Tan-goon and Keui-ja. For this reason its people are civilized. I, too, am going there, and there I shall live.' So he took his wife Whang-bo and made his home in the East Peninsula.'

(Tong-gook Kwol-li-ji).

"Tan-goon was the first king born to Korea. He it was who taught the people a spiritual religion with an earnest and faithful heart, binding them together into a strong race. In Poo-yu his religion was called the Religion that stands in place of God (Ch'un), in Ko-ku-ryŭ it is called the Religion of the Worship of God (Ch'un); and in Silla it is called The Religion of Reverence for God (Ch'un).

In Korea it was named the Religion of Wang-gum (Tan-goon) and in the 10th moon of each year there was the custom of bowing before the Almighty (Ch'un) and offering sacrifice."

(Sok-wun Wi-yo Pyun).

"In our country there is a deep and mysterious religion which indeed includes the three great cults, Confucianism, Buddhism, and Taoism and forms the basis of our national life. If we speak of filial piety, or loyalty to the king, we think of the great Teacher of the No Kingdom (Confucius). If, on the other hand, we pretend to the impossible and things beyond human ken, we say it is the religion of No-ja. Again if it is a question of doing no evil but good only, it is ascribed to the great teacher of India (Buddha), but Tan-goon taught them all."

"The Great Spirit (Choo-sin), with almighty and omniscient power, rules all the world. His form does not appear to our vision, for he dwells in the highest heaven, yet all the creatures of the earth are his little servants to do His bidding, In the Book of Rites of Poo-yu it says 'Our national religion is the Worship of God.'"

(Man-joo Chi)

MIRACULOUS PROOFS OF TAN-GOON'S POWER.

"Solgo of Silla was the son of a farmer. From earliest youth he loved picture making. When out cutting wood he used to take the roots of the creeper, and with them make pictures on the rocks ; and while he ploughed he would sketch in the sand with the plough-share. Living in a secluded part of the world he had no teacher, and there was no one from whom he could inquire, and so his wishes to become an artist were not possible of attainment. Day and night however he prayed to God (Ch'un-sin) that He would divinely teach him. This he did for many years, till on a certain day an old man came to him in a dream and said, 'I am the God-man, Tan goon. Moved by your earnest prayers I come and herewith give you the divinely-tipped pen.'

"He awoke, and the dream was as though it had been real. In a little his hand grew skilful and by and by became the hand of a great master.

"Solgo was so grateful for the gift bestowed upon him, that he painted the picture of Tan-goon a thousand times and more. He made him according to the model of the old man whom he had seen in the dream.

"Yi Kyoo-bo of Koryŭ wrote an inscription for one of Sol go's pictures of Tan-goon: 'Beyond the hills, house by house, I find the pictures of our spirit ancestor. fIalf of them at least are Solgo's, made by him."

(Tong-sa Yoo-go).

"Kim Saing of Silla, by constant prayer to God, (Ch'un sin), obtained miraculous power in writing. Tradition has handed down a story saying that once upon a time a stranger came to Kim Saing and asked him if he would write out for him the Sutra of God (Che-suk). When Kim had written it he asked the stranger who he was and whence he came. He replied 'I am the angel of God (Tan-goon) and was command ed by Him to obtain this writing from you."

(Yi Sang-kook Chip 1200 A. D.)

PLACES OF WORSHIP.

"In the days of Tai-jong the Temple of the Three Holy Ones (Sam-sung) in Koo-wul Mountains became deserted, and its place taken by the Temple of Tan-goon in Pyengyang. There followed upon this change a terrible epidemic in Whang-hai Province, that continued for many years. King Sung-jong, in the year 1471 A. D., sent a communication to the governor of Whang-hai, Yi Ye, in which he asked, 'In ancient times, were there any special causes of sickness in your pro vince ? Where was Tan-goon's Temple located, and for what reason was its site changed ? How about the sacrifices that should be offered to him? Do the people offer these now ? What law governs the offerings? What medicine do the people use, and who look after the sick? What medicine do they find efficacious? Make careful inquiry concerning these things and let me know.'"

"Again he wrote, 'I understand that the shrine of the God (ch'un-wang) Tan-goon was originally on the highest peak of Koo-wul Mountain, but that later it was moved forward to a lower peak, and again changed to an outer spur of the hills where the Temple to the Three Persons of God (Ch'un-wang Sam-wi) was erected. Also I am told that there was a shrine built for the attending spirits, and that a place was prepared for the offering of sacrifices. Incense was burned there and worship performed through a long period of years. Later it became deserted, the service done away with, and then sick ness fell upon the people. I want to know if the site of the Temple of God (Ch'un-wang tang) is still in existence, with the place for the accompanying shrines; also, if the order in which the tablets stood is still definitely known; if there is a record of the way in which the sacrificial materials were prepared, and how offered, and if the sickness, now prevalent, dates from the cessation of the worship ? There will be traditions and sayings regarding the matter. Find out definitely and let me know."

"In the year 1472, and the 2nd Moon, the governor of Whanghai, Yi Ye, wrote a memorial to king Sung-jong in which he went on to say, 'In answer to Your Majesty's communication, I made inquiry of an old man named Ch'oi Chi, who was formerly overseer of the Temple of Tan-goon, and also of Ch'oi Teuk-gang, who was guardian of the same. From these I have obtained a history of the Temple of the Three Holy Ones and have taken careful notes of every thing, which I now present to your Majesty.

"'Tan-goon was a God-man. His shrine on the Koo wul Mountains was to the west of the Buddhist Temple, Pai yup Sa, on Tai-cheung Peak, back of Imbool Hall. It was removed to a lower elevation, further down, and again later changed to So-cheung Mountain, where it is still known as the Temple of the Three Holy Ones. The exact site on Tai-cheung, and the one below the Temple of Pai-yup Sa, are lost.

"Tan-goon, Tan-oong, and Tan-in are the Triune Holy Ones, to whom a temple was built and sacrifice offered. These buildings, having fallen to decay through the lapse of time, were restored in the year Kyung-o (1450) by the magistrate Sin Hyo-wun; and again in the year Moo-in (1458) the magistrate Mai Choa painted them in various colours.

"In the Temple of the Triune Holy Ones, God, Tan-in faced south; God, Tan-oong faced west; and God, Tan-goon faced east, each having a wooden tablet.

"Tradition says that in ancient times wooden images were used, but in the days of Tai-jong, when the government was meditating the restoration of these, Ha Ryoon raised an objection, and the matter was dropped. We do not know, now, just in what form they were originally represented.

"In olden times there was no house for sacrifice till the magistrate Mai Choa built a thatched hut of two or three kan below the Temple of the Three Holy Ones and had a com pany of priests set apart for the service. When sacrifice was to be offered they performed acts of purification, slept there and prepared the necessary materials by which the worship was carried out.

"At first the vessels used in the Temple of the Three Holy Ones were of gold and silver, but after the Japanese War (1592) porcelain dishes were used. Mai Choa was the first to make use of brass dishes,

"After the Temple was removed to Pyengyang, sacrifice ceased for a period of sixty years. Some say it ceased in the year 1400, some say in 1401 or 1402. It is not definitely known. Also as to how incense was prepared, or how the sacrifices were carried out I cannot definitely tell.

"The highest peak of Koo-wul Mountain, which is not called the Temple of God, but the Peak of the Four Kings, is where the materials were prepared and sacrifice offered. King T'ai-jong in the year 1415 A. D. made certain repairs in the building, but there is no one who knows definitely the exact site, and now as ice and snow are on the ground it would be dangerous to climb.

"In the book Kwan-su Seung-nam there is a record of the ancient remains of Moon-wha which reads, 'Under Koo wul

Mountain, by the village of the Holy Shrine on the hill of So-cheung is the Temple of the Holy Ones, Tan-in, Tan-oong and Tan-goon.'

"Although there was no official worship offered after the Temple of the Three Holy Ones was removed to Pyengyang, still, when a sacrifice for rain or fair weather was to be made, the magistrate, dressed in official robes, would perform it, using white cake, rice, cloth goods, fruits, etc. The saying was that it was a spiritual matter, that no one should dare under take of his own accord.

"The altar, where prayer was made to the Rain Dragon, was a hundred paces or so below the Temple of the Three Holy Ones. I do not know the day, or month, in which it was set up. Some say it was the year 100 A. D. and the 5th moon. In this worship they used cake, rice, wine, and a white goose. Now however they use white chickens, but never pigs.

"Beneath the Temple of the Three Holy Ones there were once many houses, but from the giving up of the sacrifices, sickness spread among the people, and the whole place be came deserted. The people said that the sickness came about because the temple had been removed to Pyengyang and the sacrifices given up.

"There is no direct proof for it but still the ancient records say that Tan-goon finally went into the A-sa-tal Moun tains, and became one of the genii; and that the Koo-wul Mountains of Moon-wha are the same. His temple was there and formerly sacrifice was offered to him. May Your Majes ty, following the wishes of the people, have the sacrifices, as they pertain to the Temple of Tan-goon in Pyengyang, prepared and offered each year in spring and autumn.

"The king gave his consent." (Sung-jong Sil-lok).

"In the year Im-jin of Sun-jo (1592), when the king made his escape to Eui-joo, he saw, in a dream, an old man come down to him from heaven and sitting by his side say, 'I am the God-man, Tan-goon, and to-night I shall be on guard at the Lotus Hall of Hai-joo to see to the safety of the queen.'"

"On that night the Queen, (Princess Chung-wun), gave birth to In-jo. Because the dream turned out true his name was called Chong and the meaning of Chong is "the God-man of long ago."

"The Altar of Sacrifice to God is on the Ma-ri Mountains of Kang-wha. Here Tan-goon built a wall and raised an altar calling it the Altar of Sacrifice to God. The height of the Altar is seventeen feet, built of stones. It is square at the top and round at the base, each side measuring six feet six inches. Its circumference at the base is fifteen feet. Some say that Ma-ri Mountain is at the point where the river joins the sea. The ground there is separated from the world and free from impurity, and so is regarded as a fitting place for the home of this Great Spirit (Sin-myung). Thus he erected an altar and made sacrifice to Sang-je. (God). They say that God loves the veiled and hidden, and the Earth loves the open and clear, so they built it on a hill that stands amid the waters. The fact that it is square at the top and round below agrees with the symbolic shapes of heaven and earth."

(Tong-sa, Soo-san-chip).

"In the seventeenth year of In-jo it was repaired (1639).

"In the twenty-sixth year of Sook-jong (1700), and the 5th moon, it was again repaired and a stone erected on which was inscribed :

"Among the several thousand li of Korea's coast-line, Kang-wha is a place of first strategic importance; and of the several hundred that enclose Kang-wha Ma-ri San is the special mountain of sacrifice to God. At its west side, on the highest point, stones are built up into a pile the name given to it being Cham-sung Altar. Tradition says that Tan-goon erected this altar and made it a place of sacrifice to God. The ages that have passed since then are exceedingly long. Winds have blown and rains have beaten upon it, and the two sides to west and north were all but fallen to ruin, with the east side corner stones leaning far outward. The old men of the district regarded it with deep distress. I, the governor, being chief magistrate and intrusted with the welfare of the island, in the spring of the present year, on my tour of inspec tion went up and viewed the site and I felt so grieved at its ruined appearance that I decided at once to have it repaired. I entrusted this matter to the captain of the port, Kim Tuk- ha, and the abbot of the monastory Chun-teung Sa, whose name is Sin Meuk, and they reordered and repaired the altar in twenty days. They set up the parts that had fallen down, and put straight that which was out of line. My effort was, as far as possible, to save the old remains intact. For Tan goon, who was a contemporary of King Yo and was indeed the father of the Korean people, had had this altar built round in shape for the purpose of offering sacrifice to God, and for several thousand years the people had looked upon it with great reverence. Why should we not put it in order and set it right? Sin Meuk asked me if I would not write out an account of it, so that future generations might have the record and this I have written."

[Yoo-soo Ch'oi Suk-hang Ch'an].

"The Shrine of Tan-goon stood outside the walls of Pyengyang till Se-jong, in his 11th year (1429), built his temple within the city, where sacrifices were offered to him, and also to king Tong-myung of Ko-koo-ryŭ. In spring and autumn the government made provision and the service was duly performed."

(Moon-hun Pi-go.)

"In his 1st year King Se-jo (1456) changed the tablet and wrote the name 'The Tablet of Tan-goon the Founder of Cho sun.' In his 5th year (1460) he came with the Crown prince to Pyengyang when he, himself, worshipped and did sacrifice."

(Moon-hun Pi-go.)

"In the 5th year of Sook-jong (1679) His Majesty sent special commissioners to offer sacrifice; and in his 23rd year (1697) he again worshipped and wrote a poem :

"A Holy One appeared on earth, The comrade of
King Yo is seen ; His shrine stands still
upon the sea, (in Whang-hai)
And light begilds the sandalwood."

(Moon-hun Pi-go.)

In the 5th year of his reign, Yung-jong (1729) gave a gate name to the Temple of Tan-goon calling it 'Soong-yung Chun,' and appointed two keepers. In his 25th year (1749) he sent a royal secretary and had sacrifices offered."

(Moon-hun Pi-go.)

"In the 5th year of his reign Chung-jong (1781) offered sacrifice and wrote a prayer memorial which ran :

"Our hopes were centred in the hills,
Amid the groves of sandalwood.
For here a God-man came to earth,

A comrade of the days of Yo.
Like to the rising of the sun,
He lighted up the lower world.
And built on desolation's heap,
A knowledge that was broad and deep.
etc., etc.

(Moon-hun Po-bool.)

In his 5th year the late Emperor (1868) issued an edict saying : 'This year is the anniversary of the setting up of the state by Tan-goon when our country was first of all made a kingdom. Thousands of years have passed since then, and I am made king over this same realm. Great blessing is some thing that does not come without a cause, and so I am send ing a minister who will offer sacrifice.'

(Moon-hun Pi-go.)

"Here is the prayer that was read each year by the various kings of Korea in offering sacrifice:

"God indeed did give religion,
To our ancient far-off Chosen;
This is why we offer worship,
Praying that He give a blessing.

(Ch'oon-kwan T'ong-go.)

THE TAN SONG OF T'AI-BAIK.
by
SIM KWANG-SE. (graduated 1601 A. D.)

"When did the heavens unfold ?
When did the earth take form ?

When did the sun and moon first rise and shine?
When did the hills appear?
When did the trees take root?
The sun and moon combined their spirit's power,
To greet the God-man neath the forest trees.
Companion is he of the sun and stars.
He had a body, true, and had a soul;
Although he laboured not he wrought it all,
And built the state of Chosen,
And now a thousand, yes, four thousand years
and more have passed."

TAN-GOON
by
KWUN GEUN. (1352-1409 A. D.)

"T' is said that in the days of waste and void,
Tan-goon came down and stood beneath the trees.
His world was in the kingdom of the East (Korea).
His times were one with Soon and Yo.
How many tribes of men have come and gone I know not,
Thousands of years mark they.
Till at the last great Keui-ja came
And called his state the same old name of Chosen."

TAN-GOON'S TEMPLE.
by
KIM Yook. (Graduated 1605 A. D.)

"God (Sin-sung) became our King,

And the God-man descended from the clouds,
From his day on a lord we owned and blessed,
His times were those of Yo and Soon.
The dragon's wings outspread appeared on T'ai-baik,
And white the groups of storks arose on Asal.
The quiet shrine is all that's left,
And dishes with their offerings made in worship."

TAN-GOON'S TEMPLE.

by

SA Do (A Chinaman of the Mings.)

When did King Tan appear?
When Yo was here we're told.
Four thousand years have passed us since,
And still his temple stands.

(*The Korea Magazine*, Vol. I. September, 1917)

4. KOREAN LITERATURE.

If we take the Century Dictionary's rendering namely "the recognition of a super-human power to whom allegiance and service are justly due" as a correct definition of religion, then surely Korean literature is deeply impregnated with religious thought, from its earliest days down to 1894, when state literature ceased to be.

From the first morning of the race's birth come voices and echoes that speak of God and set the pace for all the ages that were to follow.

We are informed by credible historians that a mysterious being called Tangoon (See KOREA MAGAZINE Sept. 1917), a shin-in, angel or God-man, descended from heaven and alighted on the top of the Ever White Mountains, where he taught the Korean people their first lessons in religion. His date is contemporary with Yo of China, or Noah of the Deluge, 2333 B. c.

His contribution to Korean thought has ever reminded this people that a great God rules over the world, and that He expects every man to do his duty. His altar, built in the giant ages, stands on Mari Mountain overlooking Chemulpo Harbour. A temple erected to his honour in Pyengyang in 1429, has outlasted all these centuries of wind and weather. A Korean house in An-dong, Seoul, has marked over its gate to-day, "The Church of Tan-goon." Poets and historians, Chinese and Korean, have sung his praises.

A second set of religious ideas entered Korea more than a thousand years later, in 1122 B. C., the most noted period in the history of China as far as religion is concerned. Kings Moon and

Moo came to the throne, "at the bidding of God," so reads the record. Moon had a brother called Choo-kong who was a great prophet and a teacher of righteousness. This group usurped the throne and inaugurated an era of justice but Keui-ja, one of their associates, refused to join them, claiming that he would have to stand by the old king, good or bad. In this act he became an example for all loyal ministers of the Far East, who swear to serve till death only one master.

Knowing Keui-ja's desire, the king gave him Korea as his portion and hither the great master came.

He left an indelible religious impress upon this people and their future history. In Pyengyang, a temple erected to his worship in 1325 A. D. still stands. A stone recording the life and acts of the sages was set up before it, but was destroyed in the Japanese War of 1592. A new stone erected in the last year of Shakespeare's life has on it the following sentences:

"Keui-ja came, and his teaching was to us, what the teaching of Pok-heui-si was to ancient China. What was this again but the plan and purpose of God ?"

"God's not permitting Keui-ja to be killed (at the fall of the Eun Kingdom), was because He reserved him to preach religion to us, and to bring our people under the laws of civilization. Even though Keui-ja had desired death at that time he could not have found it; and even though King Moon had determined not to send him he could not have helped it."

The over-ruling sovereignty of God is something as definitely impressed on the Korean mind as it is on that of the Scotch Presbyterian. It came in with pre-Confucian teachers, and has had a mighty influence on the ages that have gone by.

Following this, for long centuries, there is a blank. What Korea was busying herself about when Confucius and the Buddha lived no one can say. Page after page of time goes by, white and unrecorded.

About 220 B. C. we hear of the landing of bands of China men who had made their escape from the arduous labours of building the Great Wall and came to Korea to set up a king dom on the east side of the peninsula, which they called Chin-han. Other kingdoms came into being called Ma-han and Pyun-han, three Hans in all, and so time dragged uneventfully by till the Christian era.

Fifty seven years before it, just about the time when Cæsar was attempting the conquest of Britain, the Kingdom of Silla in the south-east corner of the Korean peninsula was founded. A few years later one called Kokuryŭ was estab lished in the north, and another in the south-west called Paik je.

Here we have three kingdoms occupying the peninsula when the greatest event in its history took place, namely the incoming of Buddhism in 372 A. D.

The wonderful story of the Buddha and his upward pilgrimage from a world of sin and sorrow to one of eternal bliss, conquered all hearts. The Koreans took to it as a thirsty man to water, and while they did not cast aside the religious ideas passed on to them by Tan-goon and Keui-ja, Buddha ruled the day.

We are told that black men from India came preaching this religion. It was Korea's first introduction to alien races, a grateful and appreciative introduction. Their visits con tinued all the way from 400 to 1400 A. D. as Chi-jong one of the most noteworthy of these priests from beyond the Himalayas died in 1363 A. D.

With the 7th Century we find Korea disturbed by internal troubles, the three kingdoms fighting against each other with no likelihood of victory for any one of them. The great Tangs were on the throne of China, and Korea had already come to acknowledge them as the suzerain state.

A young prince of Silla by name Kim Yoo-sin (金庾信), disturbed by the unsettled condition of his native country, went to the hills to pray about it. We read in the Sam-gook Sa (written in 1145 A. D.) that while he fasted and prayed to God and the Buddha, an angel came to him and told him what to do. He was to seek help of the Tangs. Thither he went to the great capital Nak-yang, where his mission was accepted and an army sent to take Silla's part. The result was that in 668 A. D. all the country was made subject to Silla and placed under the suzerainty of the Middle Kingdom.

From 700 to 900 A. D. there are no books to mark the progress of the way, and yet it was evidently a period of great literary activity. Many monuments remain still to tell of master Buddhists, and master-hands at the pen, who lived through these two centuries.

This gives in brief the foundation on which Korean Literature rests, and on which it is built. It has grown to be a vast accumulation of recorded thought on all kinds of subjects, especially on religion.

Here are a few samples that show the Korean's appreciation of the immanence of God, and how close He is to the affairs of men :

"Ch'oi Seung-no in 982 A. D. wrote a memorial in which he said, 'I pray that your Majesty will do away with all useless sacrifices and prayers, and show instead a righteous life and a repentant spirit, with a soul offered up to God. If this be done trouble will naturally take its departure and blessings will surely come."

The following extract is taken from a memorial offered to King In-jong of Koryŭ who reigned from 1123 to 1147 A. D. It occurs in Vol. III page 148 of the Koryŭ Sa (高麗史) (History of Korea).

"Im-Wan(林完) wrote a petition to the King in which these words occur, 'In these days there have been great disturbances in nature, and Your Majesty fearing that you may have been the cause, has called for honest men to tell you wherein you have erred. I take occasion, therefore, to write, regarding this invitation as the greatest privilege. I read recently a book by one Tong Chung-su of the Han Kingdom which said, 'If a state departs from its faith and is in danger of coming to destruction, it gets, first of all, warnings from God; but if it pays no heed to these, God sends other signs and more startling reminders still to awaken it to a reality of where it stands. If these all fail then destruction follows. This proves that God's heart is really full of love, and that He desires to spare Your Majesty and remove from you all trouble. God is ready to help every man, make him glad and restore him whole. If Your Majesty truly takes warning and desires the way of safety, your course is one of sincere repentance. The Sacred Books read, 'God can be approached by sincerity only and not by outward form.' "If Your Majesty truly desires to approach God you need not pray specially, for blessing will come of itself; but if You make your service merely a matter of form there will be no profit, and you will win instead the contempt of the Most High. In the Book of the Sages it says,

'God has no special friends towards whom He is partial, but He always responds to true vir tue any and every where. Sacrifice offers no fragrance to Him but a righteous life only,' and this comes from no other source than a pure heart and proper action. Make therefore to yourself a righteous heart and see that your deeds are in accord with the Eight Great Sages of the past.

"In conclusion I may say, God seems a long way off as though He could not hear, but His giving of blessing to the righteous, and punishment to the wicked, is as quick in its movement as the shadow's response to the form, or the echo that follows the sound."

Here is the prayer of a Korean wife over her sick husband. She was grand mother of the famous Yool-gok (栗谷), Korea's greatest Sage who died in 1584.

"Oh Almighty God, Thou givest blessing to the good and trouble to the wayward. The world is full of evil but my dear husband has been a good and honest man, and in his acts and deeds has practiced no guile. Even when orders went out that mourning need not be worn, he dressed in sackcloth just the same for his mother. He ate only the poorest fare till he was thin and worn, keeping watch by his parents' grave, and offering his libation daily with his own hands. He dressed in rough sackeloth for three long years. Thou knowest how faithful he was, for God sees the good as well as the evil. Why is it that Thou hast given him so sore a trial as he now suffers?

"We have each served our parents and in order to do so faithfully have been separated for sixteen years. Only a few days ago I suffered the loss of my dear mother, and now my husband lies low. If he recovers not, I shall be left in hopeless desolation. As nothing is hidden from Thy sight, great or small, Most High God look down on me I pray Thee."

Then she drew forth a short knife that she had brought along, and with her own hand struck two joints off her big finger.

She beat her breast as she looked up saying, "Evidently my faith and my devotion have proved a failure, and so I have come to this place of distress. This body that comes down to me through my parents we are told not to abuse. Still I view my husband as God Himself. If he should die what would I do? Please take my life instead. Great God, Highest of all, behold, I pray Thee this broken finger, and this poor devotion of mine."

An added note says that the husband recovered.

Here is still another and final extract that comes well down to our own day by a famous literati who died in 1846 A. D., Kang P'il-ho:

"Thou High, Exalted and Glorious God dost con descend to dwell in the heart of man. When first created, all men received equally the divine light, the powers of the mind and the emotions of the soul. These were the gifts of God. But man transgressed and went far astray so that he was said to be dead. The dffierence between a saint and a sinner is the small departure that leads indefinitely away.

"Alas oh man, why is it that thou hast destroyed and defiled thyself, leaving the good way to enter steep and dangerous defiles ? You have made the flesh your master and smothered out the truth. You have turned out to be a ravenous bird or beast with only clothes to prove that you are man. Once life departs from virtue it becomes a fiery conflict, with destruction as its end. The sins of the mouth and ears, the wicked spirit of the eyes, and the wandering thoughts, become diseases that envelope the whole nature. The fact that man wholly lacks virtue is due to his sins and transgressions that cover all. Thus have I destroyed the good gifts of God. I ought to be ashamed to face even the light that shines into my room. Only by humiliation can I hope once again to resume my broken communion.

"When troubles arise and dangers thicken then thoughts of repentance fill the soul. How long this body of mine has been immersed in evil! Let it be cleansed and never more transgress. Let me think of the Sages how they burned sweet incense and worship ped the Most High. Let me recount the actions of the day and tell them over at night to God. If I do so faith fully I shall have no shame, and by so doing a reform will surely be wrought. Tell me my children that you will resolve to do this. A single fault cuts one off, with a heart grieved and pained by its offence. I admit that it is hard to give up old habits, and yet with a brave and valiant spirit we may rise above them."

Thus literature has been the greatest power in the land, not that Koreans made a study of their own literature, or bought or sold their own books in the shops of the Capital. This they did not do, but the study of the Sacred Books of China has been their one greatest stepping stone to influence and office.

From earliest dawn till latest hours at night the sons of the literati were ever hard at work grinding away at their long list of books that ranged all the way from the Thousand Character to the Canon of Changes.

Twice a year long lines of pilgrims, as though journeying to a hundred Canterburys, were seen wending, not only their youthful way, but old age as well, up to the Capital to try their hand at the Examination. The honour of holding the pen in presence of His Majesty, and writing on the subject given for the day, Virtue, or the Pine Tree, or whatever it might be, was the highest in the land. This ambition to share in the kwaga and, if possible, win honour, held young men steady through many generations. It impregnated their lives with the best thoughts of the Classics, and made them gentlemen, of the old Confucian School. As a Korean friend remarked, it was the policeman in the soul that forbade wandering thoughts and illicit ways.

Not only so, but it reached out in its influence even to the lowest classes. The coolie, or the labouring man, has just as truly had his ideals of a Confucian gentleman as the minister or the literati, so that in a large sense Korea could be said to be a land of gentle people. This was the law written in the heart that certainly has had much to do with steadying the race through long years, and while from a governmental point of view Korea was a failure, she retained certain ideals that placed her among the highly civilized races of the earth.

With the promulgation of the new laws in January 1895 the Examination ceased to be and with it has gone the universal study of the Classics. Confucianism died in a night and so the ship of state slipped its old anchor chains and was adrift.

For twenty years she has been widening the distance from her ancient anchorage just as the winds of fortune happen to drive her, so that we may truly say to-day that she is far at sea. The old have gone and the new have not yet come to be. Japanese ideals,

Western ideals, new world thoughts, are like wireless messages clashing through the air without anything as yet being clearly defined.

In the many transitions the literary one is perhaps the most momentous. One transition takes the Korean from the leisurely world of the patriarchs into the modern age of high-pressure competition, where every man is supposed to outdo his neighbour. Still another transition takes him from his native world, thoroughly ancient Chinese, into that of Japan, so that in adapting himself to new conditions of to-day he must do so as Japan does, though he has lived for long ages out of touch with that Empire. One transition more is his change from the Confucian style of writing to the unadorned modern colloquial.

Today as far as the student world is concerned the Imperial Government is doing a great service in requiring that all studies be taken in the Japanese language. This might seem to an onlooker as a great and overtaxing burden, but not so. The Korean students readily learn to read and speak Japanese and the result is that when they graduate they are thorough masters of the educated Japanese world, with its thought and tradition. This, in ad dition to the fact that they are also masters of their own Korean, puts them between the ruling world and the 15,000,- 000 of their own people, and gives them an opportunity for useful service such as any young man might well envy. They become intermediaries for good in a day when an un derstanding is all important. From a literary point of view these are able to make use of all that Japan can give them.

There remains, however, the great mass of the people who have lost the Confucian ideals and are waiting for new ones to take their place. It must seem to even an in different passer that since Buddha and Confucius, who have both been here, and in their day have done a work of lasting service, have receded into the shadows, that nothing but the best Christian ideals can suffice to meet the people's needs. They are a people at present without the sign-posts and signals that hold the soul in place, so that pleasure and money-making are all that are left them worth the while. The 20th century region of the soul so easily says, There is no God.

(*The Korea Magazine*, Vol. II. July, 1918)

5. CHRISTIANITY IN KOREA

A series of seven articles dealing with Christianity appeared in the Mai-il Shin-po from Oct. 11th to the 17th written, we are told, by a Korean student of Waseda University who signs himself Ch'oon-wun (Spring Garden). He is said to be a member of the Presbyterian Church Tokyo, though he comes originally from Chung-joo, North Pyeng-an, and was formerly a teacher in the O-san Hak-kyo.

These articles are not an attack on Christianity in general, so much, though that element is not lacking, as a definite condemnation of the kind of church developed among his own people. Indirectly the writer scores the foreign missionary.

In the first article he takes up the question of Protestant Christianity, its numbers, its influence, its relation to the state and to society. His conclusions seem to be that 300,000 members and adherents form an organized body that has much more influence than it ought to have, and that the whole question of its place in the state is one that should be thoroughly considered. He remarks that the only time Christianity received a consideration was at the hands of the Regent (Tai-wun Koon) when the Roman Catholic 'rabble' (Ch'un-joo Hak-jang-i), so he puts it, were slaughtered.

He also adds that religious liberty under the Constitution means only liberty within a defined limit, but that when it interferes with the wishes of the state, or the convictions of society in general, it is quite another matter.

He goes at his subject with all confidence, not hesitating to stride boldly in where angels might fear to tread.

He wonders if the Confucian is about to change into a Christian just as the Buddhist world changed into a Confucian at the beginning of the 15th century.

In articles two and three, he takes up the reason for the success of Christianity. He states that Confucianism lost its hold upon the people because its teachings were confined to the learned classes, and held within the limits of the conservative Chinese character, so that the mass of the people were left without mental or spiritual satisfaction. Confucianism failed to give any hearing to the common folk and Christianity came at a time when a universal demand was made for something that would satisfy the religious longings of the soul. He contrasts the Confucian method with the Christian, showing how the missionaries set about by a simple literature in the native script, to win their way. He says that people "who for several hundred years, yes several thousand years, had not used their mental faculties, found in Christianity, science, literature, an explanation of creation and the laws of nature, comfort and peace for this world, and a life of happiness hereafter."

He cites the various native sects that have arisen during the last hundred years, the Tonghaks, the Paik-paik Church, the Koong-koong Eul-eul Societies as a proof that Korea was looking for some sort of spiritual light that Confucianism failed to impart.

If the people had had any faith of their own, Christianity would have had a much harder task, but having no faith to oppose to this new religion they took to it at once.

He draws a contrast with Japan and says that while Christianity has been there much longer it has gained no such hold, the reason being that Japan has her own religion, shin to, a religion that Confucius and Buddha have formed a compact with, and so Christianity found it a very difficult matter to make any headway.

"The Christians maintain," says he, "that the reason for the greater advance of the faith in their peninsula than in either China or Japan, is due to God's special grace, and the fine order of their own faith. To hear words like these makes one ashamed; and one can only regard the ignorance of such a boast with pity."

He then goes on to give a dark picture of the closing days of the Yi dynasty, "every kind of evil increased and grew, deceit, jealousy, wine and women, buying and selling of slaves, bartering of office, oppression and extortion, with poverty, death, and misery everywhere." The people disgusted with the low life of the day longed for religion, and Christianity came at this much needed time. The Tonghaks failed to give satisfaction, while Christianity, tried as it had been through several millenniums, met the need.

The people of Korea, he maintains, even from the days of Tan-goon, have cherished a desire to know of God and of the life to come. These two thoughts are born with the race and have found their answer to the question in Christianity.

In articles four, five, and six, he goes on to explain the character of the Korean church. He speaks of the great number of pastors, elders, leaders scattered all over the country, and how they might, as far as numbers go, carry on the work themselves. Among the Christians are some who have studied in the West, some in Japan, and yet he questions whether Christianity has really entered their bones. He says you cannot judge of this by any sort of competitive examina tion, but you can guess pretty correctly by the kind of litera ture they put out, and the kind of sermons they preach. "If they have a warm living faith it will be seen in the poems and songs they write ; but if there be no such sign or proof, what then ? St. Augustine's faith was one that could not be stifled. I have seen no such faith yet among the Koreans."

He says of the hundreds of pastors who preach, no printed volume of sermons or confessions appears to bear evidence of their genuineness. He feels that the real faith of the Korean church is greatly to be questioned. No commentary on the Bible is as yet forthcoming written by its members. Among 300,000 converts, and during 30 years of time, no books appear that would explain the Scriptures. This seems a very strange thing indeed.

He speaks of the meagre literature prepared by the foreign missionary such as Sunday School Lessons, and yet all ranks of the church make this their vade mecum for the period covered.

They ignorantly think such notes and comments the only possible explanation of the Scriptures, forgetting that Luther and the Pope each had his view. They follow these helps as unquestioningly as did the Confucianists Choo-ja and Chung-ja. He claims that the Christianity of the Korean church is not in touch with the present age at all, that it is an antiquated form that corresponds to that of the Puritan Fathers three centuries ago. It thinks far more of doctrines and tenets than it does of good-behaviour and its proper relation to society. Rather than deal with reason and facts it deals with experience and spiritual happenings. It talks familiarly of the 'virgin birth', 'the miracles of Jesus,' 'the Ascension and Second Coming.' Heaven, hell, rewards and punishments, healing sickness by prayer, are questions that it counts of greatest importance. It looks down upon all those outside its own circles as hopeless heathen. It treats with contempt all studies not purely religious."

If any member ventures on an independent view he is treated as was the Sa-moon sect by the Confucianists and expelled at once as one under the power of the devil. "Korea," he says, "got rid of an overbearing Confucianism only to fall a victim to an overbearing Christianity."

In the sixth paper he divides the Christians into three classes. First the orthodox whom the Church praises. They take what is taught them and have no mind or will of their own. "Only the will of God," is what they say, and yet they make no definite effort to find what the will of God is. The dregs of the church of three thousand years are given to the Korean Christian and so he lives his meaningless life without thought or ambition. He says his prayers and goes to church Sundays and Wednesdays. He writes in his letters about 'the grace of the Lord,' etc., etc. On occasions of weddings or funerals he calls the pastor. His ailments he expects to have cured by a miracle.

Evidently he has the same idea of God that formerly he had of the hill gods, or god of the kitchen. Since the Christ ian God is stronger than the hill gods he has cast in his lot with Him, so says the writer. Such is the orthodox Christian.

The second class includes the educated man who has many a question he would like to ask, but does not dare to, lest it arouse suspicion as to his faith. He comforts himself by saying that all religions have their unreasonable and supersti tious elements. He lets his doubts go by the board while the world wags on. If he spoke honestly he would say, "I have no faith at all, or if any it differs greatly from that of others."

The third class includes those who have been caught by the habit of going to church, find friends there like minded with themselves and keep it up, though they have really no heart or mind in it.

In the seventh paper he deals with the attitude of the Church. Just as the Confucianists, says he, thought Confucianism the only religion on earth so these Christians think of Christianity. The non-Christians they regard as heathen whom they want nothing to do with, all lost sinners, every one of them. They think of blessing and prosperity in this life as something to be despised. They count prayer, Bible reading and preaching as the only things that God cares for. The rank and file of the church long to study and become preachers while they regard with contempt all other lines of work. They think of the prosperity of Britain and the United States as wholly due to Christianity; modern science, in their estimation having nothing to do with it.

He concludes by saying that the Church of Korea has three serious defects in its attitude. First, it has a spirit that thinks highly of itself and condemns others. The more the individual members of the church love each other the less they care for other people. This is just like the old Confucian group.

Second, it treats with contempt all literature outside its sacred books just as the old Confucianists did.

Third, it regards as nothing all this present world while it lives off it. A bank or a public hall is an object to be despised in the eyes of its members compared with a ye-pai-dang. It pronounces a curse on train or ship that goes on Sunday. The soldier too who gives his life for his country or for others is also anathema to it. Government and all that goes with it can expect no better treatment at its hands.

The President of the United States and the Emperor William both call on God, but when you come down to hard facts Christianity has nothing to do with the strength of either, but modern science only.

Note - This is we think a fair summing up of the seven articles that appeared last month in the Mai-il Shin-po, and that were read by thousands of people throughout the country.

(*The Korea Magazine*, Vol. II. December, 1918)